아동문학사상 18호

표지 그림 동화 작가 손연자 선생님께서 손수 그려 주신 민화.

contents

세계의 전쟁과 어린이문학

포화 속에 탄생한 이야기들

18

아동문학사상

|권두언|

다면의 얼굴, 전쟁

김은숙 발행인

전쟁, 역사의 비극을 낳다

인류의 역사는 수많은 전쟁으로 점철되어 있다. 아예 역사가 전쟁사라고 해도 과언이 아니다. 수많은 사람들이 전쟁을 겪고 전쟁으로 인해 민족이나 국가의 존립이 흔들리기도 한다. 그리고 전쟁의 끝에서 서로 다른 문화권의 만남과 혼재 현상이 나타나고 이 혼재는 새로운 문명사적 도약으로 이어진다.

세계사 속에서든 우리 역사 속에서든 전쟁은 역사의 비극을 보여준다. 그 비극은 인간의 실존에 대해 진지하게 고민하게 한다. 그런데 막상 전쟁으로 야기되는 비극의 현장에서는 비극의 주체와 객체의 구분이 모호해진다. 모든 전쟁에서 승리를 하든지 패배를 하든지 한 사람도 죽지 않는 편은 없기 때문이다. 목숨이 담보되는 전장에서 스러져 가는 한 사람 한 사람의 생명에 대한 각성은 증발되고 전쟁의 결말만이 역사적 사실로 기재될 뿐이다.

전쟁에서 잠정적이긴 해도 인간은 싸우는 도구에 불과할 뿐 인간 실존, 즉 스스로 영위해야 할 생명의 가치가 보전되지 못한다.

전쟁으로 인해 무너지는 삶은 한 둘이 아니다. 한 실화가 있다.

한국전쟁 때, 열네살 소년 학도병(당시 징집 연령 18세)이 자기 키만 한 총을 잡고 싸움터로 향했다. 쏟아지는 총알과 작렬하는 포탄을 피해 행군을 하다 포탄 파편이 몸을 꿰뚫어 더 이상 행군을 할 수가 없게 되었다. 소년병은 함께 행군하던 고향 친구 소년병에게 자기를 제발 죽여 달라고 애원, 소년병이 친구를 향해 방아쇠를 당겼다. 그리고 두 사람의 삶은 거기서 정지되었다. 한 사람은 영혼의 삶으로, 한 사람은 친구에게 방아쇠를 당긴 업보를 갚기 위해 스님이 되어 목탁을 두드린다. 한국전쟁 중 2천 명이 넘는 소년병의 전사는 '이 짧은 인생을 영원히 조국에' 라는 말 속에 박제가 되어 있다. '애국', '충성', '영웅' 같은 단어로 포장된 죽음은 때로 가문에 영광이 되기도 하지만 그 어떤 것도 온전한 자신의 꿈의 가치를 대변해 주지는 않는다.

전쟁에 나간 사람은 한 사람인데 전쟁으로 인해 무너지는 것은 가족 전체로 번지기도 한다. 한국전쟁 때, 포항시 기계면 비학산 중턱의 안강전투에서 산화한 권태홍 대위의 가족 이야기를 보자. 산화한 남편이 남긴 아들 하나를 키웠지만 그 아들이 베트남 전쟁의 희생자가 되고, 아내는 스님이 되어 단란했던 한 가정의 이름이 아예 사라져 버렸다.

전쟁은 왜 일어나는가?

전쟁이 일어나는 데는 필수적 전제가 있다. 명분이다. 인류 역사의 시작부터 오늘까지 끊임없이 이어지는 전쟁의 역사는 갖가지 명분으로 포장이 되어 있다.

이 명분은 시대마다 다른 메뉴가 등장한다.

고대 원시 집단에서 전쟁은 일상이었다. 그러나 이는 생존을 위한 불가피한 행위로 최소한의 욕구 충족에서 끝났다. 특별한 명분이 따로 있거나 전술이나 전략을 세우거나 하지도 않았다.

전쟁의 명분이 생존의 범위를 벗어나 적극적 행동으로 확장된 것은 순전히 인간의 욕망에 의해서다.

중세 십자군 전쟁은 예루살렘 성지를 서로 차지하기 위해 기독교와 이슬람교 간에 벌인 종교 전쟁이다. 근세의 제국주의 국가들 간의 침략 전쟁은 산업 혁명과 경제 성장에 따른 국가의 영광, 성장의 배출구를 찾기 위해 벌인 기세 싸움이다. 이들 제국주의 국가들의 침탈에 저항해 민족적 자긍을 지켜내기 위해, 아니면 훼손된 자긍을 회복하기 위한 독립전쟁이 세계 각지에서 일어났다. 희대의 다국가 전쟁인 세계대전은 한 국가(독일)의 자만과 민족적 우월감이 주변국에 불안을 야기하여 일어난 전쟁이다. 불안은 불안을 낳아 주변국으로 하여금 집단 방어를 꾀하도록 유도하고 급기야 선제 공격의 불심지가 지펴지면서 다국가 간 대규모 전쟁으로 비화했다.

이밖에도 두 개의 이질적인 사회로 분할될 위기를 극복하기 위한 불가피한 선택으로 치러진 전쟁(미국의 남북전쟁)이 있는가 하면, 생산성 높은 땅을 확보하거나 부동항을 얻기 위해 새로운 통로를 찾는다는 명분으로 이웃나라를 침공하거나(구 소련의 아프가니스탄 침공) 때로 고대 트로이 전쟁처럼 아주 특별한 사연이 빌미가 되어 벌어지는 전쟁도 있다. 트로이 전쟁은 고대 도시 국가 스파르타의 왕 메닐 라오스의 아름다운 아내 헬레네를 트로이 프리아모스 왕의 아들 파리스가 유혹함으로써 일어난 전쟁이다. 그러나 어떠한 전쟁의 명분도 전쟁을 정당화시킬 수는 없다.

전쟁은 예술가들에게 부정적 측면과 긍정적 측면의 양면성으로 다가온다. 전자는 전쟁의 역기능으로 파악될 수 있고 후자는 전쟁의 순기능으로 파악될 수 있다.

윤리적으로는 일어나지 말아야 할 비극의 현장이지만 미학적으로는 영감을 선사하는 창작의 원천이 된다. 나아가 이 창작품을 통해 전쟁으로 놓쳐 버린 평화의 동아줄을 다시 꼬기 위한 재건의 이야기를 풀어내는 질감이 되어 준다.

문학 작품으로서 톨스토이의 『전쟁과 평화』, 나관중의 『삼국지』, 조정래의 『태백산맥』 같은 대하소설은 그 자체가 한 시대를 반영하는 역사의 거울이다. 미하일 숄로호프의 『고요한 돈 강』은 전쟁의 승패로 유장한 역사의 물줄기가 바뀌는 현장이 작품 안에 생생하게 그려진다. 후진국의 피침략상을 다룬 대하소설 이보 안드리치의 『드리나 강의 다리』 같은 문학 작품은 그 자체가 역사 기록물이다.

"비극이야말로 인간을 이해할 수 있는 효과적인 장치다"

서양화가 서용선(전 서울대 미대 교수)의 말이다. 전쟁으로 해서 야기되는 비극적 현실이 예술적 영감의 소스가 되고, 예술가의 형상화 작업을 통해 평화를 갈구하는 인간 내면의 선한 본성을 드러내 주는 것을 뜻한다. 뿐만 아니라 미적 감응을 통해 전쟁의 상흔이 치유되고 다양한 콘텐츠의 스토리텔링으로 확산되기도 한다.

나아가 전쟁은 또한 역사와 분리해서 생각할 수 없는지라 전쟁의 문학적 테마는 곧 역사의 테마가 되기도 한다.

'역사란 인류 사회의 나(我)와 남(非我)의 투쟁이 시간으로 발전하고 공간으로 확대되는 심적 활동 상태의 기록이다. 세계사란 세계 인류가 그렇게 되어온 상태이고 조선사란 조선 민족이 이렇게 되어온 상태의 기록이다. 이 두 아(我)가 역사적 아(我)가 되려면 끊이지 않는 시간의 영속성이 있어야 하고 영향력이 파급되는 공간의 보편성이 있어야 한다. 고금 역사의 불변의 법칙은 승리자가 되려하고 실패자가 되지 않으려 하는 것이다.'

단재 신채호의 '역사에 대한 정의' 다.

이 시각에서 보면 전쟁의 승패 자체가 역사의 수레바퀴를 움직이게 하는 동력이 되는 것이다. 거꾸로 전쟁을 일으키는 원인이 되기도 한다. 도도한 역사의 물결에서 쓸려 사라지지 않기 위해서라도 필요하다고 판단되면 언제 어디서든 전쟁을 일으켜 승리자가 되고자 하는 주체와 그것을 맞서 저지하려는 객체가 창끝을 첨예하게 세우게 된다는 말이다.

그것을 위해 먼저 명분을 만든다. 전쟁에서 필수적 전제인 명분이 진정성을 갖는 명분이 되는지 여부는 따로 두고 세계 전쟁사에 손꼽을 만한 전쟁에는 일견 그럴싸한 명분이 창칼보다 앞서 제시된다.

이러한 명분들은 어디까지나 전쟁을 일으키는 쪽에서 보는 시각이다. 약육강식의 국제 관계에서 때로 아무런 명분도 없이 그냥 지나가는 사람을 어깨를 툭 치듯 자행되는 전쟁 또한 적지 않다.

물론 전쟁을 통한 역사의 동력은 제한적이긴 하다. 모든 역사가 전쟁을 동력으로 삼아 진행되지는 않기 때문이다. 그렇더라도 상당 부분 역사는 전쟁에 의해 수레의 진행 방향이 바뀌거나 새 수레로 교체가 되기도 한다.

전쟁의 순기능

언제나 평화와 대척점에서 서 있는 것이 전쟁이고, 인간 실존의 심각한 훼손이라는 부정적 요소에도 불구하고 전쟁이 세계의 정치 · 경제 · 사회 변혁을 가져오고, 문화적 상황을 바꾸어 놓고, 문명 발전사에 중요한 몫을 수행했다는 긍정적 측면을 부정할 수 없다.

노블레즈 오블리주

역사 속의 전성기를 누린 시대 왕들은 거의가 무장이었다. 무소불위의 국가 수장이 몸소 전장의 총 지휘자가 되어 국가의 안위를 일선에서 책임지고 죽음으로 지켜내곤 했다.

14세기 중반 영국과 프랑스 간 백년전쟁 때 영국의 에드워드 3세는 탁월한 전술 전략가로 크래시 숲 산등성이에 먼저 집결, 해를 등지고 프랑스군을 향해 진격 명령을 내려 대승을 거둔다. 해를 바라보고 공격하는 것만큼 불리한 것이 없다는 것을 간파했던 것이다. 몇 년 뒤 영국왕 헨리 5세는 아쟁쿠르에서 프랑스에 대한 공격을 재개했다. 그러나 긴 행군과 궂은 날씨로 전투가 한계상황으로 치달아 적의 반격에 몰렸다. 그러나 병사들의 사기는 수그러들지 않았다. 그들은 곧 왕이 그들과 함께 있다는 사실에 용기를 얻어 한계상황에서도 결국 승리를 거두었다. 지금도 영국의 왕실 자녀들은 전쟁이 나면 자국을 지키는데 솔선수범하는 '노블레즈 오블레주' 정신을 이어가고 있다.

독일 프로이센의 프리드리히 대왕은 군의 중추인 장교들을 애국심이 높은 프로이센 귀족 출신들 가운데서 선출했다. '융커' 라 불리는 귀족들은 특권을 받은 대가로 기꺼이 장교 복무를 지원하고 융커 가문의 모든 사람들은 최소한 한 명의 아들을 사관학교에 보냈다.

대왕은 직접 총사령관직을 수행, 야전부대를 방문하며 기강을 엄히 다스렸고, 강한 훈련을 통해 프로이센군을 유럽 제1의 군대로 만들었다. 젊은 귀족 출신 장교들 역시 국가와 국민으로부터 많은 혜택과 사랑을 받은 사람이 나라가 위험에 처했을 때 선두에 서는 것을 당연한 일로 생각했다.

과학 기술 발전의 견인차

기원전 3세기 초, 진나라 시황제가 쌓은 만리장성은 자국의 영토를 지키고 적국(흉노족)의 침입을 막기 위해 국경을 따라 쌓은 성벽이다. 길이가 1,500킬로미터에 달하는 장대한 성을 쌓는데 10년이 걸렸고, 동원 인부 가운데 100만 명이 축성 도중 희생되었다. 그런데 이 만리장성은 오래전 매몰되고 지금의 만리장성은 명나라 때 몽골의 침입을 막기 위해 다시 축성된 것이다. 길이도 훨씬 늘어난 2,700킬로미터다. 장성이 비록 수많은 백성의 희생 위에 축성되었지만 그래도 우주 비행사들이 달에서부터 식별할 수 있는 유일한 조형물이라는 점에서 오늘의 중국인들이 가장 자랑하는 관광 상품이 되고 있다.

1592년 조선의 이순신 장군은 세계 최초의 철갑선인 거북선을 제작하여 한반도 남쪽 바다에서 일본 해군을 대파했다. 이웃 섬나라 일본을 통일한 토요토미 히데요시는 무례한 탐욕을 명을 치러 가기 위한 길을 내달라는 명분으로 위장, 조선을 기습 침공했다. 관군이 속수무책으로 연패하며 후퇴를 거듭할 때 바다에서는 연전연승을 하며 서해로 들어가는 왜군의 진격로 및 보급로를 차단했다. 바로 거북선 덕분이었다. 길이 약 30미터, 폭 9미터, 높이 7미터의 이 전함은 서양 갤리선처럼 노를 이용하여 방향 전환이 용이하고 대포를 장착, 막강한 파괴력을 과시했다. 이런 선조들의 DNA가 후손들에게까지 이어져 오늘 우리나라가 조선 강국으로 이름을 떨치는지도 모른다.

17세기 루이 14세 때, 청년 장교 보방은 오랜 군대 생활을 하면서 과학 기술에 기초한 효율적인 축성술을 개발하고 1000여 개의 요새와 항만 시설을 혼자서 설계 감독까지 했다. 그로써 프랑스는 일찍부터 토목 · 도로 공사 등, 국가의 기반시설을 확보하는 데 큰 기여를 했다. 후대 나폴레옹 장군의 개선문, 에펠탑 축성의 기술이 모두 전쟁 수행 중 탁월한 공병장교였던 보방의 덕분이다.

스포츠로 승화된 애국심

페르시아 왕 키로스는 제국을 건설하는 과정에서 대규모 원정군으로 그리스 아테네를 공격했다. 비교도 안 될 만큼 열세였던 도시국가 아테네의 밀티아데스 장군은 최선의 방어도 최악의 공격보다 못하다는 생각으로 아테네 시민군을 결성, 마라톤 평원에서 페르시아 군과 맞서 싸웠다. 이때 전쟁사에 위대한 발명이라 할 양익포위 전술 대형(전면을 길게 가로 늘이고 중앙은 엷게, 양 측면에 우세한 병력을 배치, 전진 속도를 높이면서 뒤편 중심부를 포위하는 밀집대형 전술)을 처음 창안, 페르시아 군에 대승을 거두었다. 이 승리를 알리기 위해 전령은 전속력을 다해 뛰어 아테네 시민들에 알렸다.

"우리는 승리했다." 그리고 전령은 숨을 거두었다. 아테네 시민들은 서로 얼싸안고 '아테네 만세' 를 외쳤다. 전쟁의 공포와 아픔이 나라 사랑으로 이어지는 순간이었다. 오늘날 마라톤 경기는 바로 이 전령이 달렸던 42.195킬로미터의 거리를 달리는 경기이고 이름도 그때의 마라톤 평원에서 따왔다. 세계 평화를 소망하며 만들어진 올림픽 경기의 마지막 하이라이트를 장식하는 마라톤이 여기서 비롯된 것이다. 결코 짧지 않은 거리를 극기와 인내로 자신과 싸우며 골인점을 향해 달리는 건각들의 향연이 전쟁 속에서 움을 틔운 것이다. 스포츠 종목 가운데 전쟁에서 파생되어 나온 종목들이 이것 말고도 또 있다. 사격, 양궁, 폴로 경기 등이 그것이다.

게다가 이 마라톤 전투의 승리 이후, 세계는 유럽을 중심축으로 하는 역사 서술 구조로 개편되었다.

그리스인들은 전장에 나가는 것을 영광으로 생각하고 전장에서 죽는 것을 자랑스런 삶의 마감으로 여겼다. 스파르타의 어머니들은 아들을 전장에 보낼 때 "집으로 돌아올 때는 방패를 들고 오고, 그렇지 못하면 방패 위에 누워서 오너라." 하고 단호하게 말했다.

아름다운 휴머니즘

죽음이 일상사로 전락하는 싸움터에서 세상에서 가장 아름다운 휴머니즘이 꽃 피는 것 또한 전쟁의 아린 향기다. 1950년 홍남부두 철수 작전을 수행하던 당시 미군 에드워드 포니 대령은 중공군 인해전술에 쫓겨 미군과 함께 12킬로미터를 걸어 홍남부두까지 내려온 함흥 지역 피난민들을 보고 가슴이 아팠다.

'피난민들을 두고 갈 수 없다' 는 결론을 내리고 책임자 알몬드 소장을 찾아가 설득해 작전 변경의 허락을 받아 냈다. 그리고 나서 미군은 모든 군함을 동원, 무기까지 버려 가며 피난민들을 배에 태워 거제도까지 안전하게 이동시켰다. 전쟁터에서는 군인이 최우선이다. 그럼에도 일반인을 우선 배려하고 작전 수행에 차질을 빚는 것을 감수한 것이다.

작은 마무리

우리가 원하든 원하지 않든 역사의 중심에 전쟁이 자리하고 있다. 전쟁으로 인해 인간의 정서와 의식의 변환이 생기고 이 변환된 의식과 정서가 집단화되어 일정한 방향성을 갖는다. 그 방향성이 주기를 타고 일정 방향으로 질주하다 폭발하기도 하고 시한폭탄으로 전 세계를 불안에 떨게 하기도 한다. 현대사에서 시한폭탄은 미국과 이슬람권의 갈등이다. 제3자의 눈으로 보면 보복의 악순환이다. 인과 관계의 연속, 더 간단하게 말하면 동그라미다. 동그라미를 완성하려면 시작점과 끝점과 닿아야 한다. 이것을 전쟁의 총구로 비유해 보면 내가 겨눈 총구가 동그라미의 원리를 따라 내게로 돌아온다는 것, 즉 언제든 가해자가 피해자가 되고 원인이 결과로 이어질 수 있다.

어린이 청소년이 1차 수용자인 아동문학에서 전쟁의 문학적 형상화 작업은 어떻게 이루어지고 있을까. 이번호 잡지의 키워드다. 이름하여 '전쟁과 아동문학' 이다.

어린이들은 전쟁을 일으키는 주체가 아니다. 그럼에도 전쟁이 일어나면 여성, 노인과 함께 가장 고통을 받는다. 물리적 저항력도 없다. 공포와 굶주림과 까맣게 타버린 꿈의 불티들을 맥없이 바라보며 방황한다. 그런 아이들을 문학 작품이 어떻게 형상화하고 있으며 어떤 위로를 주고 있는지, 아니면 위로는커녕 또 다른 아픔을 주고 있지는 않은지, 혹 어른들의 이념 놀이에 붙들려 끌려다니지는 않는지 살펴보고자 했다. 포화 속에서 휴머니티가 향기를 피우듯 꿈의 불티를 끌어모아 마음을 덥혀 주는 작품을 만나기 위해 여러 필자들이 취재의 수고를 했다.

전쟁은 지금도 지구 곳곳에서 일어나고 있다. 절체절명의 상황에서도 원초적 심성을 간직한 채 이 시대의 어린 영혼들은 전쟁이 초래한 아픔과 결핍을 묵묵히 감내하고 있다. 전쟁을 테마로 한 아동문학 작품들이 전쟁을 겪지 않은 어린 영혼과도 교감이 되는지 문학의 지표면을 점검한다. 아울러 지독한 상실과 고통의 현장에 있으면서도 어른 못지않게 의젓하고 때로는 죽음을 불사할 만치 용기백배였던 문학 작품 속 어린 영혼들에게 살아 있는 어른과 어린이들이 감사하는 마음을 갖기를 소망한다.

기획 특집 | 세계의 전쟁과 어린이문학

포화 속에 탄생한 이야기들

계산 바른 자들의 오산

—청소년 작품에 나타난 대문호들의 전쟁관 | 최정원

악을 선으로 둔갑시키는 전쟁

—제1,2차 세계대전과 어린이의 삶 | 안선모

내전으로 점철된 역사, 밖으로 튀다

—노사카 아키유키의 전쟁동화들 | 양연자

고통과 갈등을 넘어 치유와 화해로

—한국전쟁과 아동문학 | 김진

문학 안에서 아무는 상처들

—전쟁과 어린이 | 황선열

계산 바른 자들의 오산

청소년 작품에 나타난 대문호들의 전쟁관

최정원

Ⅰ. 고찰을 시작하기 전에

인류는 두 차례의 세계대전을 겪었다. 동서양이 모두 휘말린 이 전쟁에서 직접 전장이 된 나라나 그렇지 않은 나라들 모두가 큰 고통을 경험했다. 세계대전처럼 규모가 큰 전쟁은 아니라 할지라도 인류 역사 이래로 전쟁은 거의 하루도 끊일 날이 없을 만큼 현재진행형이다. 이 시각에도 정치나 종교 문제, 인종간의 갈등 등으로 많은 지역이 국지전에 휘말려 있다. 문학의 본질이 인간 본연의 문제에 대한 예술적 심층 탐구라고 본다면 인류가 역사 이래 시달려 온 전쟁이 문학의 주요 테마나 소재가 되는 것은 지당하다. 이 글에서는 전쟁을 소재나 주제로 한 소설 작품 중 어린이들도 함께 읽을 수 있는 작품들에 대해 고찰해 보고자 한다.

인간의 역사는 일면 전쟁의 역사라고 할 만큼 인류는 많은 전쟁을 겪었다. 전쟁을 직접 경험하지 않는 세대라도 세계 곳곳에서 벌어지는 전

최정원 이화여대 불문과를 졸업하고 고려대학교 대학원에서 비교문학 박사학위를 받았다. 1987년 중앙일보 신춘문예에 「꿈꽃」이 당선되었다. 지은 책으로는 『다섯 그루의 라일락』, 청소년 소설 『클론』 등이 있다.

쟁을 간접경험하게 되며 문학 작품들이 전쟁의 참상 혹은 전쟁 속에서 피어난 휴머니티를 배경이나 소재로 삼아 만들어져 왔다. 전쟁을 소재로 한 소설 중에 어린이들이 읽을 만한 소설이 의외로 많은 것은 전쟁이 인간 본연의 문제와 직결되어 있고, 인간이 인간이기 위해 체득해야 하는 요소들을 내포하고 있기 때문이다. 그것은 교육적으로도 의의가 깊다. 문학은 피하고 싶은 전쟁을 역설적으로 배경 삼아 참혹한 상황을 재구성함으로써 인간의 존엄성을 지키기 위해 필요한 삶의 조건들을 성찰케 한다. 작가마다 성찰의 방법은 다양할 것이다.

세계 대문호들 중에서 톨스토이나 오스카 와일드처럼 어린이들에게 동화로 알려진 단편을 많이 쓴 작가들이 존재한다는 사실은 동화와 소설의 경계나 아동문학 창작의 주체에 대한 문제를 제기한다. 실제로 인도와 아프리카에서의 식민지 확보와 경영을 위해 영국이 일으킨 전쟁 상황을 배경으로 나온 걸작이 『정글북』이다. 전쟁의 비인간성을 고발한 다른 책의 저자들과 달리 키플링은 영국의 영토 확보와 경제적 이득을 위한 전쟁을 미화시키고 있지만 『정글북』은 우화적 묘사를 통해 동화가 아님에도 불구하고 어린이들에게 가장 사랑받는 작품중 하나이다. 빅토르 위고의 장편소설 『레미제라블』 역시 프랑스 대혁명을 전후로 한 시민전쟁을 사건의 배경으로서 다루는데, 『장발장의 일생』 혹은 『장발장』이라는 제목의 동화로 탈바꿈하여 대형 서점의 어린이책 코너에서 주로 거래되고 있다. 이런 현상은 아동문학 창작의 주체에 대한 문제를 제기하지만 이 문제는 다음 기회에 논하기로 하고 이제부터 청소년이 필독해야 할 작품으로 꼽히는 소설에서는 어떤 시각으로 전쟁을 바라보고 있는지 살펴보고자 한다.

2. 어린이들에게 읽힐 수 있는 전쟁 관련 소설

어린이들에게 읽힐 만한 동화적 · 환상적 작품은 러시아 문학에서 풍부하게 찾아볼 수 있다. 문학뿐만 아니라 대부분의 예술 분야에서 러시아는 독보적인 영역을 차지하고 있다. 여타 서구 나라들과는 달리 역사적으로 많은 역경을 헤쳐 나가야 했음에도 불구하고 그들의 문학적 자산이 풍부함은 감탄할 만하다. 음울한 역사와는 대조적으로 러시아에서는 어느 나라에서보다도 환상적인 작품들이 많이 발견되는데, 환상문학의 대가로 꼽히는 카프카뿐만 아니라 사실주의를 표방하는 고리끼의 작품에서까지도 우리는 환상적 요소들을 어렵지 않게 발견할 수 있다. 그들이 어린이 독자까지 염두에 두고 쓴 것으로 보이는 단편 작품들에서 이런 현상은 두드러진다. 톨스토이처럼 러시아의 현실을 있는 그대로 묘사하며 보다 나은 사회 제도를 향한 자신의 이상향을 사실적으로 묘사하는 작가조차도 환상적인 단편을 많이 발표했다. 「사람에게는 얼마만큼의 땅이 필요한가」, 「사람은 무엇으로 사는가」 등과 같은 단편소설이 요즘은 어린이를 위한 동화로 출판되고 있다는 사실을 통해서 알 수 있듯이 톨스토이의 단편들은 대단히 동화적이다. 무엇이 동화적이냐 하는 문제는 차후에 논의하기로 하고 다시 전쟁 이야기로 돌아가서, 톨스토이뿐만 아니라 동시대의 러시아 작가들은 1853년~1856년에 걸친 크림전쟁을 겪은 사람들이다. 그들은 어떤 형태로든 저마다의 작품에 그 전쟁의 직 · 간접의 영향을 반영하고 있다. 톨스토이는 『전쟁과 평화』처럼 직접 전쟁을 배경으로 다룬 소실도 썼지만 그렇지 않은 작품에서도 전쟁으로 얼룩진 세계사의 그림자를 반영하고 있다. 그러나 어린이와 청소년 독자들까지 염두에 두고 쓴 소설가들의 작품

중에서 인류 역사에 등장하는 현실의 전쟁을 직접 언급하고 있는 경우는 찾기 어렵다. 그들은 때로는 우화적 기법으로 때로는 환상을 도입하여 자신들의 세계관과 가치관을 독자에게 제시하고 있다. 그러나 우리는 그들이 자신의 장편 소설을 통해 알리고자 했던 사상을 이런 우화 내지는 동화적인 작품에서도 역시 발견하게 된다. 때로 그것은 현실보다도 더욱 현실감 있게 소설가의 저작 의도를 전해 준다.

1) 전쟁의 본질 하나-계산 바른 자들의 오산

「바보 이반」

「바보이반」에서는 가장 일반적인 인간 유형 세 가지가 나온다. 어느 농부의 아들인 세몬과 타라스, 이반이 그들인데 이들은 각각 군인, 사업가, 농부이다. 세몬과 타라스가 아버지에게 자기의 상속 지분을 주장하자 아버지는 그들에게 말한다.

> "네가 전에 내게 보태준 것이 하나라도 있느냐. 뭣 때문에 너에게 땅을 3분의 1이나 준단 말이냐? 그렇게 되면 이반과 네 누이가 못마땅해할 것이다."[1]

그러자 그들은 반문한다.

> "그렇지만 그 애는 바보 아녜요? 그리고 누이도 귀머거리에다 벙어리이고 말이에요. 그런 애들한테 뭐가 필요하겠어요?"[2]

---

1) 톨스토이, 「바보이반」 in 『사람은 무엇으로 사는가』(박형규 옮김), 서울, 인디북, 192쪽
2) 위책

결국 그들은 아버지가 가진 땅의 3분의 1씩을 받아 가지고 독립한다. 재산을 배분하는 과정에서 악마들은 이 집안에 큰 싸움이 날 것을 기대했지만 농사를 지으며 아버지와 사는 막내 이반이 모든 것을 양보함으로써 아무런 싸움도 일어나지 않는다. 이에 격분한 악마들은 그들이 서로 싸움을 일으키도록 계획을 세운다. 재산을 받아 독립한 세몬은 귀족의 딸과 결혼하며 왕의 눈에 들기 위해 전쟁을 벌이기로 한다. 그러나 악마는 세몬의 화약을 모두 적셔 놓고 전쟁 상대 국가인 인도에 가서는 짚으로 수많은 군대를 만들어 준다. 세몬은 비록 훌륭한 작전을 세웠지만 패전해서 도망치는 신세가 된다.

악마들은 다음으로, 둘째인 타라스가 점점 욕심이 커져서 큰 빚을 져가며 땅을 사들이다가 결국 파산하도록 유도한다. 큰형은 무리하게 정복 전쟁을 일삼던 나폴레옹의 군대를 연상하게 하며, 타라스의 행태는 식민지 이권 획득에 광분한 영국 동인도 회사의 규모 확장 방식과 닮은 꼴이다. 하지만 그들이 실패한 후 기대는 것은 바보라고 무시하던, 원시적 농기구로 땅을 파 먹고 사는 이반이다. 저자의 눈에 전쟁은 '국가' 라는 허울 좋은 이름을 위해서조차 실익이 없으며 지배욕을 가진 한 사람의 권력 유지 수단에 불과하다. 이 소설을 통해 톨스토이는 각 계급의 이기심을 파헤친다. 왕은 땅과 군인을 얻어 힘을 키우려 하고 군인은 왕의 눈에 들거나 귀족 딸과 결혼하는 것처럼 지배 계급과의 정략적 야합에 의해 영화를 얻으려한다. 타라스는 경제를 대표하는 인물인데 자신의 돈을 지키기 위해서 역시 군대의 힘, 정치의 힘이 필요하다. 바로 이 욕심 때문에 그들은 악마적인 유혹에 필수적으로 굴복하게 되어 있지만 생산 계층, 즉 바보 이반과 그가 이끄는 농부들 같은 계층이 건실할 때 그들의 힘은 두 계층을 부양하여 사태를 회복시키고도 남음이 있다.

타라스와 세몬은 군대를 먹여 살릴 경제권을 쥐고 군대를 통해 땅을 빼앗으며 농부들이 애써 지어 놓은 곡식을 대부분 소비하는 계층의 상징적 인물들이다. 이반네 집안은 한 나라의 정치와 경제 흐름을 압축적으로 보여주고 있다. 그러나 싸움은 일어나지 않는다. 이반은 매번 거듭거듭 양보하며 묵묵히 부양 가족을 먹여 살리는 길을 택했기 때문이다. 이런 해결법은 톨스토이가 사회를 개혁하려했던 방향과 크게 다르지 않다. 그는 백작의 가문에서 태어난 귀족이며 대영주이다. 그러나 사재를 털어 학교를 설립하여 농부의 아이들을 가르쳤고, 농촌의 계몽운동에 앞장섰던 인물이다. 그의 인생관은 그리스도의 산상설교 "노하지 말라. 간음하지 말라. 맹세하지 말라. 악에 저항하지 말라. 적을 사랑하고 박해하는 자를 위해 기도하라."[3]를 기본으로 하는 원시 기독교에서 나왔다고 한다. 이 가르침처럼 이반은 노하지 않으며 자신이 이룩한 재산을 가져가는 형들에게 저항하지도 않는다. 그 결과 집안의 평화가 유지된다.

그러나 저자는, 성실성과 사람들 사이에서 인정받음으로 인해 가지게 된 탄탄한 힘을 기반으로 형들의 잘못을 바로잡는 최종적인 권력을 바보인 주인공 이반에게 부여한다. 정치가인 큰형도 재력가인 둘째 형도 그가 허락하지 않는 한 힘을 가질 수도 함부로 휘두를 수도 없다. 전쟁을 벌이고 승패를 계획하는 것은 악마라고 할 힘 있고 교활한 세력이다. 그러나 그들을 이기는 방법은 성실함과 인간에 대한 우직한 신뢰, 꾀를 부리지 않는 노동의 대가다. 즉, 외관상으로는 피치자 계층이자

---

3) 이게타 사요시 외, 러시아의 문학과 혁명(송현아, 이유리, 이목 옮김), 2010, 서울, 웅진씽크빅, 100쪽.

생산 계층인 농부들, 이반과 동급으로 자기 이해득실을 명민하게 계산하지 못하는 바보들의 몫이다. 사정이 급해지자 지배하던 세력은 '바보' 인 이반에게 손을 내민다.

"이봐, 이반, 내겐 아무래도 군사가 좀 모자라. 그러니까 군사를 좀 더 만들어 다오……."

"안 돼요. ……형님의 군사가 사람을 죽였기 때문이에요."[4)]

이반이 이런 결정을 한 것은 전쟁에 나가 전사한 아들 때문에 엉엉 울고 있는 이웃 아낙을 보았기 때문이다. 형들의 행태에 대한 이반의 성찰은 지배 계층을 먹여 살리고 군사의 밑천이 되는 국민이 부조리를 깨닫고 정치에 휘둘리지 않게 각성하는 과정을 보여준다. 상대적으로 서구 열강에 비해 산업이 뒤떨어졌던 러시아에 있어서 농민은 거의 국민 전체를 대변할 만큼 비중이 큰 계층이다. 결국 정치가인 형은 더 이상 전쟁을 일삼을 수 없게 되었다. 이반에게 종속되어 있기는 경제인인 둘째형 타라스도 마찬가지이다. 그가 금화를 더 만들어 달라고 하자 이반은 이렇게 말한다.

"안 돼요.……형님의 금화가 미하일로프네 암소를 빼앗아 갔기 때문이에요."

"어째서 빼앗겼다든?"

"……."

"……어린애들이 그 암소에서 짜낸 우유를 마시고 있었대요. ……배불뚝이 타라스네 마름이 찾아와서 엄마에게 금화를 세 닢 주니까 엄마가 그 사람에게 암소를 주어 버렸어요."[5)]

이반에게 거절당한 두 형제는 함께 머리를 짜 내어 서로 금화와 군대를 반씩 공유하기로 했고 결과적으로 둘 다 임금이 되고 부자가 된다. 그러나 군대도 금화도 사람이 사람으로서의 존엄성을 지키고 살아가는 데 근본적인 해결책이 아니라는 것을 이 소설은 보여준다. 사회 전체의 부양 계층인 농민은 군대에 가기를 좋아하지 않는다. 얻을 것이 하나도 없기 때문이다. 먹고 살 수 있는 한 그들에게는 금붙이나 권력 따위는 추구할 가치가 없어 보이는 까닭이다. 땀 흘려 일하는 농부들은 생산을 하느라 군대에 가서 사람을 죽일 만큼 한가하지 않으며 금화는 오직 희소가치를 가질 만큼만 필요하다. 금화의 희소성이 떨어지는 순간 그것은 어떤 힘도 발휘하지 못한다. 이 모든 것들을 교묘하게 연결시키고 순환되도록 하는 것이 지식인 계층이며 이 소설에서는 악마들로 나타난다. 모든 계층이 싸움에 휘말리게 하기 위해 제일 높은 악마는 머리로 일하는 법을 가르치려고 하지만 바보들에게 머리로 일하는 방법은 가장 비효율적인 방법이다.

이 짤막한 소설 안에서 우리는 톨스토이가 전쟁을 어떻게 바라보고 있으며 사회 계층에 대한 평가를 어떻게 내리는가를 한눈에 알아볼 수 있다. 우화적으로 나타나긴 했지만 여기에서 우리는 세계의 정치판도와 경제의 흐름을 발견한다. 유사 이래로 전쟁이란 땅과 재화를 더 얻기 위한 싸움에 지나지 않는다는 것이다. 마치 소설속의 악마가 사람들을 유혹하고 부추기는 것처럼, 쓸데없는 이론을 들먹이는 지식인과 나

---

4) 톨스토이, 앞책, 220쪽

5) 위책, 220~223쪽.

라를 이끄는 소위 브레인 계층은 바로 그 싸움을 일으켜 이익을 얻기 위해 국민들을 전쟁의 희생양으로 내몰고 있다. 그러나 모든 사람이 그의 순박한 평화주의에 동조하는 것은 아니다. 이런 톨스토이의 성향에 대해 앙리 투루아야는 소설 『고리끼』에서 다음과 같이 평하고 있다.

> 근대 기계주의와 '지적 엘리트 계층의 거짓 문화' 를 혐오하였던 그 야스나야 폴랴나의 주인은 조상 대대로 내려오는 농민의 지혜를 따르는 것만이 구원의 길이라고 보았다. 그는 예술지상주의, 교회의 구태의연한 의식, 개인에 대한 국가의 지배 등 이것저것을 두루 비난하면서 '악에 의한, 악에 대한 무저항' 을 설교했다. ……이처럼 미래에 대한 이상적인 비전은 노동자들과 가까이 지내고 농민을 혐오하며 직접 행동을 신봉하고 온갖 기독교적 체념을 철저히 반대하는 고리키에게는 낯선 것이었다. …… '톨스토이의 농부같은 수염, 두툼하면서도 유별나게 큰 손, 검소한 의복, 그 모든 민주주의적 겉모습은 그를 찾아온 사람들을 기만하였다. ……갑자기 농부같은 수염과 구겨진 작업복이라는 배경막 뒤에서 휘황찬란한 늙은 귀족인 러시아 영주가 불쑥 튀어나왔다. 그렇게 되면 친숙하게 터놓고 이야기하던 상대방은 등골이 오싹해졌다. 그때에 그의 우아하고 고상한 몸짓과 신중한 어투, 아주 섬세하고 정확한 단어의 사용을 지켜보는 것은 유쾌한 일이었다.' 6)

고리끼가 농부들을 믿을 수 없는 계층으로 확신하고 모든 혁명적 세력에서 제거해야 한다고 생각한 것과 달리 이 건실한 귀족 작가는 농민을 사회를 구원할 계층으로 보았고 그것은 「바보이반」에서 정치가, 상공 계층을 받쳐 주는 이반의 모습으로 구체화된다. 그의 삶은 언행이 일치하는 것이었다. 생전에 그는 자신의 재산을 거의 농부들을 위해 썼으며 마지막 순간에는 집을 나가 한 푼도 지니지 않은 채 객사했다. 이 짤막한 우화적 소설에는 그가 농산 계층을 바라보는 시각이 실려 있고 사회가 나아갈 방향에 대한 자신의 소망이 깃들어 있다.

한편 톨스토이는 「사람에게는 얼마나 많은 땅이 필요한가」에서 영토에 대한 러시아의 야욕이 가져온 피폐함을 주인공의 죽음으로써 보여주고 있다. 크림전쟁은 러시아의 남하 야욕이 가져온 전쟁이다. 그러나 결국 연합군의 세력에 의해 러시아는 3년 간 끌어온 전쟁에서 패배하게 되고 톨스토이는 자신의 여러 작품 속에서 다양한 형태로 '평화'의 필요성을 역설하게 된다. 정리하자면, 톨스토이에게 있어 전쟁은 영토를 더 많이 소유하려는 최고 권력자들의 욕심이 불러온 재앙에 불과하다. 권력을 추구하는 자들은 그들에게 기생하여 전쟁 수행 대리인이 된다. 정치와 경제의 결탁은 전쟁을 일으킬 만한 거대한 권력을 만들어내지만 결국 그것은 생산 계층을 군인으로 차출해 노동력 부재를 가져오며 전쟁 비용을 마련하기 위해 장식으로밖에는 쓸 수 없는 금화를 남발함으로써 생산 계층은 소비 계층으로 전락하게 한다. 머리를 쓰는 자들은 각 계층의 간극을 순환시키는 역할을 통해 사회 일원으로서 기생하려 하나 결국 머리로 일한다는 것은 기만에 불과하다.[7] 하지만 건실한 생산 계층이 사회를 지탱하는 한 이 모든 모순은 정화되며 사회는 평화로워진다는 것이다. 톨스토이는 이렇게 인간의 사회를 긍정적으로 바라보았으며 농민 계층에게 희망을 걸고 있었다.

---

6) 앙리 트루아야, 『고리키』, 1994, 서울, 도서출판 공동체, 113~114쪽.

7) 큰 악마는 농부들을 타락시키려고 "머리로 일하라."고 며칠 동안 연설을 하고 또 한다. 그러나 아무도 귀 기울이지 않자 쓰러지며 머리로 기둥을 박는다. 농부들, 즉 생산자의 시각에서는 이런 모습이 곧 '머리로 일하는' 것의 실체인 것이다.

2) 전쟁의 본질 둘-인간 본성 속에 내재한 야만의 그림자

『파리대왕』

이 소설의 저자 윌리엄 골딩은 노르망디 해전에도 참전한 바 있으며 해군 중위로서 군복무를 마친 이력이 있다. 그는 전쟁 중에서도 가장 격렬했던 제2차 세계대전의 전설적인 작전 현장에서 전투를 경험한 드문 작가이다. 골딩은 인간 사회의 모순이 야기한 전쟁과 같은 사건의 원인을 정치나 사회의 구조적 모순에서 찾는 것이 아니라 그것이 비롯된 인간성의 결함에서 찾는다. 자신의 소설 『파리대왕』에 대해 저자는 이렇게 설명한다.

> "인간 본성의 결함에서 사회의 결함의 근원을 찾아내려는 것이 이 작품의 주제다. 사회의 형태는 개인의 윤리적 성격에 따라 좌우되는 것이지 외관상 아무리 논리적이고 훌륭하다 하더라도 정치 체제에 따라 결정되지는 않는다는 것이 이 작품의 모럴이다."[8)]

이 소설은, 인간의 본성 속에 잠재해 있는 호전성과 야만성을 상징과 우화, 신화적 상상력으로 풀어 낸다. 비행기를 타고 어디론가 가던 소년들이 무인도에 불시착한다. 그들의 목적지는 소설에 직접적으로 나오지 않는다. 사람이 생의 목표를 미처 설정하지 못하고 어느 날 벌거벗은 채 어머니에 의해 세상에 던져지는 것과 같은 상황이다. 『파리대왕』은 금발의 소년 랄프와 뚱뚱한 꼬마 '돼지'의 만남으로 시작된다. 랄프는 그들을 가로막고 있던 가시덤불을 치우는 '행동'에 나서고 있

8) E.L. 엡스타인, 「파리대왕론」 in 윌리엄 골딩, 『파리대왕』, 2004, 서울, 민음사, 320p에서 재인용.

고 이 야만적 환경에 어울리지 않게 안경을 쓰고 뚱뚱한 모습을 한 '돼지'는 문명 환경이 얼마나 파괴되었는지를 검토하는 지식인의 자세를 유지하고 있다. 그는 랄프에게 메가폰을 든 사람-사회가 가야 할 방향을 제시하는 지도자-이 어디 있는지를 묻고 이어 어른은 아무도 없는지 거듭 묻는다. 동화가 아닌 이 소설에서는 등장인물이라고는 어린아이들과 그 외 정체불명의 검은 물체만이 등장한다. 어린아이란 인격이 완성되지 않은, 즉 인격이 미숙한 사람들을 상징한다. 어른이 없지만 지적인 꼬마 '돼지'는 곧 의사를 피력하는 방법-메가폰을 대신한 소라 고둥을 통해-을 고안해 내고 그들은 무인도에서 어른들이 만든 민주사회를 모방한 소년들만의 사회를 만든다. 등장인물 중 랄프는 온건하고 신중한 지도력을 발휘해 재난에 맞서 나가는 전형적인 민주적 리더를 의미한다. 그러나 아이들의 인기를 독차지하고 아이들을 히스테리에 가까운 추종 상태로 이끌어 그에게 대적하는 것은 성가대의 지휘자 잭이다. 그는 스스로 야만인임을 자처하고 본성대로 행동하여 무인도에서 그들이 맞닥뜨린 두려움에 무조건 저항하도록 유도한다. 랄프와 잭은 구조 신호를 보내기 위해 봉화를 만들 것인지 당장 필요한 고기를 얻기 위해 사냥을 할 것인지에 대해서도 언제나 그렇듯이 격렬하게 논쟁을 벌인다. 어른을 잃은 그들은 의사 대립 방식에서조차도 어른들이 만든 사회를 본떠 무인도 내에 모순된 인간 사회의 미니어처를 만들고 있다. 그러던 중 봉화의 불씨를 지키던 쌍둥이 형제가 어떤 짐승을 보았다고 하면서 소년들 사이에서는 알 수 없는 두려움이 퍼져 나간다.

노래란 작곡가의 두뇌 활동을 통해 창작되지만 즐기는 사람들에게는 감성에 호소하기 마련이다. 성가대 지휘자란 노래하는 자들과 듣는 이들의 감성을 일정한 방향으로 이끌어 가는 자, 이성에 가장 강력한 반기를 들 수 있는 자의 상징이다. 결국 구조를 기다리던 소년들의 민주적 사회는 성가대 지휘자였던 잭이 '야만인' 들을 이끌고 쿠데타를 일으킴으로써 무너진다. 잭은 문명의 옷을 벗고 얼굴에는 검은 칠을 한 채 나무로 창을 만들어 아이들을 이끌고 멧돼지 사냥의 카니발을 벌인다. 그리고 사냥한 멧돼지의 머리를 정체불명의 짐승에게 바침으로써 알 수 없는 두려움으로부터 조금이나마 벗어나고자 한다. 사이먼은 그 멧돼지 머리 주위로 몰려드는 파리 떼와 그 사이로 마치 웃는 듯이 보이는 멧돼지의 피 흘리고 있는 머리를 보면서 그것이 마치 '파리대왕' 처럼 변해 말하는 환상에 시달린다.

> "나 같은 짐승을 너희들이 사냥을 해서 죽일 수 있다고 생각하다니 참 가소로운 일이야!" 하고 그 돼지머리는 말하였다. 그러자 순간 숲과 흐릿하게 식별할 수 있는 장소들이 웃음소리를 내듯 하면서 메아리쳤다. "넌 그것을 알고 있었지? 내가 너희들의 일부분이란 것을. 아주 가깝고 가까운 일부분이란 말이야. 왜 모든 것이 틀려먹었는가, 왜 모든 것이 지금처럼 돼 버렸는가 하면 모두 내 탓인 거야." ....../ 사이먼은 그 거대한 아가리를 들여다보고 있음을 알았다. 그 속은 새까맸다. 점점 퍼져가는 암흑이었다. / "그렇지 않으면......." 하고 '파리대왕' 은 말하였다. "우리는 너희들을 가만히 내버려두질 않을 거야. ......사이먼은 그 아가리 속으로 삼켜져 들어갔다. 그는 쓰러져서 의식을 잃었다."[9]

다른 아이들에게로 돌아가던 중 사이먼은 산정에 무엇인가가 펄럭이는 것을 보게 된다. 그리고 돼지머리 주변을 맴돌던 파리 떼가 그 주변

9) 위책, 214~215쪽.

으로 구름처럼 몰려드는 것을 본다. 파리 떼에 휩싸여 있는 그 물체-모닥불을 지키던 쌍둥이가 보고 짐승이라고 했던 것-는 죽어서 뼈를 드러낸 조종사의 시체임이 밝혀진다. 아이들이 광기 속에서 카니발을 벌이는 중에 사이먼은 아이들에게로 돌아가 이 사실을 알리려고 하지만 문명 사회의 일원으로서 살아갈 때는 감추어져 있던 소년들의 야만성과 광기는 급기야 친구인 사이먼을 멧돼지처럼 사냥하기에 이른다. 그들에게 쫓기던 뚱뚱한 소년, '돼지' 는 발을 헛디뎌 낭떠러지에서 떨어져 죽고 역시 살육 당할 위기에 처한 랄프와 야만인 복장으로 그를 뒤쫓던 아이들은 일대 격투를 벌인다. 결정적 위기의 순간이 다가왔을 때 그들 앞에는 이성과 힘을 함께 가진 이들, 즉 어른들로 구성된 구조단이 나타난다. 그들의 등장으로 이 비극은 막을 내리지만 이미 그들은 이성의 상징인 '돼지' 와 몇몇 아이를 야생의 멧돼지로 몰아 무자비하게 살육한 뒤이다. 문명 세계에서 온 이들에게 구조된 소년들은 그 순간 살육당한 친구들에 대한 기억과 그동안 그들을 사로잡았던 광기에의 두려움에 목 놓아 울고 만다.

이 소설은 똑같은 연령대 소년들의 무인도 표류기인 쥘 베른의 「십오소년 표류기」와 대조를 이룬다. 거기에서도 아이들은 멧돼지 사냥을 하지만 그것은 야만을 문명으로 다스리는 과정의 일환으로서 받아들여진다. 이 소설의 지도자인 프랑스 소년 브리앙과 영국 소년 도니판의 갈등 및 알력은 적어도 어른들이 이룩한 민주주의 사회의 미니어처 이내에서 마무리되고 있기 때문이다. 영국 소설가 골딩은 분명 프랑스 소설가가 쓴 「십오소년 표류기」의 '무인도에 문명을 심는 인류' 라는 시각을 패러디하고 있는 것으로 보인다. 그는 쥘 베른이 「십오소년 표류기」에서 표방한 모토 대신 '무인도에서 드러나는 야만인의 본성' 을 자신의 소설에서 검증하려고 시도하고 있다. 이런 시각의 차이가, 쥘 베른의 소설이 동화로서 인식되고 있는 반면 골딩의 소설은 철학 소설로서 분류되는 결과를 가져온 것으로 보인다. 똑같은 멧돼지 사냥 장면이 전자에서는 식욕을 자극하는 반면 후자에서는 동물계에 속하는 인간의 식욕에 대한 구역을 일으킬 뿐이다. 그러나 청소년 소설을 양산하기 위해 각계의 관계자들이 부심하고 있는 오늘날의 현실로 볼 때 『파리대왕』은 초등학교 고학년 어린이들이나 청소년이 읽을 만한 소설로서 부족함이 없다고 본다. 멧돼지 사냥 장면이 조금 잔혹하지만 청소년의 성 문제를 다룬 동화나 아무렇지도 않게 사람을 죽이는 게임이 허용되는 현시점에 그것이 과연 동화로서의 자격을 획득할 수 없느냐에 대해 이의를 제기하지 않을 수 없다. 특히, 살육 게임이 인기인 요즘 인간 속에 내재한 야만성과 잔인한 캐니벌리즘에 대해 철학적으로 성찰할 기회를 주는 것이 보다 절실한 시점이라고 믿기 때문이다. 『파리대왕』에서 우리는 인간 속에 내재된 야만성, 잔인함과 같은 인간 본성의 결함이 전쟁을 야기한다는 골딩의 주장을 확인할 수 있다. 그리고 이 결함을 극복하는 것이야말로 인류사회에서 전쟁을 사라지게 하는 해결책임을 저자는 주장하고 있다.

3) 전쟁의 본질 셋 - 승리하는 전쟁은 없으며 휴머니즘만이 해답이다

힘 있는 자들이 벌인 게임에서도 패배의 대가는 혹독하다. 무솔리니는 총살당한 후 나무에 시체가 매달렸으며 히틀러의 최후에 대해서는 아직 확실한 자료조차 없다. 반면 독일과 이탈리아의 독재자가 이런 혹독한 대가를 치른 것과는 달리 일본에서는 전범들에 대한 처벌이 거의 이루어지지 않았다. 몇몇 연구서에 의하면 미국은 일본의 전범들에게 특혜를 베풂으로써 세균전을 위해 창설되었던 731부대가 생체 실험을 통해 그동안 축적했던 인체 의학 지식을 공유했다고 한다. 미국은 또 '정의' 의 이름으로 '리틀보이' 를 히로시마에 투하함으로써 비난 하나 받지 않고 인간을 대상으로 한 핵폭탄의 생체 실험을 완수하는 데에도 성공한다. '군대' 와 '이익' 이라는 두 축은 『바보이반』에서 보았듯이 야합하는 습성을 가지고 있다. 독일은 이 전쟁으로 인해 열강들에 의해 분단되었고 전범국인 일본의 식민지였던 한국은 일본을 대신해 분단이라는 희생을 치르게 된다. 그럼에도 불구하고 그 전쟁의 상처를 딛고 일어서는 회복의 힘은 이반과 같이 우직한 일반인들의 성실함과 휴머니즘에서 나온다. 전쟁의 참혹함을 이기는 휴머니즘과 성실하고 선량한 사람들의 인간 드라마를 연출하는 작품이 바로 잉게 숄의 『아무도 미워하지 않는 자의 죽음』과 루이자 메이 올콧의 『작은 아씨들』이다.

『아무도 미워하지 않는 자의 죽음』

이 작품의 원제는 '백장미(Die Weisse Rose)' 이며 백장미란 주인공들이 나치의 만행을 고발하기 위해 만든 조직이자 고발 전단에 글을 쓰는 가상의 저자 이름이다. 이 소설은 실화에 바탕을 두고 있다. 제2차 세계대전 중에 반나치 운동을 벌이다 사형당한 자신의 남동생과 여동생의 정의로운 죽음을 알리고자 잉게 숄이 다큐멘터리에 가깝게 집필한 작품이다. 주인공 한스와 조피는 조국과 고향을 사랑하는 젊은이들이었다. 주인공들은 조국을 위해서라면 언제든 목숨이라도 바칠 준비가 되어 있는 히틀러 유겐트 단원이 되어 큰 기쁨을 느낀다. 어려운 시대는 그들에게 애국심을 더욱 고취시켰고 그들은 어린 나이임에도 불구하고 나라를 위해 일할 수 있다는 엄청난 자부심을 느낀다. 그러나 사람들은 모든 국민에게 직업을 보장한다던 히틀러의 나치가 국민 각자의 개성을 말살하고 열등한 국민, 유대계 국민을 동포로 인정하지 않는 반인륜적인 당이라는 것을 조금씩 깨닫게 된다.

전 세계 사람들을 상대로 전쟁을 벌이는 히틀러를 독일 국민들이 제지하지 않고 두고 본다면, 독일에는 인간의 존엄성과 보편적 진리를 수호하는 사람이 하나도 없었다고 역사에 기록될 것이라는 사실에 두 젊은이는 좌절감을 느낀다. 그들은 독일에도 양심적인 사람들이 살아 있음을 보여주기로 하고 백장미단을 결성하여 정부에 대항할 생각조차 감히 하지 못하는 사람들에게 침략 전쟁의 부당함과 나치의 만행을 고발하는 전단을 인쇄하여 비밀리에 배포한다. 모든 글은 '백장미' 라는 이름으로 작성된다. 그러나 1943년 2월 18일, 한스와 조피는 전단을 배포하던 중 체포되어 사형당하고 만다. 이들에 대한 재판은 변호인들까지 그들의 단죄에 동조하는 분위기 속에서 진행되었고 오누이는 체포된 지 이틀만에 전격적으로 사형선고를 받는다. 조피는 사형되던 날 아침에야 자신의 기소장을 받아볼 수 있었다.

이 글은 전쟁이 주는 아픔을 직접적으로 전하고 있다. 소설은 주인공 한스가 15세, 조피가 12세 되던 해에 시작된다. 히틀러가 정치의 총아로서 부상하던 시절이다. 그리고 두 주인공은 나치와 히틀러가 권력을 강화시켜 가는 동안 청년기를 맞이하게 되며 필연적으로 그들이 벌인 전쟁에 휘말린다. 조피는 봉사 요원으로 노동력을 착취당하고 한스는 군에 입대해 독일군에 의해 핍박 받는 유태인, 러시아인들의 참상뿐만 아니라 독재에 시달리는 동족의 허무한 죽음을 목격하게 된다. 이 글의 주인공은 어린이들에게 공감을 불러일으킬 만한 청소년들이다. 그들의 고민은 젊은이로서 앞장서야 할 '사회적 책임'과 미래의 안락함을 보장해 주는 '개인의 이익' 사이에서의 갈등이며 '정의의 실현'과 '육신의 영달' 중에서 선택해야 할 기로에 선 자들이 느끼는 근본적 가치관의 갈등이다.

물질의 풍요 속에서 태어나 자란 '대한민국'의 어린이들은 과연 이런 고민을 한 번쯤 해 본 적이 있는지 의문이 든다. 이 소설은, 우리 어린이들이 청소년기를 맞이하기 전에 간접 경험을 통해서라도 이런 문제에 대해 한 번쯤 깊이 생각해 볼 기회를 제공한다. 『아무도 미워하지 않는 자의 죽음』이라는 한국어 제목이 시사하듯이, 젊은 주인공들은 인류의 행복이라는 대승적 차원에서 휴머니즘을 위해 하나뿐인 생명을 바쳤음에도 불구하고 특정 계층이나 인물에 대해 분노와 증오를 부추기지 않는다. 계층 간의 갈등을 유발하지도 않는다. 다만 정의가 유린당했을 때 적어도 젊은이들이라면 어떤 선택을 해야 하는지 보여줄 뿐이다. 잉게 숄의 저작 의도는 두 동생의 가치관을 그대로 반영하고 있다. 그들에게 있어 전쟁은 어떤 명목을 내세우건 인간성과 개성을 말살하고 인간을 조직의 부속으로 만드는 악일뿐이다. 나치의 나라 독일에서도 순수한 젊은이들이 휴머니즘을 위해 젊음을 망설임 없이 의연하게 바쳤다는 사실은 훗날 전세계에 감동의 물결을 일으키는 결과를 가져왔다. 어떤 무기보다도 강하게 사람의 마음을 움직이는 것이 휴머니즘이라는 사실을 이 소설은 증명하고 있다.

『작은 아씨들』

『작은 아씨들』은 전쟁에 휘말려 궁핍에 빠져드는 가정을 사랑과 용기로 지켜나가는 마치가의 네 자매 이야기이다. 이 소설에서는 전쟁의 후방에서 일어나는 사건들을 통해 전쟁이 소시민의 일상적인 삶에 일으키는 파랑에 대해 간접적으로 생각하게끔 한다. 그러나 미국이 유럽에 있는 다른 나라들처럼 본토에서 격렬한 전쟁을 자주 경험해 보지 않은 국가였기 때문인지 전쟁은 먼 소문과 같은 정도의 생각거리를 제공한다. 잘 알려진 이 소설의 줄거리를 이야기하는 대신 여기서는 저자가 마치 가(家)를 둘러싼 인물들을 통해 전쟁을 어떻게 그리고 있는가에 대해서만 간단하게 언급하고자 한다. 이 소설은 다음과 같은 대화로 시작된다.

> "선물도 없는 크리스마스가 무슨 크리스마스야."
>
> 조가 양탄자 위에 벌렁 드러누우며 불만을 터뜨렸다.
>
> "가난한 건 정말 싫어!"
>
> "……."
>
> "하지만 우리한테는 아빠와 엄마, 그리고 언니 동생들이 있잖아?"
>
> 구석 자리에 앉아 있던 베스가 충분히 행복하다는 투로 말했다.
>
> 난롯불에 비추인 네 명의 앳된 얼굴들이 베스의 쾌활한 말에 환하게 밝아진다 싶더니 조의 입에서 슬픈 얘기가 튀어나오자 또 다시 어두워졌다.
>
> "아빠 안 계셔. 그리고 앞으로도 오랫동안 뵐 수 없을 거야."
>
> 조는 '어쩌면 영원히' 라는 말을 하진 않았지만, 다들 멀리 전쟁터에 계신 아버지를 생각하며 마음속으로 그 말을 중얼거렸다."[10)]

이 소설 내내 이어지는 구성 방법이지만 네 자매의 일상과 사랑, 갈등이 지속되는 동안 엄마와 아빠라는 존재는 이름으로만 등장할 뿐이다. 그러나 그들을 하나로 연결하고 있는 것은 정체성의 근본을 이루는 부모라는 존재이다. '작은 아씨들' 이 운신하는 폭의 가장 넓은 범주인 '가정' 의 뼈대를 이루는 아버지는 전쟁으로 생사의 기로에 있다. 후방에서 그 전쟁은 언제 끝날는지 모를, '어쩌면 영원히' 끝나지 않을는지도 모를 궁핍과 미래에 대한 두려움으로 표현된다. 그러나 전방에 선 자들에게 돌아올 곳을 마련해 주는 동시에 전장에서 패하지 않도록 무너지지 않고 버텨 주는 것은 후방에서 지원하는 자들의 몫이다. 올콧은 이런 자세를 네 자매의 어머니 입을 통해 말한다.

"……살아가면서 우린 늘 천로역정 놀이를 하고 있는 셈이기 때문이지. 우리의 짐은 여기에 있고, 우리가 가야 할 길은 우리 앞에 놓여 있단다. 그리고 선의와 행복에 대한 갈망은 수많은 역경과 실수를 헤치고 진정한 하늘의 도시인 평화로 인도하는 길잡이란다……아버지가 돌아오실 때까지 너희들이 얼마나 멀리 갈 수 있는지 보는 거야."

"하지만 엄만 아빠더러 걱정 말고 다녀오시라고 말씀하셨잖아요. 게다가 아빠가 집을 떠나실 때도 울지 않으셨을 뿐만 아니라, 지금까지도 불평 한마디 없이 잘해 나가고 계시잖아요."

조가 의아하다는 듯이 말했다.

"난 내 사랑하는 조국을 위해 최선을 다하고 싶었단다. ……하지만 네가 지상의 아버지에게서 느끼듯이, 천상에 계신 하느님 아버지의 힘과 다정함을 느낄 수 있는 방법을 터득한다면 모두 극복할 수 있을 거다."[11]

---

10) 루이자 메이 올콧, 『작은 아씨들』, 2000, 서울, 창작시대, 9쪽.

11) 위책, 116쪽.

그녀의 기원대로 네 자매의 아버지 마치 씨는 부상에서 완전히 회복되어, 모든 사람에게 사랑받는 그의 셋째딸 베스가 성홍열에서 막 회복된 시점에 병원에서 돌아오게 된다. 그리고 그들이 그동안 정신적으로 기대오던 '주님' 이 오신 날, 즉 즐거운 크리스마스를 함께 맞게 된다. 마치 그들의 주님은 총칼을 들고 적을 무찌른 애국자들에게는 십계명의 여섯 번째 계율을 면해 주고 싸움터에서 안전하게 돌아와 가족의 품에 안기는 은총을 보장하고 있는 듯하다. 같은 시간에 마치 씨의 총탄에 목숨을 잃은 남부의 어느 가정에서는 아버지 없는 크리스마스를 보내야 한다는 사실을 이 소설은 굳이 밝히지 않았다.

이 작품에서 전쟁이 이렇게 온건하고 평온하게 다가오는 것은 저자 올콧과 그의 독자들 간에 무언의 전제가 있기 때문이다. 미국이 겪은 남북전쟁에 대한 논의는 지금껏, 전쟁의 참상이나 인간 속에 도사린 악의 근성이 발현됨으로써 겪어야 했던 국민의 고통에 대해서 환기시키기보다는 흑인 노예들의 인권 회복이라는 공감할 수 있는 명분, 미국을 최고 선진국의 대열에 들게 한 북부 지역의 산업에의 공헌 등에 대해 찬미하는 것으로 마무리되곤 한다. 이런 명분들은 미국인들에게 모든 전쟁의 참상을 합리화시키고도 남기 때문일 것이다. 그러나 정치적인 어떤 명분도 눈에 보이지 않는 이권의 흐름을 이면에 감추고 있다는 사실은 전쟁을 미화한 어떤 작품을 읽은 후에도 독서의 뒷맛을 씁쓸하게 한다.

이 글이 쓰인 시점은 전쟁이 역사적으로 미화되던 시절의 끝자락에 속하므로 전쟁에 그럴 듯한 명분이 있는 경우 저자들이 가지는 이런 태도에 대해 크게 비난할 만한 것이 못될는지 모른다. 이때까지만 해도 인권에 대한 사람들의 인식은 그다지 높지 못했기 때문이다. 비슷한 시기, 비슷한 시각을 가진 작품으로는 식민지 정복 전쟁을 우화적으로 묘사한 키플링의 『정글북』이나 다니엘 데포의 『로빈슨크루소』가 있다. 이런 점에서 그들과 비슷한 시대에 살았던 톨스토이의 인권 의식과 세계관은 그들보다 한세기 이상 앞서 있었다고 평가할 수 있겠다.

전쟁의 참혹함 속에서 만난 환상, 『어린왕자』

생텍쥐페리는 1900년생이다. 1917년에 대학 입학 자격시험에 합격한 후 군에 입대하여 스트라스부르의 제2전투기 연대에서 군복무를 하다가 후에 조종사가 되었다. 그는 제33비행 연대 전투 비행단에 소위로 복무했다. 후에 우편 항공회사를 다니는 등 근무지는 옮겼으나 비행하는 일은 그에게 천직이었다. 하지만 그런 중에도 꾸준히 작품 발표를 해 작가로서의 입지를 굳혔다. 제2차 세계대전은 1939년 독일이 폴란드를 침공하자 영국과 프랑스가 독일에 선전포고를 하면서 시작되었다. 이 싸움은 유럽뿐만 아니라 이들 국가의 식민지였던 아프리카, 아시아 등지에서 동시에 진행되었고, 일본이 원폭 투하로 항복하기까지 연합국에 가담한 국가도 차차 늘게 된다. 『어린왕자』는 제2차 세계대전이 한창이던 1942년에 내놓은 작품이다. 이 작품을 쓰고 불과 2년 후인 1944년 생텍쥐페리는 2의 33 정찰 비행단에 복귀하여 그르노블과 안스시 지구에 마지막 출격 허락을 받고 코르시카 미군 공군 기지에서 단독 출격했지만 돌아오지 않았다.[12] 1990년대 중반, 그가 몰고 나간 p38기로 추정되는 비행기의 잔해가 발견되었는데 실종 당시 독일군의 저격을 받았으리라는 예상과는 달리 파손된 곳이 거의 없었다고 한다.

---

12) 생텍쥐페리, 『어린 왕자』(밀레니엄북스 9), 2004, 서울, 신원문화사, 287~291쪽 : 이 저서는 e-book으로 출판되었으며 18인치 모니터에 책을 펼친 형상으로 설정했을 때의 쪽수임을 밝힌다.

또 마르세이유의 어떤 어부는 그의 이름이 새겨진 팔찌를 건져 올리기도 했다.[13] 이런 증거들로 미루어 그가 자살했다는 사람들도 있지만 분명한 것은 전쟁 임무 수행 중 실종되었다는 사실이다. 그의 친구 기요메의 경우, 안데스 산맥 횡단 비행을 하던 중 폭풍으로 실종되었다가 살아 돌아온 적이 있었고, 생텍쥐페리 역시 1935년 12월, 자파가 세운 기록을 갱신하기 위해 떠났던 파리와 사이공 간 연락 비행 때 사막에 추락했던 경험이 있다. 『어린왕자』는 마치 이 기간에 경험했던 사실인 것처럼 시작된다.

……이것은 6년 전 사하라 사막에서 비행기가 고장을 일으킨 때까지의 일이다. 비행기 엔진이 그곳에서 그만 결딴난 것이다. 정비사도 승객도 없었기 때문에 나는 그 어려운 수리를 나 혼자서 해치워 보려고 마음먹었다. 내게 있어서 그것은 생사의 문제였다. ……사막에서의 첫날밤이었다. 나는 사람이 사는 곳에서 수만 리나 떨어진 모래밭에서 잠이 들었다. ……그러니 해가 뜰 무렵, 이상한 목소리를 듣고 잠에서 깨었을 적에 내가 얼마나 놀랐겠는가. 그 목소리는 이런 말을 했다.

"아저씨, 나 양 한 마리만 그려 줘." ……엔진을 고쳐야 할 일이 급하기에 나는 더 이상 참을 수가 없었다. 그래서 하는 수없이 아무렇게나 그림을 끄적거려 놓고 어린 친구에게 한 마디 툭 던졌다.

"이건 상자야. 네가 원하는 양은 바로 이 속에 있단다."

……이렇게 해서 나는 이 어린왕자를 알게 된 것이다.

……"하루는 해가 지는 걸 46번 구경한 적도 있어."

그리고 조금 있다가 다시 말을 이었지.

"몹시 쓸쓸할 적엔 해 지는 걸 바라보고 싶어져……."

"그럼, 46번 구경하던 날은 그렇게 쓸쓸했었니?"

그러나 어린왕자는 대답이 없었다.[14)]

이 소설의 화자는 생텍쥐페리처럼 조종사이며 그와 마찬가지로 사하라 사막에 불시착하게 된다. 그의 머리를 온통 채우고 있는 것은 어떻게 하면 이 기계를 고쳐 임무를 완수하는가 하는 생각뿐이다. 그러던 중 우연히 만난 신비스런 소년 '어린왕자'는 소혹성 B612호의 주인이다. 작은 화산을 돌보며 밥을 지어 먹고 바오밥나무 싹이 자라지 않도록 돌보기도 하는 그는 외로울 때마다 놀이 지는 모습을 바라보며 마음을 달래 보지만 그가 작은 별에서 앓는 성장통은 그대로 작은 전쟁이다. 결국 그는 자신의 별을 떠나 긴 여행길에 오른다. 어린왕자와 그가 사랑하는 자존심 강한 장미와의 싸움은 바오밥나무 싹을 방치했다가 별이 두 쪽으로 갈라질 위험에 처한 게으름뱅이의 문제보다 덜 심각하다고 볼 수 없다. 그가 방문한 별 하나하나마다 지구라는 큰 별 곳곳에 도사리고 있는 것과 똑같은 문제들이 하나씩 자리하고 있다. 어떤 별은 날이 갈수록 점점 빨리 돌아서 점등을 하고 아침 인사(Bon jour!)를 나누자마자 다시 소등하면서 저녁 인사(Bon soir!)를 해야 하는 상황이다. 그럼에도 불구하고 성실한 점등 인형은 묵묵히 자기 할 일을 해내고 있다.

저자인 생텍쥐페리 자신은 제2차 세계대전이라는 회오리에 휘말려 있지만 그의 소설에서는 포화가 터지고 총알이 난무하는 대신 아름답고 때로는 슬픈 우화의 옷을 입은 전쟁이 있다. 속도와의 전쟁, 독재와

13) 생텍쥐페리,『어린 왕자』(김화영 옮김), 서울, 문학동네, 137쪽, 표정훈, 생택쥐페리(인물세계사), http://navercast.naver.com,에서 재인용.

14) 앞책, 33쪽.

의 전쟁, 그리고 별을 죽음에 이르게 할 수도 있는 파괴의 씨앗과의 전쟁 등……, 모든 별은 나름의 전쟁을 격렬하게 치르고 있는 중이다. 장미와의 갈등에서 벗어나고자 자기 별을 떠났던 어린왕자도 결국 인간이 사는 곳은 어떤 형태로든 전쟁이 존재한다는 것을 알게 된다. 그리고 이번에는 자기 별로 돌아가기 위해 자신의 내면에 도사리고 있는 두려움과 일대 전쟁을 치른다. 그 두려움을 조용히 극복한 어린왕자는 자신이 주인인 파라다이스, 소혹성 B612로 인도해 줄 친구, 노란 뱀의 도움으로 지구에서의 육체적 죽음을 받아들인다. 어린왕자의 맑은 목소리가 있어 '인간의 대지' 인 사막은 화자에게 '샘' 을 품고 있는 곳으로 기억된다. 그리고 별들은 화자에게 웃음을 주는, 웃을 줄 아는 '5억 개의 방울' 이 된다.

밤하늘처럼 막막한 것이 없다. 전쟁으로 폐허가 된 도시도 그보다 두려움을 주지는 않을 것이다. 그러나 그 막막함을 이기는 힘은 언제나 사랑하는 것들을 그 안에서 발견하고 그것을 지키려는 '책임감' 으로부터 나온다. 특히나 원시적인 당시의 비행기가 개척하기에는 너무 많은 위험으로 가득 차 있고, 너무 넓어 막막하기 이를 데 없는 밤하늘은 어린왕자 덕분에 별들의 웃음소리 가득 찬 추억의 장소가 되는 것이다. 그 예측할 수 없는 넓은 하늘에 던져진 비행기는 세계대전이라는 전쟁에 휘말린 개인의 운명과 이미지가 상통한다. 암흑으로 가득 찬 하늘을 밝히기에는 너무 약한 별빛을 보고도 화자가 어린왕자를 기억하는 것처럼 사람은 불가항력적인 전쟁의 회오리에서도 무엇인가 소중한 것을 지키려고 안간힘을 쓰곤 한다. 생텍쥐페리에게 전쟁이란 인간의 삶 그 자체이며 삶은 각자 지키고 싶은 것이 있어 힘겹지만 소중하게 되는 것이다. 전쟁이란 고장 난 기계라는 상징으로 나타나는 어떤 것, 인간을 위협하는 온갖 허영과 욕심, 게으름, 그리고 불가항력적이지만 반드시 이겨내야 할 그 무엇이라는 것을 『어린왕자』는 보여주고 있다.

소중한 이를 잃은 아픔을 조명한 「아찌야」

오영수는 한국 문학사에서 서민의 애환을 가장 따뜻하게 그린 작가들 중 하나로 평가받고 있다. 그의 대표작인 「갯마을」이 그렇고 중학교 교과서에도 실렸던 「요람기」가 그렇다. 오영수가 1909년에 태어나 1979년에 세상을 떠났으니 생전에 대동아전쟁, 6.25전쟁 등 큰 전쟁만 두 번이나 경험한 셈이다. 따라서 그의 소설에서도 전쟁은 주 배경이 된다. 그 중 어린이들이 읽어도 좋을 단편소설로서 「머루」, 「누나별」, 「아찌야」 등이 있다. 그 중에서도 「아찌야」는 전쟁의 아픔이 어린이들에게 어떤 영향을 주는지 잘 보여준 작품이다.

「아찌야」의 형이는 K여고 교사의 다섯 살 배기 아들이다. 공간 배경은 경상도 어디쯤, 시간 배경은 경상도의 제도시(帝都市)들이 피난처 구실을 하던 6 · 25사변의 와중 언제쯤이다. 어린 형이에게 아버지가 다니던 K여고는 '우라부지학교' 로 어린 시절의 꿈이 담긴 곳이며 구김살 없이 안전하게 뛰놀 수 있는 공간이다. 그러나 전쟁은 이런 그의 놀이터를 점령한다. 언제부턴가 학교에서 군인들이 주둔하게 된 것이다. 이제 형이의 놀잇감도 바뀐다. 그는 돈을 모아 권총을 사서 아찌야를 겨누고 손을 들라고 한다. 형이의 서슬에 진짜 총을 멘 아찌야는 항복한다. 이 날부터 보초 서던 '아찌야' 와 형이 사이에는 우정이 싹튼다. 부모형제를 뒤로 하고 총을 들고 서야 하는 아찌야와 자기 터전을 사수하려는 동심이 공감대를 형성한 것이다. 어쩌면 그들은 전쟁터의 전방과 후방이 맡는 역할의 상징적 인물들이다. 그러다 다시 전장으로 가게 된 아찌야는 형이를 찾아가 장난감 계급장과 자기 손길에 닳은 하모니카를 주고 돌아서지만 형이는 보내지 않으려고 울면서 기어코 따라간다. 하지만 아무도 전쟁에서의 소집 명령에 불복할 수는 없다. 아찌야를 그리던 형이가 폐렴에 걸렸을 때 아찌야의 안부 편지가 도착한다. 그리고 형이가 죽은 뒤 여드레 되던 날 아찌야에게서 다시 편지가 온다.

> "—형아! 요사이 잠만 자면 형이가 자꾸 꿈에 보인다. 어젯밤 꿈에도 형이와 만나 재미나게 놀았다. 아찌는 지금 얼음 위에 불을 놓고 형이를 생각하고 있다. 어서 싸움 마치고 형이 만나러 간다 아나—"[15]

형이가 먼저 하늘나라로 갔지만 전쟁이 젊은 '아찌야'를 무사히 돌아오게 할 수 있는지는 여전히 의문으로 남는다. 다만 우리는 어린아이의 투명한 눈을 통해 후방에서 겪는 총성 없는 전쟁도 격렬했음을 간접 경험할 뿐이다. 제 손으로 아이를 길러 본 사람이라면 경험할 기회가 있을 터이다. 어린아이들이 소중한 사람을 그리워하는 것만으로도 쉽게 죽음에 이를 수 있다는 사실을. 형이의 상사병은 어른들이 마음 깊이 숨기고 있는, 소중한 사람을 잃는 데 대한 두려움과 상실감을 아이 마음의 비중만큼 증폭해서 보여주는 효과가 있다. 오영수가 이 소설을 통해 보여주는 전쟁은 며칠 전까지만 해도 삶의 터전이자 놀이공간이었던 곳을 군이 주둔하는 삭막한 곳으로 만들고 젊은이를 사지로 몰고 가며 그리운 가족을 잃은 사람들을 상실감으로 죽음에 이르게 하는 악(惡) 그 자체이다.

15) 오영수, 吳永壽全集 1, 서울, 現代書籍, 1968, 145쪽.

3. 맺음말

전쟁을 배경으로 쓰였거나 주제로 삼은 일반 소설이 대개 정치 · 경제 · 사회 · 문화 등의 각 분야에서 그것의 폐해를 직접적이고 입체적으로 재현하는 작업이었다면 어린이들까지 독자층으로 끌어안는 소설들은 전쟁을 야기하는 인간 본성을 심층적 · 정신분석적으로 파헤쳐 우화적, 상징적으로 보여주고 이에 대한 저자의 사상이나 해법을 공유하고자 하는 경향이 있다. 저자들이 소설을 통해 재현하는 것이 역사적으로 기록된 전쟁이라면 동화 같은 소설로써 재현하는 것은 우리 형질 속에 감추어진 전쟁, 인간의 호전적 기질에 대한 상징을 띠고 나타나는 전쟁이다.

인류는 기억할 수 있는 한 잔혹한 역사를 써 왔다. 우리가 즐겨 읽는 동화들은 사실, 상징 뒤에 숨겨진 잔혹한 당대 현실이며 『아더 왕과 원탁의 기사』나 『롤랑의 노래』, 『일리아스』, 『오디세이아』 등, 세기를 뛰어넘은 걸작은 모두 전장이라는 참혹한 곳을 배경으로 태어났다. 소설보다 더욱 잔혹한 상황은 '구비문학' 이라는 이야기 풀(Pool)을 통과하면서 우화 혹은 환상과 상징이라는 옷을 입고 우리에게 동화로서 다가온다. 인류 역사의 여명기에 발달한 구비문학은 개인 역사의 여명기인 어린 시절에 걸맞은 화법과 생명력, 묘사 기법을 지니고 있기 때문이다. 전쟁을 우화적으로 다루거나 상징으로 보여준 성인들의 소설 역시 어느 정도 구비문학이 지닌 이러한 특징을 갖추고 있으며 그렇기에 어린이나 청소년이 읽기에 알맞게 조리된 작품이라고 볼 수 있을 것이다.

지금까지 이 글에서 살펴본 작가들의 작품에서는 이미 살펴본 바와 같이 직접적으로 전쟁을 묘사하지 않는다. 대신 그 전쟁이 연원한 인간의 숨겨진 호전적 본성(『파리대왕』)이나 전쟁이 앗아간 휴머니즘(『아무도 미워하지 않는 자의 죽음』, 『머루』) 등에 초점을 맞춰 독자와 함께 인간 본연의 문제에 대해 대화하고 소통하고자 한다. 즉 이런 작품들은 대개 두 개의 코드로 같은 상황을 그림으로써 어른과 어린이 모두에게 즐거운 읽을거리와 상상의 세계를 제공하는 데 성공했다고 볼 수 있다. 눈에 드러난 전쟁의 묘사와 그 참혹함은 오히려 전쟁의 본질을 가리기 쉽다. 그러나 이런 우화를 통해 청소년기에 얻은 교훈은 의외로 실생활에서 일어나는 현상의 본질을 읽어 내는 힘이 될 수도 있다. 어린 독자를 상정하고 쓴 성인 소설가들의 주제 표현 방식은 문학 발달 역사의 어린시절, 즉 시원문학의 표현 방식을 벤치마킹함으로써 어린이 독자들로부터도 호응을 얻을 수 있었다고 본다.

소설가들이 바라보는 전쟁은 어떤 것인가. 우리는 이제 이 문제를 정리할 시점에 와 있다. 이들은 전쟁의 원인과 결과, 그것이 가져오는 참상에 대해 우화적 간접적으로 독자에게 호소한다. 전쟁에 대한 접근 방식은 『몽실언니』 등 전쟁을 배경으로 한 동화보다 오히려 더 우회적이고 환상적이다. 그러나 어떤 참혹함에 대한 고발보다 크다고 볼 수 있다. 독자들은 「바보 이반」과 『어린왕자』를 통해 전쟁의 원인이 되는 인간의 탐욕과 어리석음, 나약함에 맞닥뜨리게 된다. 또 『파리대왕』을 통해 그 전쟁은 결국 인간의 본성에 자리 잡고 있는 야만성에서 기인한다는 사실에 공감하게 된다. 그러나 아무리 인간의 어느 한 부분에 야만성과 사악함이 깃들어 있다 할지라도 사실 전쟁은 몇몇 권력을 휘두르는 자들의 욕심과 야만으로 인해 야기되곤 한다. 그리고 인간 본성이 어떻건 여전히, 인간은 문명과 휴머니즘을 무기로 하여 도탄에 빠진 인간에게 구원의 존재도 된다는 사실 또한 인정할 수밖에 없다.

전쟁은 전방이나 후방이나 참혹한 것임을 저자들은 『작은 아씨들』과 「아찌야」를 통해 우회적으로 보여준다. 「바보 이반」은 인간의 우직함과 성실성이 이해타산의 악과 전쟁의 참화로부터 인간을 구원할 것이라는 메시지를 보낸다. 『아무도 미워하지 않는 자의 죽음』에서 우리는 보다 선량한 사람들의 희생이 인간의 사악한 본성으로부터 우리를 지켜줄 수 있다는 예를 발견하게 된다. 또 『파리대왕』에서는 하늘에서 내려온 문명 사회의 존재, 즉 인간 본성을 초월하기 위해 노력하는 문명의 힘이 우리를 호전적인 본성으로부터 헤어나게 해줄 것이라는 희망도 심어 주고 있다. 각자 다른 경향의 작품을 썼으며 태어난 시대도 다양했던 이 소설가들이 주장하는 것은 결국 하나로 귀결된다. 그들에게 있어 전쟁은 인간 본성의 결함으로부터 야기되는 것이며 그것을 성찰하고 치유하는 것으로써만 그 참상으로부터 헤어날 수 있다는 사실, 그리고 전쟁의 해악을 근본적으로 치유할 수 있는 힘은 인간의 문명화, 휴머니즘의 실현으로부터 나오리라는 사실이다. 같은 주제로 작품을 쓰려는 동화작가들도 그들의 작품에 녹아 있는 철학이나 서술 및 구성 방식 등을 참고할 필요가 있다고 하겠다.

참고 문헌

톨스토이, 「바보이반」in『사람은 무엇으로 사는가』(박형규 옮김), 서울, 인디북, 192쪽

이게타 사요시 외, 『러시아의 문학과 혁명』(송현아, 이유리, 이목 옮김), 2010, 서울, 웅진씽크빅, 100쪽.

앙리 트루아야, 『고리키』, 1994, 서울, 도서출판 공동체,

윌리엄 골딩, 『파리대왕』, 2004, 서울, 민음사

루이자 메이 올콧, 『작은 아씨들』, 2000, 서울, 창작시대,

생텍쥐페리, 『어린왕자』(밀레니엄북스9), 2004, 서울, (주)신원문화사

오영수, 『吳永壽全集 1』, 서울, 現代書籍, 1968,

빅톨 위고, 『레미제라블』(강영길 옮김), 1989, 서울, 일신서적출판사.

레디어드 키플링, 『정글북』(유은영 옮김), 1999, 서울, 창작시대.

막심 고리끼, 『소녀와 죽음』(안정범 옮김), 1996. 서울, 소담.

톨스토이, 『전쟁과 평화』, 1994, 서울, 홍신문화사.

Pushkin, A.S, 『러시아단편 걸작선』, 1987, 서울, 시사영어사.

Gogol, Nikolae Vasil' evich, 러시아단편소설 걸작선』, 2010, 서울, 행복한 책읽기.

Verne, Jules, 『십오소년 표류기』, 2005, 서울, 열림원.

선우휘, 『한국문학전집 51:싸릿골의 신화』, 1972, 서울, 삼성출판사.

악을 선으로 둔갑시키는 전쟁

제1, 2차 세계대전과 어린이의 삶

안선모

1. 전쟁과 인간

사람들은 여러 가지 이유로 전쟁을 한다. 종교와 사상 때문에, 자유와 민주주의를 지키기 위해, 석유를 얻기 위해, 물을 얻기 위해, 땅을 지키기 위해, 돈을 벌기 위해, 상대 국가를 잘 모르고 오해해서, 혹은 어떤 진실을 감추기 위해 등등. 이 모든 이유의 저변에는 자기 나라는 정의롭고 옳으며, 상대편 나라는 옳지 못하다는 생각이 깔려 있다. 그렇기 때문에 어쩔 수 없이 전쟁을 하는 것이라고 주장한다. 그렇다면 그들이 말하는 선악의 판단 기준은 무엇일까? 과연 그들이 세워놓은 그 판단 기준이 절대적인 잣대라고 확신해도 되는 것일까? 그 누구도 판단할 수 없는 자신들만의 잣대로 인간은 전쟁을 벌였고, 전쟁에 참여했으며, 그것은 앞으로도 계속될 것임이 분명하다.

인류 역사에서 전쟁은 언제나 참혹했지만 20세기에 들어서면서 훨씬 더 끔찍한 일이 되었다. 제1, 2차 세계대전에 사용된 새로운 무기는 한 번의 공격으로 수십만 명의 생명을 앗아갔으며 군인들뿐 아니라 전투

안선모 1992년 아동문예에 동화 「대싸리의 꿈」이 당선되었다. 지은 책으로는 『날개 달린 휠체어』, 『초록 토마토』 등이 있다. 한국아동문학상, 해강문학상을 받았다.

와 상관없는 민간인들조차 공격의 대상이 되어 전방과 후방의 구분이 없는 대량 학살이 이루어졌다. 그렇게 일어난 두 번의 세계 전쟁은 어떤 이유로 일어났으며, 어떤 모습으로 사람들의 삶을 바꾸어 놓았을까? 이런 궁금증을 바탕으로 아동문학 작품 속에 나타난 전쟁의 모습과 그 전쟁이 바꾸어 놓은 어린이의 삶을 살펴보고자 한다.

2. 세계 역사에서 가장 큰 두 가지 전쟁

1) 제1차 세계대전 개요

1914년 6월 28일, 오스트리아의 황태자 프란츠 페르디난트가 부인과 함께 보스니아 사라예보에서 열리는 오스트리아 육군의 연습을 보러 왔다 돌아가는 길에 세르비아 청년의 총을 맞아 죽는 사건이 일어났다. 이 사건을 계기로 세르비아를 확실하게 짓밟을 구실을 갖게 된 오스트리아는 1914년 7월 28일—정확히 사라예보 사건이 일어난 지 한 달 만에 전쟁을 선포하게 된다.

사람들은 모든 전쟁을 끝내기 위한 전쟁이라면서 이 전쟁을 시작했다. 하지만 제1차 세계대전은 더 큰 전쟁의 서곡에 불과했다. 이때 죽은 사람만 약 9백만 명, 다친 사람은 2천2백만 명이 넘는다. 5년 동안이나 참호전이 계속되었으며 이 전쟁부터 대량 살상 무기가 크게 발전해 전투기, 독가스, 전차, 잠수함, 기관총 등이 사용되었다. 이 전쟁으로 영국, 프랑스, 러시아에서 가족을 잃지 않은 사람이 없을 정도였다고 한다.

2) 제2차 세계대전 개요

1939년 9월 1일, 독일이 폴란드를 쳐들어가 점령함으로써 시작된 제2차 세계대전은 이틀 후인 9월 3일, 영국과 프랑스가 독일에 선전포고를 함으로써 본격적인 전쟁의 막이 올랐다. 그로부터 반 년 만에 덴마크, 노르웨이, 프랑스, 네덜란드, 벨기에, 룩셈부르크를 차지한 독일은 이에 만족하지 못하고 소련을 공격하게 된다. 이에 분노한 소련은 영국과 프랑스와 동맹을 맺고 독일에 맞서게 됨으로써 본격적인 제2차 세계대전이 시작되었다. 독일의 편에 서 있던 이탈리아는 영국이 지배하고 있던 북부 아프리카를 공격해 전쟁을 벌이고, 동남아시아에 이어 남태평양에 힘을 뻗치려던 일본은 1941년 12월 7일, 미군이 머무르던 하와이의 진주만을 선전 포고도 없이 공격하는 등 침략전쟁의 야욕을 드러냈다. 하지만 미국이 히로시마와 나가사키에 투하한 원자폭탄의 위력에 일본이 항복함으로써 전쟁은 드디어 막을 내렸다. 6년에 걸친 전쟁으로 일반인과 군인을 포함해 약 5,000만 명의 희생자가 생겨났다. 일본의 경우 원자폭탄 투하로 14만 명이 다치거나 죽었고, 살아남은 사람들은 핵이 폭발할 때 생겨난 방사능에 오염돼 큰 고통 속에서 살아가는 등 전쟁의 후유증에 시달리고 있다.

3. 아동문학 작품 속에 나타난 전쟁과 삶의 모습

세계대전을 다룬 아동문학 작품의 수가 그리 많지 않으므로 여기서는 세계대전 별로 구분하는 대신 그림책 부문과 일반책 부문으로 나누어 논하고자 한다.

1) 그림책 부문

『크리스마스가 가져다 준 평화』

'전쟁 속에 꽃핀 평화, 크리스마스 휴전 이야기' 라는 부제에서 볼 수 있듯이 이 책은 제1차 세계대전 당시 적군과 아군의 구분 없이 함께 어울려 지낸 달콤했던 하루 동안의 평화와 행복에 대한 이야기다. 지은이 '존 매커천' 은 미국에서 유명한 포크 음악인으로 1984년 자신이 쓴 '참호에서 보낸 크리스마스' 라는 곡을 바탕으로 이 그림책을 썼다.

영국인 할아버지가 손자손녀에게 가장 즐거웠던 1914년의 크리스마스를 얘기해주면서 이야기는 시작된다. 제1차 세계대전이 시작된 그해 겨울 프랑스와 벨기에 국경 사이에 참호를 만들어 참호전이 시작되었는데, 이 참호전이란 것은 먼저 공격하는 쪽의 피해가 컸기 때문에 서로 눈치를 보며 공격을 미루고 있는 상황이었다. 전쟁에 동원된 군인들은 앳된 티를 채 벗지 못한 어린 소년들이었다. 크리스마스 전날, 모두가 집에 두고 온 가족을 생각하며 우울해 하고 있을 때 독일군 쪽에서 크리스마스 캐럴이 들려왔고, 영국 군인들이 경건한 마음으로 따라 불렀다. 잠시 후 두 진영의 병사들은 작은 선물을 주고받고 악기를 연주하고, 축구를 하면서 최고의 크리스마스를 보낸다. 이 시간만큼은 그들은 서로에게 총부리를 겨누어야 할 이유가 없었다.

할아버지는 손자손녀에게 말한다. 그날 전쟁터에서 보낸 크리스마스가 자신의 삶을 바꾸어 놓았다고, 딱 하룻밤 동안 자신은 영웅이었다고. 할아버지의 이 말은 그날의 크리스마스를 생각하면 화낼 일도 싸울 일도 없다는 것을 의미하는 것이다. 그렇게 죽음 속에서도 인간다움을 지켰는데 삶 속에서 왜 그것을 못 지키겠는가. 용감하다는 것은 두려움에 맞서는 일뿐 아니라 인간다움을 잃지 않는다는 것을 말해 준다. 전쟁 속에서도 행복을 누릴 권리를 찾았던 군인들, 그들은 어느 집의 아들이며, 어느 자상한 자식의 아버지이며, 남편이며 동생이며 오빠인 것이다. 전쟁은 전쟁터에서 시작되는 게 아니라 사람들의 마음속에서 시작되고, 결국 전쟁이 끝날 수 있는 곳도 바로 사람들의 마음이라는 것, 이 동화에서 전쟁을 보는 시각이다.

『노란 별』

이 책에는 평화와 평등을 실천한 덴마크 왕의 이야기란 부제가 붙어 있다. 저자 카르멘 애그리 디디는 쿠바에서 태어났지만 쿠바 혁명을 피해 온 가족이 미국으로 건너갔다.

1940년대로 접어든 어느 때, 그러니까 제2차 세계대전이 막 시작한 즈음이다. 덴마크의 크리스티안 왕이 수도 코펜하겐 거리를 둘러보고 있다. 나치 군대가 몰려들어 먹을 게 동이 나고 밤에는 외출이 금지된 상황이었다. 크리스티안 왕은 나치스의 위협과 협박에도 굴하지 않고 왕궁에 걸린 나치 깃발을 내리게 하여 온 덴마크 국민의 존경을 받는다. 그러나 왕의 위대함은 그것으로 그치지 않는다. 노란 별을 단 유태인이 어딘가로 끌려가 소식을 알 수 없게 되자 왕은 고민에 빠진다. '유태인이든 아니든 모두 덴마크의 백성이다. 별을 숨기려면 어디에 숨겨야 할까?' 마침내 방법을 생각해 낸 왕은 홀로 말을 타고 코펜하겐 거리로 나선다. 그 모습을 본 백성들은 모두 옷에 노란 별을 달고 다닌다는 얘기다.

이 동화에서는 전쟁이 주는 위험과 위협을 왕의 소신 있는 행동으로 묘사함으로써 역설하고 있다. 위험을 무릅쓴 왕의 소신 있는 행동으로 인하여 백성들은 그를 신뢰하고 더불어 인간의 존엄성에 대해 다시 한 번 생각해 볼 수 있는 계기를 마련해 주었다. 인간을 구분하고 분류할 수 있는 권한은 그 누구에게도 없다는 사실을, 전쟁을 일으킨 자들만이 모르고 있다.

나치가 유태인들을 괴롭히는 데 사용한 노란별을 역이용한 왕의 지혜로움은 어두운 현실 속에서도 어려움을 이길 수 있다는 희망적 메시지를 던져 주고 있다. 가슴에 다는 순간 인간임을 거부당하게 하는 노란별은 크리스티안 왕과 덴마크 백성들에게는 단결과 희망의 상징이 된 것이다. 옳지 못한 행동에 당당히 맞서는 지도자의 모습, 또 이런 지도자를 믿고 따르는 백성들의 소신 있는 행동을 보여주는 그림책으로서 큰 의미가 있다.

『곰인형 오토』

이 책의 저자 토미 웅거러는 1931년 프랑스와 독일 접경지대에서 태어났다. 어린 시절 겪은 전쟁의 경험이 바탕이 되어 선과 악이라는, 그림책에서는 다루기 어려운 주제를 독창적이고 신선한 방법으로 그려내는 작가로 유명하다.

독일의 어느 자그마한 공장에서 태어난 곰인형은 다비드의 생일선물로 팔려가게 되어 다비드의 둘도 없는 친구 오스카를 만나게 된다. 다비드와 오스카에게 오토라는 이름을 얻게 되고 친구가 되어 즐거운 생활을 하던 중, 다비드가 노란 별표를 달게 되면서 오토의 운명은 급격히 변하게 된다. 폭격으로 세상은 엉망이 되고, 오토는 미국 군인 찰리의 손으로 넘어가게 된다. 오토 때문에 목숨을 건지고 훈장까지 받게 된 찰리는 오토를 데리고 자신의 고향인 미국으로 가지만, 오토의 운명은 그다지 순탄하지 못하다. 쓰레기통에서 다시 골동품 가게로 갔지만 아무도 오토를 거들떠보지 않는다. 그렇게 많은 세월이 흐른 가운데 우연히 오스카는 오토를 발견하게 되고 뒤이어 다비드도 만나게 된다. 하지만 전쟁은 모든 것을 참혹하게 만들었다. 다비드의 부모는 강제 수용소에서, 오스카의 부모는 전쟁터에서 모두 죽었고, 오스카와 다비드는 모든 것을 다 잃은 채 낯선 미국 땅까지 오게 된 것이다. 하지만 변하지 않는 것이 있었으니 오스카와 다비드와 곰인형 오토의 우정이다.

전쟁은 모든 것을 앗아갔지만 그들의 우정은 갈라놓을 수 없었다. 만날 운명이면 언젠가 만나게 된다는 희망적인 메시지를 던져 주는 그림책이다.

『나무들도 웁니다』

이 책의 저자 이렌 코앙_장카는 1954년 튀니지의 튀니스에서 태어났다. 150년 전부터 암스테르담 프린세흐라흐트 263번지 뒤뜰에 살고 있는 마로니에 나무가 화자가 되어 이야기를 들려준다. 그 이야기는 전 세계 독자들이 너무나도 잘 알고 있는 『안네의 일기』로 유명한 열두 살 소녀 안네의 이야기다. 새장에 갇힌 한 마리 새를 보는 듯한 심경으로 나무는 피를 토하듯이 그때의 아픔을 말하고 있다.

1942년 7월 6일 월요일, 안네의 가족이 프린센흐라흐트 운하 위 비밀의 집에 도착한 날부터 마로니에 나무는 소녀를 지켜보고 있었다. 의심을 살까 봐 여행 가방도 들지 않고, 옷을 겹겹이 껴입은 채 세차게 쏟아지는 비를 맞으며 도시를 가로질러 도착한 가족들 속에 그 소녀 안네가 있었다. 1942년 6월 12일 열세 살 생일선물로 받은 일기장을 집어든 소녀는 마로니에 나무를 보며 일기를 써내려 간다. 1944년 8월 4일 금요일 갑자기 들이닥친 독일 경찰에 의해 붙잡혀 간 안네 프랑크는 베르겐 벨젠 집단 수용소에서 장티푸스에 걸려 1945년 3월 숨을 거두었다.

이제 세월이 흘러 열세 살 소녀를 끝까지 지켜보았던 마로니에 나무는 또 다른 나무가 자신의 자리를 참되게 지켜나갈 거라는 희망을 품고 역사 속에서 사라져 간다. 인간이 인간에게 저지른 만행은 인간뿐 아니라 온 우주 만물이 기억한다는 섬뜩한 경고를 던져 주고 있다. 모든 자연이 기억한다는 것. 그래서 역사는 거꾸로 흐를 수 없다는 것이 이 동화에서 다루는 시각이다.

『백장미』

이탈리아 작가 로베르토 인노첸티의 작품이다. 독일의 아주 작은 도시에 사는 소녀 로즈 블랑슈는 어느 날 들이닥친 군인을 가득 실은 트럭을 의아한 눈초리로 바라본다. 그러다 우연히 고장 난 트럭 위에서 어린 사내아이가 도망치는 것을 보았다. 하지만 그 사내아이를 발견한 시장이 그 아이를 트럭으로 끌고 갔고, 트럭은 어딘가로 향해 떠났다. 소녀는 너무나 궁금했다. 왜 자기만한 작은 아이를 끌고 가는 것이며, 그 트럭은 어디로 가는 것인지. 바퀴 자국을 따라 한참 걸어가던 로즈는 마침내 그들이 간 장소를 발견하게 된다. 전기 철조망 뒤 담 저편에 노란색 별을 달고 있는 아이들을 보자, 로즈는 빵 한 조각을 건네준다. 그 다음날도 또 그 다음날도 로즈는 책가방에 먹을 것을 숨겨 그곳을 찾아간다. 하지만 어느 날 발견한 것은 텅 비어 있는 그곳. 그리고 안개 속에서 어느 편인지 알 수 없는 군인이 나타났고 거리는 그 군인들로 가득 차 있었다. 로즈 블랑슈의 엄마는 오랫동안 딸을 기다렸지만 딸은 나타나지 않았다.

철조망 속 아이들은 다른 아이들이 아니고, 바로 로즈의 친구이자 이웃이었다. 그래서 로즈는 위험을 무릅쓰고 먹을 것을 가져다 주었다. 로즈의 눈에 비친 전쟁은 어떤 모습이었을까? 어른들의 힘 자랑, 쓸데없는 편가름이 아니었을까? 어른들이 그렇게 총을 겨누고 서로를 죽이고 있을 때, 소녀에게는 네 편 내 편이 없었다. 모두가 내 편이었고, 내 친구였고, 내 이웃이었다. 어른들은 전쟁을 일으키지만, 아이들은 참혹한 전쟁 속에서도 인간의 도리를 하고 있다는 것, 이것이 이 동화가 주는 강력한 메시지다.

『경극이 사라진 날』

'1937년, 친화이허 강가에서' 라는 부제가 붙어 있는 이 책은 제2차 세계대전이 일어날 조짐이 역력히 보이기 시작하는 1937년부터 이야기가 시작된다. 그해 일본은 자신들의 야욕을 채우기 위해 중국을 무차별 공격하여 수많은 사람들을 학살한다. 이른바 난징대학살이다.

두 달 동안 난징에서 공연을 하기로 되어 있는 샤오 아저씨 덕에 경극표 석 장을 얻어 극장으로 간 주인공은 경극의 매력에 쏙 빠지게 된다. 하지만 거리는 온통 전쟁의 음울한 분위기로 가득 차 있다. 침략군을 위해 노래할 수 없다면서 샤오 아저씨가 떠나고 난 후 일본 폭격기가 나타나 온 도시를 파괴한다. 유리창이 깨지고 컴컴하고 눅눅한 방공호에서 주인공은 처음 경극에 빠져들었던 그 저녁을 회상한다.

중국인이 자랑하는 전통 문화인 경극을 통해서 진정한 애국이 무엇인지 가르쳐 주는 그림책이다. 자유와 평화, 그리고 전쟁의 참상을 직접적으로 이야기하기 보다는 경극을 통해 경극이 사라진 그날을 영원히 잊지 말자고 간접적으로 가르치고 있다.

2) 일반책 부문

『빼앗긴 내일』 중 「적군의 묘지에 바친 꽃」

『빼앗긴 내일』은 전쟁에 관한 일기를 모아 놓은 책이다. 1902년 독일에서 태어난 '피테 쿠르'의 일기는 군사정책으로 고통을 겪어야 했던 독일인들의 모습과 끝날 기미가 보이지 않는 전쟁에 대한 사람들의 두려움이 생생하게 그려져 있다.

1916년부터 1917년 겨울까지 식량 부족은 갈수록 심해졌고, 사람들은 전쟁에 지쳐갔으며, 1918년 10월 3일 공식적으로 항복을 선언한 그날부터 패전국으로 전락한 독일은 연합국이 제시한 어마어마한 배상비를 짊어지게 되어 독일 국민들은 커다란 고통에 빠졌다.

일기는 독일이 전쟁에 들어간 1914년 8월 1일부터 시작하여 1918년 11월 29일에 끝난다. 열두 살 소녀 피테의 눈에 비친 전쟁은 춥고 을씨년스럽고 배고프다. 하지만 그 암울한 상황 속에서도 피테를 비롯한 독일 국민들은 적군을 배려하는 마음을 잊지 않는다. 독일 소녀의 눈으로 볼 때 전쟁은 어쩌면 한 편의 코미디 같기도 하다. 1916년 9월 1일에 쓴 일기를 보면 이런 내용이 있다.

'8월 27일에 루마니아가 오스트리아-헝가리에 선전포고를 했다. 바로 다음날 우리는 루마니아에 선전포고를, 8월 29일에 우리 편인 터키가 루마니아에 선전포고를, 오늘 불가리아가 러시아에 선전포고를 했다. 옛날에 손님이 북적대는 대식구였을 때 손님들이 명함을 주고받곤 했다. 꼬리에 꼬리를 물고 이어지는 선전포고가 꼭 그런 것 같다. 서로서로 상대에게 전쟁을 선포하고 있으니 말이다. 딱 하나 빠진 게 있다면, 인사를 하고 손에 입을 맞추는 것이다. "실례지만 제 선전포고를 받

아주세요!" "정말 감사합니다. 제 것도 받아 주세요!"'

소녀의 눈에 비친 우스꽝스러운 전쟁의 모습이다. 그런 파괴의 현장에서 소녀는 이름 모를 적군의 묘지에 찾아가 꽃을 바친다. 전쟁 초반에 죽은 러시아인들, 프랑스와 영국인들, 또 모하메단이라는 생소한 이름 앞에 소녀는 꽃을 바치며 위로의 인사를 전한다. 무덤의 똑같은 모양을 보고 '죽음 앞에 모든 사람이 평등하다 '고 생각하는 열두 살 소녀는 전쟁을 일삼는 어른보다 훨씬 지혜롭고 배려심이 깊으며 차분하고 현명하다.

『안네의 일기』

네덜란드가 독일에 점령당해 있던 2년 동안 독일군의 박해를 피해 은신처에 숨어 지내야 했던 유대인 소녀 안네 프랑크의 일기는 전 세계적으로 널리 알려져 있는 책이다. 전쟁에 대한 두려움, 이성 친구에 대한 고민, 부모님과의 갈등, 자기 자신에 대한 반성과 희망이 잘 드러나 있는 이 일기는 역사의 희생양이 수많은 어린이들의 실상을 역력히 보여주는 책으로 유명하다. 전쟁 속에서 숨어 살면서도 자기 성찰과 고민이 끊이지 않았던 소녀의 애틋한 감정이 고스란히 살아남아 있다. 역사적 사실이 그대로 담겨 있는 책이어서 더욱더 소중한 보물 같은 책이다.

『아무도 미워하지 않는 자의 죽음』

이 책의 저자 '잉에 아이허 숄' 은 1917년 독일에서 태어났다. 이 책의 원제 백장미는 독일 뮌헨 학생들이 만든 저항 조직의 이름이다. 전쟁에 대한 이야기는 아니지만 제2차 세계대전의 침략국 중의 하나였던 독일에서 자유를 지키기 위해 목숨을 바쳤던 학생들의 이야기로 중요한 가치를 지녔다. 이 책의 주인공 대학생 한스와 조피는 나치에 저항하는 '백장미단' 을 조직하여, 히틀러를 비방하는 전단을 뿌리다가 잡혀 사형을 당하게 된다. 죄명은 히틀러에게 맹목적으로 복종하는 독일 국민들을 비판하고, 저항할 것을 촉구하는 전단을 뿌린 것이다. 그들은 독일 국민들이 용기가 없어서 차마 말하지 못한 것을 대변했다는 이유로 사형을 당하지만, 독일 지식인들의 고뇌를 고스란히 드러냈다는 점에서 중요한 책이다.

사실 독일의 대학생들은 1930년대 초에는 가장 광신적인 나치스에 속해 있었다. 그러나 시간이 흐르면서 히틀러는 환멸의 대상이 되었고, 나치즘을 낳은 거리, 뮌헨의 대학은 학생 반항 운동의 온상이 되었다. 한스 숄을 중심으로 결합한, 나치 제국에서 처음 있는 저항 운동 '백장미단' 은 '백장미의 편지' 로 알려진 반나치 선언으로 저항의 불길을 당긴다. 나치는 불안감을 느끼고 한스와 조피, 크리스토프를 잡아들이고, 신속한 재판을 통해 사형을 집행한다.

어떻게 한 나라가 다른 나라를 침략할 수 있는지, 그리고 전쟁 속에서 사람들에게 가해지는 폭력과 인권 유린은 어디까지인지를 간접적으로 경험할 수 있다. 아무리 광적인 사상이 온 사회를 지배한다고 해도 사회정의는 존재한다는 사실을 깨달을 수 있는 책이다.

『히틀러의 딸』

이 책의 저자 재키 프렌치는 오스트레일리아의 아동문학가로서 역사를 사랑하는 작가로 유명하다. 제목을 보는 것만으로도 호기심이 확 일어나는 책이다. 히틀러의 딸이라? 아, 히틀러에게 딸이 있었나 보구나. 히틀러는 어떤 아버지였을까? 또 그 딸은 아버지를 어떻게 생각했을까? 등등 끊임없이 일어나는 궁금증. 이야기는 오스트레일리아, 비가 몹시도 내리는 날, 한 정류장에서 시작된다. 마크와 안나, 벤 그리고 꼬마 트레이시는 스쿨버스를 기다리며 이야기를 만드는 게임을 시작한다. 안나가 들려주는 이야기 속의 소녀 하이디(히틀러의 딸)는 아버지를 아버지라 부르지도 못하고 함께 살지도 못하며, 누구를 만나지도 못하는데 그 이유는 단지 하나! 얼굴 한쪽에 붉은 반점이 있고, 다리를 절기 때문이다. 히틀러가 우수한 인종을 만든다고, 유대인뿐만 아니라 집시, 장애인까지도 죽인 것을 생각한다면 충분히 이해가 가는 일이다. 장애인을 경멸했던 히틀러, 자신의 딸이 장애인이었으니 당연히 딸로서 대접하지 않고 숨겨 놓고 키울 수밖에 없었을 것이다.

이 책은 현대와 과거를 오가며 두 가지 축을 배경으로 이야기가 전개된다. 한 축의 배경은 현대 오스트레일리아이고, 또 한 축의 배경은 제2차 세계대전 당시 유럽이다.

처음에는 이야기 게임에 아무 생각 없이, 시간을 보내기 위해 참여했던 마크는 안나의 이야기를 들으며 '하이디의 이야기가 진짜일까, 가짜일까?'로 고민을 하며 꿈을 꾸기까지 한다. 과거의 역사가 현대로 들어오면서 아이들은 갈등하고, 고민하게 된다.

"사람들은 옳은 일을 해야 한다. 하지만 자기가 옳은 일을 하는지 그른 일을 하는지 어떻게 알까?"

"어떻게 하면 선과 악의 차이를 알 수 있을까?"

"자기 주변의 모든 사람들이 다 틀렸다면 자신은 어떻게 해야 좋은가?"

"아버지가 극악무도한 사람이라면 어떻게 해야 하는가?"

이 책은 마인드맵처럼 끊임없이 다양한 생각들을 불러일으킨다는 점에서 좋다. 현대의 아이들에게 과거로 돌아가, 그 시대를 살펴보고, 비판하게 하며 또한 반성하게 한다는 점에서 역사 교육의 몫까지 겸하고 있다.

『안톤』

'살아갈 자격이 없는 아동' 으로 분류된 여덟 살 소년 '안톤' 의 이야기이다. 인간이 이토록 잔인할 수도 있구나, 자연의 지배자라 우쭐대는 인간이 지도자를 잘못 만나면 마치 중독되듯이 다른 사람의 인권을 마구 짓밟고, 함부로 할 수도 있겠구나, 하는 생각을 일으키는 책이다.

이 책의 주인공 안톤은 전쟁이 무르익어 가는 시절, 전차에 받쳐 뇌를 다치면서 글자를 잘 못쓰고 말을 더듬게 되었다. 그러니까 안톤은 선천적 장애가 아니라, 사고로 인한 후천적 장애인 것이다. 하지만 학교에서도 아이들에게 무차별 학대를 당하고, 마을의 나치 추종자들에게도 동물 취급을 당한다. 이 책을 보면 여덟 살, 아홉 살 아이들도 어른 못지않게 악마적 성향을 띠고 있다는 것을 느낄 수 있다. 아이들이 어쩌면 그렇게 잔인하게 행동할 수 있을까? 친구를 때리고 발 걸어 넘어뜨리고, 바보, 병신이라고 놀리고. 그러는 아이들을 부추기듯, 바라보는 하이만 선생은 또 어떤가? 제1차 세계대전 때 다리 하나를 잃어 외다리인 하이만 선생은 안톤의 뺨을 사정없이 때리는 것은 물론이고 심지어는 '난 자격미달자입니다' 라는 말을 50번씩 써 오라고 시킨다. 안톤이 가장 힘들어 하는 것이 글씨 쓰기라는 것을 알면서 일부러 그렇게 시키는 것이다. 아, 잔인한 인간의 심성이여.

나치는 아리안 족의 우수한 혈통을 보존하기 위해 1939년 10월부터 독극물을 주입하거나 굶기는 방법으로 전쟁이 끝날 때까지 5천 명의 장애 아들을 살해했다고 한다. 정말 놀라운 일이다. 하지만 안톤은 가족과 함께 자신의 운명과 맞서 싸워 나가고, 결국 그 모든 어려움을 이겨낸다. 또 하나 놀라운 사실, 이 글을 쓴 엘리자베스 췰러의 외삼촌이 바로 안톤이라는 것이다. 작가는 외삼촌의 이야기를 쓰기 위해서 무수한 자료 조사를 거친 끝에 이 책을 썼다고 한다.

하지만 독일은 참으로 대단한 나라이다. 자신들의 감추고 싶은 부끄러운 과거를 소재로 한 이 책에 '구스타프 하이네만 평화상'을 수여했다. 과거를 밝혀 잘못된 점을 바로잡고, 좀 더 나은 미래를 맞이하기 위한 노력일 것이다. 이러한 점에서 감추고 싶은 역사를 낱낱이 드러낸다는 것, 앞으로 우리들이 해야 할 발전적 과제라고 생각한다. 숨긴다고 숨겨지는 게 아닌 것이 바로 역사다. 있는 그대로 드러내 놓고, 정당한 평가를 받으면 얼마나 홀가분할 것인가. 그런 면에서 일본은 독일에게 많이 배워야 할 것이다.

『빼앗긴 내일』 중 「삶을 붙드는 수용소의 기억」

호주인 아버지와 말레이시아 어머니 사이에서 태어난 '실라 알란'은 1925년 말레이시아에서 태어났으며 주로 싱가포르에서 자라고 생활했다. 1942년 2월, 실라가 열일곱 살 되던 해, 일본이 싱가포르를 점령했다. 1937년부터 일본군 지도자들은 중국을 정복하기 위한 전쟁에 막대한 군사력을 동원했으며, 그 때문에 엄청나게 많은 중국인이 희생되었다.

1942년 2월, 영국, 인도, 호주의 수많은 군사를 생포하면서 싱가포르에 있는 영국의 군사 기지를 점령했다, 약 2,000명의 영국 연방 국민들이 창이 수용소에 수감되었다. 포로들은 처음에 수용소 안에서 자유롭게 이동했지만, 3월 초 모든 수용소에 담장을 쌓은 뒤부터 이동이 제한

되었다. 포로들은 탈출을 시도하지 않겠다고 서약서에 강제로 서명해야 했다.

창이 수용소는 9월 5일에 해방을 맞았다. 태평양전쟁으로 무려 1,100만 명의 중국인과 2백만 명에 이르는 일본인이 목숨을 잃었다.

일기는 1941년 12월 8일 시작하여 1945년 11월 24일, 호주에서 끝났다. 실라 알란은 시든 꽃다발 속에서 죽음과 전쟁의 모습을 본다. 꽃다발에 봉오리도 더러 있었는데, 미처 피어 보지도 못하고 죽고 말았다. 내가 죽였다. 아무 생각 없이 한 짓이었지만 전쟁이 바로 이런 게 아닐까? 소녀는 그렇게 차츰차츰 어른이 되어 간다.

전쟁은 사소한 생각, 작은 오해, 크나큰 욕심에서 시작되는 것이다. 그리고 전쟁은 인간의 심성마저도 변하게 만든다. 정복자의 거만한 태도와 폭력에 시달리던 사람들은 나날이 날카롭고, 포악하게 변해 간다. 좋은 뜻으로 시작한 일도 나쁜 결과를 낳게 되고 좁은 수용소 안에서 여러 명이 살다 보니 여유도, 배려도, 최소한의 예의도 사라지게 되는데 이 모든 것이 바로 전쟁 때문이라는 것! 전쟁은 아이들을 일찍 철들게 한다.

『빼앗긴 내일』 중 「우리가 살아남을 수 있을까?」

나치는 제1차 세계대전 패배의 원인과 독일의 궁핍한 생활을 모두 유태인의 탓으로 돌렸다. 또한 독일인은 '우수한 인종' 이며, 유태인을 비롯한 '열등한 인종' 이 유럽을 오염시킨다고 믿었다. 나치는 독일 국민의 순수성을 오염시키는 위협적인 존재로 유태인, 집시, 그리고 장애인을 지목하고 이들을 계획적으로 살해하기 시작했다.

1930년대 말 나치는 치명적인 주사와 독가스로 독일의 장애인을 숱하게 죽였다. 1941년 6월 소련을 침략한 뒤, 나치는 점령한 도시의 유태인과 집시들을 변두리의 들판이나 좁은 골짜기 같은 곳에서 대규모로 총살하기 시작했다.

그 뒤 나치는 많은 사람들을 한꺼번에 몰살시킬 좀더 효율적인 방법을 찾던 중 점령지 폴란드에 여섯 개의 수용소를 설치하고 가스로 유태인들을 무자비하게 학살하고 시체는 화장하여 처리했다. 홀로코스트의 많은 희생자들은 또한 고된 노동, 굶주림, 끔찍한 환경이 가져온 질병으로 게토(나치가 점령지에 설치한 유태인 거주 지역, 벽이 둘러져 유태인들은 저녁부터 아침까지 나오지 못했으며, 외출할 때는 측정한 표시를 달아야 했다.)와 수용소에서 생을 마감했다.

15세 소녀 클라라 슈왈트는 삶의 터전인 폴란드의 졸키에프가 나치의 손아귀에 넘어가자 가족과 함께 지하실에 숨었다. 그곳에서 열일곱 명의 유태인과 함께 2년 동안 숨죽이며 지내온 끝에 죽음을 피할 수 있었다. 클라라의 일기(1944년 1월 14일 금요일)에 나타나 있듯이 전쟁으로 사람들은 동물이 되었다. 아무 일도 하지 않고, 지하실에 숨어 앉아 있다. 가족을 잃었는데도 살겠다고 꾸역꾸역 먹는다. 전쟁에서 살아남는 것이 승리하는 것이다. 그러니 클라라의 가족은 그 모든 역경을 이겨냈으니 당당히 승리한 것이다.

『모차르트를 위한 질문』

이 책의 저자 마이클 모퍼고는 영국을 대표하는 어린이책 작가이다.

이 책은 풋내기 신문 기자로 일한 지 3주 밖에 안 된 레슬리가 위대한 연주가 파올로 레비를 인터뷰하게 되면서 벌어지는 이야기다. 레슬리는 파울로 레비로부터 날이 새도록 음악과 작곡가에 대해 얘기를 할 수 있지만 개인적인 것과 모차르트에 관한 질문은 하지 말라는 당부를 받는다. 위대한 음악가는 자신이 어떻게 해서 바이올린과 만나게 되었는지 말한다. 그의 아버지 직업은 이발사지만 오래 전에 바이올린을 연주했다는 것이다. 그들은 제2차 세계대전 당시 독일군에게 수치심을 안겨 주기 위해 독일군의 온갖 악행에도 자신들이 강하다는 것을 증명하려고 연주를 했지만 다른 사람들이 굶주릴 때 음식을 먹고, 다른 사람들이 가스실로 향할 때 살아남았다는 죄책감에 괴로워했다는 것이다. 아버지는 다시는 연주를 하지 않겠다고 바이올린을 박살내 땅에 묻었지만, 어머니는 자신의 바이올린을 고이 간직했고, 그 바이올린으로 자신이 지금까지 연주를 하고 있다는 이야기.

가스실로 향하는 사람들을 안심시키기 위해 그들이 가장 많이 연주했다는 모차르트 음악은 달콤하고 경쾌하며 사랑스럽다. 자신들을 끝내 용서하지 못하는 부모의 뜻을 이어받아, 모차르트 질문을 하는 것을 가장 싫어한다는 설정은 다소 설득력이 부족하다. 하지만 전쟁 때문에 받은 상처가 얼마나 깊고 크며 오래가는지를 알려 주는 부분이다.

『아우슈비츠의 바이올린』

몇 년 전 여름, 동유럽 여행 중에 가장 마음을 아프게 한 것이 바로 '아우슈비츠' 였다. 사람이 어찌 끔찍한 행동을 할 수 있는가. 사람을 태우는 시꺼먼 연기가 하루 종일 꾸역꾸역 나왔던 굴뚝, 그때마다 시꺼먼 연기와 고약한 냄새로 코와 입을 막아야만 했다던 그때, 그 현장.

이 책은 아우슈비츠 강제수용소에서의 독일군의 만행을 기억하고 있는 유태인 음악 선생님과 음악에 대한 순수한 열정을 지닌 이슬람 소년의 우정을 그린 작품이다.

시몽은 교직 생활 35년차인 중학교 음악 선생이다. 그는 아이들을 가르치는 걸 그다지 즐기지 않는다. 학교에 가는 걸 두려워하고, 아이들 앞에 서는 걸 힘들어 한다. 그런데 이제 학교에서의 마지막 해, 잘 해보자고 마음을 먹지만 매년 그를 속 썩이던 슈크리 형제들의 막내 말릭을 운명적으로 맡게 된다. 슈크리 형제들은 모두 열 명, 아랍계 이슬람 사람들이다.

유태인인 시몽은 제2차 세계대전 중, 아우슈비츠 강제 수용소 광장에서 독일군의 강요로 바이올린을 연주하던 기억 때문에 더 이상 바이올린을 켜지 않는다. 말릭은 바이올리니스트였던 외할아버지 바바가 알제리 전쟁 당시 연주하러 나섰다가 목숨을 잃었다는 이유로 가족에게 바이올리니스트가 되고 싶다는 꿈조차 말할 수 없다. 이런 둘이 운명적으로 만나 음악으로 소통하기 시작한다.

너무나 상처가 깊어 기억하고 싶지 않은 아픈 역사를 가슴 속에 감추고 살아야 했던 시몽, 그는 상처를 안으로 안으로만 보듬고 살았다. 그리하여 음악에 대한 열정도 사라지고, 가르치는 것에 대한 사명감도 잃었다. 만약 시몽이 말릭을 만나지 않았다면 어떻게 되었을까? 시몽은 죽을 때까지 상처를 치유하지 못했을 것이다. 말릭의 가족도 마찬가지다. 이 책이 멋진 이유는, 기억조차 하고 싶지 않은 역사의 상처를 우리가 어떻게 어루만져야 하는지에 대해 힌트를 얻을 수 있다는 사실이다.

『이름을 빼앗긴 소녀 에바』

조안 M. 울프는 미국 초등학교 선생님이다. 그녀는 이 이야기를 쓰기 위해 할머니의 고향인 체코 공화국을 방문, 리디체 마을을 찾아가 1942년 6월 10일 사건에서 살아남은 네 명의 생존자들에게 그들이 겪었던 끔찍한 기억을 들었다. 그리고 그 여행 이후, 작가로서나 한 인간으로서 새로운 삶을 살 수 있게 되었다고 말한다. 그 의미는 과연 무엇일까?

이야기는 1942년 5월, 체코의 작은 도시 리디체에서 시작한다. 별을 좋아하는 소녀 밀라다는 열한 번째 생일날, 아빠에게서 중고 망원경을 선물 받는다. 그러나 기쁨도 잠시. 6월의 어느 날 밤, 독일군에 의해 모두 끌려간다. 나치는 금발 머리에 파란 눈을 가진 아이들을 폴란드 푸쉬카우에 모아 독일 아이들로 만드는 교육을 한다. 1944년 8월, 밀라다는 에바라는 이름을 얻어 독일 퓌르스텐베르그에 사는 독일인 가정에 입양된다. 그곳 주인 남자 베르너는 수용소 소장으로 일하는 사람들한테는 거칠고 건방졌으며, 딸과 아내에게는 너그러운 척 봐준다는 태도로 임하고, 아들에게만은 한없는 애정을 표현한다. 그렇게 독일 아이가 되어 가고 있던 어느 날, 밀라다는 숲에서 철조망을 발견하는데 그곳에서는 이상한 냄새가 숨 막힐 듯 풍겨 왔다. 철조망 안의 여자들이 부르는 노래가 고향의 말임을 알게된 밀라다는 그곳이 바로 고향 사람들이 추위와 굶주림으로 고생하고 있는 '라벤스뤼크 여자 수용소' 라는 것을 알게 된다. 그때 밀라다의 심경은 어땠을까? 자신은 독일아이가 되어 잘 먹고 잘 사는데, 자신의 가족을 비롯한 고향 사람들은 죽음을 넘나들고 있었다면?

1945년 10월, 체코의 프라하. 밀라다의 가족은 여섯 명에서 이제 엄마와 밀라다 둘 밖에 남지 않았다. 이 이야기에 나오는 인물, 모든 아이들은 실제 인물이 아니다. 단지 실제 사건을 바탕으로 쓴 것이다.

히틀러는 자신이 아끼는 부하 하이드리히(유태인 계획을 세운 인물)가 목숨을 잃자, 이 사건이 프라하에서 남쪽으로 15킬로미터 정도 떨어진 리디체라는 작은 마을과 체코의 레지스탕스들이 관계가 있다고 결론을 내리고, 보복 작전을 하였다. 1942년 6월 10일, 새벽 나치군들이 리디체에 들이닥쳐 173명의 남자들이 근처의 호락농장으로 끌려가 총살당했다. 시체는 구덩이 속에 아무렇게나 매장되었다. 나치 의사들은 아이들을 머리 크기, 눈과 머리카락 색깔로 구분하는 등 여러 가지 검사를 하여 유태인이 아니면서 독일인도 아닌 아이들을 골라냈다. 그중에서 아리안 족의 기준에 맞는 아이들을 골라 레벤스보른(생명의 원천) 프로그램이라는 해괴한 프로그램을 만들어 독일 아이로 만드는 데 전력을 기울였다.

리디체 출신 여자들은 베를린에서 북쪽으로 60마일 떨어진 라벤스브뤼크 수용소로 보내졌고, 독일어로 체코에 해당되는 'Tschechisch' 의 머릿글자를 딴 T 표식을 하게 했다. 이 표식은 '정치적 범죄자' 라는 뜻이었다. 유태인들에게는 노란 별을 달아 '종교적 범죄자' 로 분류했듯이. 작업 도중 다치거나 허약해서 더 이상 일을 하지 못하게 되면 나치에 의해 가차 없이 사살되었고 그들의 시체는 근처 퓌르스텐베르그 화장장에서 불태워졌다. 리디체 아이들은 모두 105명이었는데 이들 중 17명만이 전쟁에서 살아남았다.

『내 사랑 페니』

페니라는 여자아이와 그 외가와 친가 사람들에 대한 자잘한 이야기이다. 그런데도 이렇게 가슴을 울리는 건, 철저한 자료 조사와 각 인물들에 대한 작가의 애정 어린 시선, 그리고 제2차 세계대전 당시 우리가 전혀 몰랐던 미국 사회의 상황 등이 너무나 진솔하기 때문일 것이다. 페니는 1센트짜리 동전을 말하는 거지만, 이 노래에서는 하늘이 내린 뜻밖의 행운, 복, 횡재 등을 뜻한다. 페니라는 이름은 '하늘에서 내린 복덩이' 라는 뜻이 담겨 있다. 아기였을 때 돌아가신 아빠를 그리워하는 페니는 야구를 좋아하고, 이탈리아계 친가 사람들을 사랑한다. 하지만 외가와 친가 사람들 사이엔 뭔가 커다란 벽이 놓여 있음을 느끼게 된다. 서서히 아빠의 죽음에 관한 새로운 사실(페니만 몰랐던)이 드러나면서 이야기는 점점 고조되어 간다. 한 권의 책 속에 들어 있는 이야기에는 우리가 알지 못할 역사 속의 감춰진 비밀이 있다. 제2차 세계대전 때 이탈리아가 독일 편을 들었다고 미국에서 살던 이탈리아 사람들이 얼마나 많은 감시와 핍박을 당했는지도 알게 되었다. 말하자면 페니의 아버지 이야기는 미국 역사의 감춰진 일면인 것이다.

제2차 세계대전 때 프랭클린 루스벨트 대통령은 시민권이 없는 60만 이탈리아인을 '적성국 외국인' 으로 규정하는 '포고령 2527호' 에 서명했다. 이탈리아 혈통의 모든 '적성국 외국인' 은 의무적으로 분홍색 '적성국 증명서' 를 소지해야 하고 무기나 단파 라디오, 카메라, 플래시 같은 소지 금지 품목은 당국에 반납해야 했다. 게다가 이탈리아어는 '적국의 언어' 라고 해서 사용하지 말라는 경고를 받았다. 많은 이탈리아계 이민자들은 독일계 및 일본계와 마찬가지로 미국에 오래 거주했고 지역 사회의 신망도 높은 사람들이었다. 배우자나 자녀가 미국 시민권자인 경우도 많았다. 그런데도 적과 공모할지 모른다는 의심을 받았다. 수많은 사람이 가택수색을 당했고, 3천 명 이상이 체포됐으며, 수백 명은 포로 수용소에 구금됐다. 미국 서해안 일대에서는 이탈리아계 '적성국 외국인' 5만2천 명이 일몰에서 일출까지 야간 통행이 금지됐다. 또 수천 명은 대부분 연안 지역에 있는 '금지구역' 에서 강제로 이사를 가야 했다.

『레닌그라드의 기적』

네덜란드 작가 '얍 터르 하르'가 쓴 『레닌그라드의 기적』은 소름이 돋을 정도로 슬픈 이야기이다. '고통을 겪어 본 사람은 그만큼 용서도 많이 해줄 수 있다'는 구절이 눈에 띈다. 고통은 때로 관대한 마음을 심어줄 수 있다. 고통을 겪어 보지 않은 사람이 과연 인생에 대해 알 수 있을까?

열두 살, 레닌그라드에 사는 보리스는 극한 상황에 처했다. 때는 1942년, 2년 간 독일군의 포위 속에서 살던 레닌그라드 사람들, 엄마는 영양실조로 죽어가고 있고 아빠는 호수를 가로질러 가는 식량 수송차에 타고 있다 얼음이 깨지는 바람에 돌아가셨다.

보리스와 같은 나이, 나디아는 역시 영양실조로 아빠와 오빠를 잃고, 들판에 주인 없는 감자를 찾아가는 위험한 모험을 보리스에게 제안하게 되고, 결국 찾으러 가지만 러시아의 원수 독일군을 만나게 된다. 그러나 그 독일군에 의해 두 아이는 목숨을 건지게 된다. 하지만 마지막에 나디아와 그녀의 엄마는 죽게 되고, 나디아는 자신의 일상을 기록한 일기장을 남긴다. 일기장 속에 나타난 레닌그라드의 삶은 지옥 그 자체였다.

『레닌그라드의 기적』은 역사적 사실을 바탕으로 구성된 소설이다. 이 책의 작가인 얍 터르 하르는 뛰어난 아동문학가인 동시에 역사 소설가였다. 그는 1959년 북미사를 시작으로 1965년 러시아사에 이르기까지 여섯 편에 이르는 역사 관련 소설을 썼다. 러시아에서 얍은 유명한 러시아 작가 보리스 마카렌코를 만나게 된다. 보리스는 얍을 자신의 소중한 추억이 담겨 있는 페스카료프스코에 공동묘지로 데려간다. 그곳에는 레닌그라드가 포위되었을 때 사망했던 사람들의 묘 칠십만 기가 있었다.

레닌그라드의 공방전(1941년 9월 8일~1944년 1월 27일)은 제2차 세계대전 중에 3년이나 계속되었던 비참한 역사적 사실이다. 제2차 세계대전 당시 레닌그라드(지금의 상트페테르부르크)는 독일군에 포위된 상태에서 폭격을 당해 수많은 사람들이 배고픔과 전염병에 시달리는 등 죽음보다 더한 고통을 겪었다. 1943년 러시아군이 독일군의 공격 노선을 무너뜨리고 그 이듬해인 1944년에 레닌그라드의 공방전이 끝나게 될 때까지의 처절하고 암울한 상황을 보리스는 얍에게 자세히 설명해 주었다. 그때 들은 보리스의 얘기를 바탕으로 얍은 『레닌그라드의 기적』을 탄생시켰다.

『보헤미아의 여름』

체코와 독일의 접경 보헤미아에서 일어난 일이다. 독일 소년 요제프와 체코 소년 이르시의 독특하고 가슴 뭉클한 우정 이야기이다. 현재 체코의 서부에 해당하는 보헤미아는 히틀러의 사상이 손을 뻗기 전까지는 국경 지역이라는 특성상 독일인과 체코인이 서로 어울려 살던 곳이었다. 이런 그들의 다양한 공존을 깬 것은 히틀러의 사상이었다. 이 게르만 민족주의는 서서히 순진한 마을 사람들을 갈라 놓고, 두 소년의 우정까지도 짓밟아 버린다.

주인공 요제프는 체코 소년 이르시를 강물 위 얼음판에 놓아 거의 죽을 지경에 이르게 한다. 그리고 또 한 번 몰매를 맞는 이르시를 구한다고 쏜 새총이 하필이면 이르시의 머리에 맞게 되고 요제프는 이르시의 머리에 구멍이 나 죽었다고 생각한다. 그런데 잘 생긴 소년 이르시는 참으로 대범하게 이러한 위험들을 대하고 어느 날, 두 소년은 죽기 살기로 한 판 싸움을 벌이고 나서 진득한 우정이 싹트게 된다. 이러한 상황 속에서 싹 튼 우정은 아름답고, 슬프고, 가슴 뭉클하다.

역사는 돌고 돈다. 전 세계를 손아귀에 넣고자 하던 히틀러는 독일과 맞닿아 있는 체코를 넘보고 결국 히틀러는 체코를 무력으로 점령하고 체코인들은 시민으로서의 많은 권리를 빼앗기고, 심지어 체코의 대학도 모두 폐쇄되고 만다. 그리고 1945년 히틀러가 패망하자, 또 상황은 완전히 바뀌게 된다. 전쟁이 끝나자 국경 지대에 살던 독일인들은 강제로 추방당하고 고향을 잃어버리게 된다. 히틀러가 들어왔을 때, 이르시네 가족이 고향 보헤미아를 떠났듯이 요제프네 가족도 아름다운 보헤미아 땅에서 쫓겨나게 된다. 이 책은 참 많은 것을 던져 준다. 인종이 무엇이길래, 국가가 무엇이길래, 사상이 무엇이길래 모든 것을 망쳐 놓을까? 언젠가 이 지구에 사는 모든 사람들이 그런 것들의 구분 없이 조화를 이루며 살 날을 꿈꿔 본다.

4. 나가는 글

지금까지 살펴본 문학작품 속에 나타난 전쟁의 모습은 두 가지 형태를 지니고 있다. 하나는 전쟁을 일으킨 나라의 국민이 바라보는 시각이고 또 하나는 침략을 받아 고통을 받는 나라의 국민이 바라보는 시각이다. 이 두 시각에는 공통점이 있다. 전쟁은 가해자이건 피해자이건 양쪽 다 엄청난 고통을 받으며, 개인의 삶을 엉망진창으로 망가뜨릴 수 있다는 것이다. 전쟁을 겪은 사람과 겪어 보지 않은 사람과의 삶의 모습에는 엄청난 차이가 있다. 전쟁으로 인한 상처가 강력한 트라우마(과거의 충격이 현재까지 미치는 것)가 되어 평생 동안 삶을 지배한다면, 그것

때문에 삶을 힘겹게 영위해야 한다면, 얼마나 악몽 같은 현실이겠는가. 그들이 느낄 충격의 재경험(사건에 대한 기억이나 꿈, 환각이 재연되어 실제와 같이 느끼는 것)은 그 어떤 것으로도 치유될 수 없다.

인간은 두 개의 얼굴을 가지고 있다. 선과 악이라는 두 개의 축 사이에서 인간은 때로는 선의 편에, 때로는 악의 편에 서게 된다. 야망과 욕심에 눈이 멀게 되면 다른 나라를 침략하게 된다. 반대로 이해와 용서에 눈을 뜨게 되면 평화의 길로 가는 것이다.

결국 전쟁이란 것은 사람을 미워하는 마음이 있기 때문에 생기는 것이다. 미워하는 사람 또는 국가에게서 무엇인가를 빼앗고, 그들을 복종시키려는 마음을 가지고 있기 때문에 생기는 것이다. 무력이 아니라 대화와 협상으로 문제를 풀고, 사람을 미워하는 마음도 푸는 것이 바로 평화, 평화는 어린이와 어른을 위한, 온 세상 사람을 위한 것이므로 지구인들이 모두 힘을 모아 이루어내야 할 과제라고 생각한다.

문학 작품 속에 나타난 끔찍한 전쟁의 모습과 전쟁의 상처를 극복해 나가는 사람들의 모습을 보고 우리는 진실을 마주할 용기를 얻어야 한다. 그것에 그치지 않고 다시는 똑같은 실수, 전쟁이라는 피비린내 나는 게임 아닌 게임 속에 빠지지 말아야겠다.

내전으로 점철된 역사, 밖으로 튀다

노사카 아키유키의 전쟁동화들

양연자

1. 들어가며

1970년 11월 25일 노벨문학상 후보에 올랐던 미시마 유키오는 자신이 주재하는 '방패모임' 회원 4명을 이끌고 육상 자위대 동부 방면 총감부에 쳐들어갔다.

"일본은 칼의 나라다. 칼을 포기해서는 안 된다." 고 외친 그는 총감을 감금하고 막료 8명에게 중경상을 입힌 후 자위대의 각성과 궐기를 외친다. 이어 그는 일본 무사식으로 할복 자살함으로써 국내외에 큰 충격을 안겨 주었다.

미시마 유키오는 패전 후 미국을 중심으로 한 연합국에 의해서 일본군이 무장 해제되고 민주주의를 목표로 한 점령 정책이 추진되는 데 항거해 오다 마침내 무사식으로 할복을 감행함으로써 '칼의 나라 일본'의 이미지를 세계인들에게 환기시켰다.

미시마 유키오가 말하는 '칼의 나라' 란 무엇을 말하는가?

양연자 고려대학교 대학원 일어일문과 졸업했다. 문학박사. 일본 쓰쿠바대학 지역연구과에서 공부했다. 지금은 유한대학 산업일어과 조교수로 있다. 저서에 『가와바타 야스나리의 문학과 근대화』 등이 있다.

그것은 곧 '전쟁에 대한 인식의 국민적 정서'의 대변이다. 지리적 교통이 원활하지 못한 험난한 자연환경 속에서 여러 부족국이 형성되고 부족국 국왕들은 자신의 지배력을 넓히기 위해 자주 전쟁을 일으켰다. 이어지는 귀족과 귀족 사이, 왕족과 왕족 사이의 정권 쟁탈전으로 일본의 역사는 전쟁으로 점철된 역사이다. 전쟁 속에서 문화가 꽃피고 전쟁 속에서 문명이 발전하고 전쟁에서 겪은 애환들로 이야기가 만들어졌다. 그러나 이러한 전쟁이 대부분 자국 내에서 벌어진 전쟁이라는 점에서 고대로부터 이민족이나 타국가와의 전쟁으로 채워진 서구의 경우와 다르다. 그럼에도 한편 지리적으로 폐쇄적일 수밖에 없는 섬나라의 기질적 소망이 잠복해 있어 외향적 진출에 대한 보편적 국민정서가 드러나기도 한다. 일본의 옛 이야기를 들여다보면 전쟁의 소재가 유난히 많다. 대표 전래동화 모모타로오가 그렇고 이야기 주인공 혹은 이야기의 갈등을 해결해 주는 역할을 하는 인물이 무사인 경우가 적지 않다.

일본의 역사서를 읽어보면 겐페이시대(源平時代 : 10~11세기)부터 전국시대(戰國時代)에 이르기까지 수많은 싸움으로 점철되어 있었음을 쉽게 알 수 있다. 그러한 과정에서 양산된 사무라이들은 전쟁을 직업으로 하는 일종의 전쟁 프로들이다. 그들은 다이묘들을 중심으로 군웅할거하면서 주군에 대한 충성, 혹은 배반으로 전쟁을 벌이며 자신들의 존재감을 드러냈다.

이러한 전쟁의 역사도 이윽고 16세기 중반에 이르러 오다 노부나가(織田信長)·도요토미 히데요시(豊臣秀吉)·도쿠가와 이에야스(德川家康) 등 무사집단에 의해 일본 전국이 통일되어 감에 따라 차츰 막을 내리게 된다. 이어지는 전쟁으로 두려움과 불안에 내몰렸던 백성들, 전쟁에 필요한 물자를 공급하느라 지치고 피폐해진 민중들은 그저 전쟁 없는 평온한 일상을 기대하게 된다.

하지만 오륙백 년의 긴 세월을 전쟁과 함께 살아 온 사무라이들의 입장은 달랐다. 그들은 오랜 세월 동안 전쟁에 익숙해져 있고 전쟁으로 단련된 건장하고 호전적인 무사들이었다. 그들의 삶은 바로 전쟁이었기 때문에 자신들의 삶에서 칼을 제외시킨다는 생각을 가질 수 없었다. 따라서 전국시대가 통일되는 시대의 변천에 따라 칼을 거두어들여야 한다는 현실을 쉽게 받아들일 수 없었던 그들은 점점 자신들의 정체성에 위기감을 느끼기 시작한다.

겐페이시대부터 전국시대에 이르기까지 호전적으로 될 수밖에 없었던 사무라이들, 전쟁을 통해서 배양된 사무라이들의 호전성과 에너지는 새로운 분출구를 찾도록 도요토미 히데요시를 압박하기에 이른다. 이들의 호전 욕구가 자칫 자신의 통일 정권에 위해를 가해올는지 모른다는 위기감을 느낀 도요토미 히데요시는 '조선 침공' 이라는 탈출구로 그들의 관심을 돌린다.

도요토미 히데요시의 명령으로 이들은 조선반도를 침공해 와 조선반도를 도륙내고 조선 민중을 무참히 짓밟으며 호전의 욕구를 채운다. 16세기 말에 보여주었던 일본의 호전적이고 잔인한 민족성은 20세기 근대에 와서 다시 한 번 그 모습을 세계인들 앞에 드러낸다. 그들은 또 다시 군국주의 기치 아래 동아시아를 비롯한 수많은 국가와 민족들에게 고통을 안겨 주었던 '15년 전쟁' 을 선택했던 것이다.

15년 전쟁의 시작인 만주사변 당시의 일본은 그동안 전쟁으로 점철된 역사 속에서 단련된 전쟁에 관한 노하우가 이미 충분히 축적되어 있었으며, 1868년 메이지 혁명을 통해 근대화에 성공을 거두게 됨으로써 제국주의 열강들의 아시아 침략에 함께 뛰어들게 된다.

1895년 청일전쟁에서 청국의 패배, 1904년 러일전쟁에서의 일본의 승리는 일본인들에게 자신감을 안겨 주었다. 이 기세를 몰아 1931년 중국 남만주철로의 일부가 폭파되는 사건을 계기로 만주사변을 일으킨다. 만주사변에서 태평양전쟁, 이어 1945년 패전까지의 15년 전쟁은 일본 역사에서 기존의 전쟁과 다른 성격을 갖고 있다. 글자 그대로 침략 전쟁이었다.

그러한 역사의 갈피마다 숱한 전쟁 체험기가 구전으로 혹은 글로 남았다. 거기에는 어느 세대 특유의 것이 있는가 하면, 전 세대의 공통된 경험이 있어 전쟁의 보편적 비극을 통감할 수 있다. 그 비극을 통해 인간 실존의 근원적 성찰을 하게 되고, 특히 전쟁을 야기하는 데 전혀 관여하지 않은 무력한 어린이, 여성 노약자들의 처절한 고통과 피폐한 삶을 조명한 문학 작품들이 만들어졌다. 그런 작품들은 일본 전통의 정서인 모노노 아와레(もののあは(わ)れ, 物の哀れ)와 맥이 닿기도 하고 무사적 기질의 단호함이 현실적 주인공의 캐릭터를 통해 반영되기도 한다. 이를테면 전쟁 기간 동안 다양한 체험 현장을 누볐던 민중의 애환, 남녀노소를 가리지 않고 동원되었던 근로노동과 징용의 경험, 도나리구미와 부인회 노동 동원의 경험, 기아 경험, 공습의 경험, 특별고검과 경찰에게 당했던 고통의 경험, 육친을 빼앗긴 고통 등.

다양한 전쟁 문학 작품 가운데 특이한 발상으로, 그것도 어린이의 시각만으로 전쟁의 슬픔을 아리고도 따뜻하게 풀어 나간 작품집 『전쟁동화』를 쓴 작가 노사카 아키유키의 작품을 중심으로 살펴보겠다.

노사카 아키유키(野坂昭如)는 1930년 가나가와현(神奈川縣)에서 태어나 고베로 양자로 보내진 후 그곳에서 어린 시절을 보낸다. 1945년 6월 열다섯 살 어린 나이에 폭격으로 양부모를 잃고, 당시 네 살이었던 여동생을 데리고 미군의 B-29폭격으로 폐허로 변해 버린 도시를 이리저리 떠돌며 방황한다. 전쟁 통에 먹을 것을 구할 수 없었던 노사카는 영양실조로 여동생마저 잃게 되는 무참한 경험을 하게 된다. 이때의 기억과 경험을 토대로 그는 전쟁과 관련된 작품을 끊임없이 쓰게 된다.

전쟁의 가장 큰 피해자는 나약한 여성과 어린이들이라 할 수 있다. 여기에 소개하는 노사카 아키유키의 작품들은 약자인 아동들의 시점에서 경험한 전쟁 이야기들이다. 「반딧불이의 무덤」, 「파란 앵무새와 굶주린 소년」, 「굶주린 병사」에서는 계속되는 전쟁과 폭격 속에서 먹을 것을 구할 수가 없어서 굶어죽는 비참한 아동들의 모습을 그리고 있는 한편, 「작은 잠수함을 사랑한 큰 고래」 이야기에서는 아무런 잘못 없이 죽어가는 순수한 고래야말로 전쟁의 피해자라는 메시지를 통해 전쟁 반대를 호소하고 있다.

2. 노사카 아키유키의 전쟁동화

「반딧불이의 무덤」

고베 시의 어느 역에 한 소년이 죽어 있다. 세이타다. 역원이 시체 옆에 떨어져 있는 사탕 상자를 주워 흔들자 달그락하는 소리가 들린다. 그 안에 들어 있는 것은 한 달 전 세이타와 똑같이 죽어갔던 여동생 세츠코의 뼈다. 이어서 이야기는 3개월 전으로 거슬러 올라간다. 고베에 미군의 폭격기 B-29의 대공습이 있던 날, 집을 다 정리하고 먹을 식량을 땅에 묻고 난 후에 여동생 세츠코와 함께 밖으로 대피하는 세이타. 세이타와 세츠코는 겨우 피할 수 있었으나 어머니는 전신에 심한 화상을 입고 그 다음날 결국 숨을 거두고 만다.

집은 불타고 아버지(아버지는 징집되어 전쟁에 나간 후 실종되었다.) 에 이어 어머니까지 잃은 두 남매는 먼 친척뻘 되는 아주머니의 집을 찾아간다. 얼마 간은 지낼 수 있었으나 시간이 지나면서 점차 그들은 밥만 축내는 등의 이유로 냉대를 받게 된다. 그들은 먹을 식량이 없어 어머니의 옷인 기모노를 쌀로 바꾸어 먹으면서 겨우 버티다가 결국은 집을 나와 근처에 있는 어두운 방공호 속에서 둘만의 생활을 시작하게 된다. 그들은 방공호 앞의 연못에서 춤추고 있는 반딧불이를 잡아서 방공호 안에 걸어 둔 모기장 속에 풀어놓는다. 수백 마리의 반딧불이에서 나오는 하얗고 푸른 빛이 남매의 얼굴을 환상적으로 비춘다. 그러나 다음날 반딧불이는 모두 죽어 버리고, 세츠코는 반딧불이를 묻으며 "이건 반딧불이 묘지야. 엄마도 묘지로 들어갔어."라고 중얼거린다.

세이타가 이 말을 듣고 놀라 세츠코를 바라보자, 세츠코는 전에 아줌마에게 들었다고 한다. "엄만 벌써 죽어서 묘지 안에 있다."고, 그 순간 세이타는 지금까지 참고 있었던 눈물을 한꺼번에 흘린다. 동굴 생활을 시작한 뒤로 변변한 음식 한 번 제대로 먹지 못해서 버쩍 말라 가죽만 앙상하게 남은 세츠코가 힘없이 웅크리고 있는 모습에 세이타의 마음은 찢어질 듯 아팠다. 세츠코는 중병에 걸려 있었다. 세츠코가 아프다는 것을 알게 된 세이타는 아픈 동생을 위해 급기야는 도둑질까지 하게 된다. 먹을 것을 훔쳐 내 세츠코에게 먹였다. 그러다 잡혀서 파출소까지 가는 일도 있었지만 다행히 세이타의 처지를 딱하게 여긴 순경의 배려로 풀려난다. 그렇지만 세이타는 도둑질을 그만둘 수가 없었다. 나날이 수척해지는 세츠코를 굶길 수는 없었다. 뭐라도 먹이기 위해 공습 사이렌이 울리고 소이탄이 쏟아지는 거리를 뛰어다니며 사람들이 방공호로 피할 때를 노려, 죽음을 무릅쓰고 빈집에 숨어 들어가 식량과

옷들을 계속 훔쳐 내어 먹을 것과 바꾸어 세츠코에게 가져다 주었다.

그러던 어느 날 동굴로 돌아와 보니 세츠코가 없어졌다. 세츠코를 찾아 미친 듯이 사방을 헤매다가 수풀 속에 쓰러져 있는 세츠코를 발견하고 서둘러 병원으로 데려갔다. 병명은 영양실조였다. 세츠코를 살리려는 세이타의 안간힘에도 불구하고 결국 얼마 못가서 세츠코는 사라져가는 반딧불이처럼 세상을 뜨게 된다. 세츠코가 죽은 지 얼마 안 되어 전쟁은 끝났지만 세이타 역시 동생 뒤를 따른다.

「파란 앵무새와 굶주린 소년」

여기에 소개하는 동화는 노사카 아키유키의 『전쟁동화집』에 수록된 작품 「파란 앵무새와 굶주린 소년」이다. 작가는 아버지와 남편이 전장으로 나가고, 후방에 남겨진 아동과 여성들이 굶주림과의 사투에서 비참히 죽어가는 모습을 아동의 눈높이에서 리얼하게 그리고 있다.

마을에서 조금 떨어진 산기슭 방공호 안에 한 소년과 앵무새가 살고 있었습니다. 소년의 나이는 올해 여덟 살이지만, 선원이었던 아버지가 3년 전에 선물해 준 앵무새의 나이는 알 수 없었습니다.

소년과 앵무새는 최근 보름 동안 태양이 떠오른 밝은 낮에도, 태양이 사라진 어두운 밤에도 어두컴컴한 방공호 안에서 숨을 죽이고 있었습니다. 방공호는 적의 공습에서 몸을 지키기 위한 것으로 1942년부터 일본의 주요 도시에 만들어졌습니다.

참으로 슬픈 이야기지만, 1945년 일본의 주요 도시는 이른 새벽부터 어두운 밤까지 미국의 비행기가 하늘을 날아다녀, 사람들은 집에 있는 시간보다 방공호에 들어가 몸을 숨기는 시간이 훨씬 많았습니다. 지금 소년과 앵무새가 숨어 있는 방공호는 폭 1미터에 깊이 1미터 30센티미터, 길이 7미터짜리 항아리식으로, 입구는 나무를 올려놓은 다음에 흙을 덮어 놓았습니다.

원래는 길의 한쪽 구석에 만들었지만 보름 전의 공습으로 산기슭에서 해변까지 모조리 불타는 바람에, 지금은 어디가 길이었는지 알아볼 수 없을 정도로 모두 폐허로 변해 버렸습니다.

산에서 바다까지 시야를 가로막는 것 하나 없이 깨끗하게 불탄 대지 위에 한여름의 태양이 뜨겁게 내리쬐었습니다. 그러나 한 줄기의 햇살도 들어오지 않는 방공호 안에는 칠흑 같은 어둠만이 무겁게 가라앉아 있었습니다. 더구나 비라도 오는 날에는 빗물이 흙 틈으로 새어 들어오는 바람에 축축한 공기가 마음마저 축축하게 만들었습니다.

요즘 들어 말을 하지 않는 소년에게 어떻게든 기운을 주고 싶었던 앵무새는 시끄럽게 떠들어 대고 있었습니다. 하지만 소년은 고개를 떨구고 깊은 생각에 잠겨 있었습니다.

선원인 아버지가 처음 앵무새를 데리고 왔을 때, 어머니는 사람도 먹을 게 부족한 마당에 앵무새는 뭐 하러 데려왔느냐고 타박을 했습니다. 그러나 소년은 어머니에게 졸라서 앵무새를 기르게 되었습니다. 어머니도 땔감을 주우러 가거나 방공훈련이나 도나리구미 등으로 집에 없었기 때문에 소년은 앵무새에게 말을 가르치며 하루 종일 동무삼아 지냈습니다. 소년의 아버지는 1943년 봄에 세상을 떠났습니다. 소년의 아버지가 탄 배가 필리핀 근처에서 미국 비행기의 공습을 받아 침몰되었던 것입니다. 어머니는 소년에게 "아버지는 나라를 위해 돌아가셨으니까 눈물을 흘려서는 안 돼!" 하고 말했지만 앵무새가 아버지와 똑같은 말투로 "괜찮아?" 하고 물으면 솟구치는 눈물을 막을 수 없었습니다.

어머니가 더 이상 앵무새 기르는 것을 반대하지 않게 된 다음에는 앵무새의 먹이를 구하기가 힘들어졌습니다. 1942년까지는 앵무새의 먹이인 해바라기 씨나 삼베 열매를 그럭저럭 구할 수 있었습니다. 소년은 하는 수 없이 자기 몫으로 배급된 보리와 쌀, 밀가루를 앵무새에게 주었습니다. 어머니는 작은 마당 한편에 오이와 토마토, 가지를 심어 얼마 되지 않는 배급을 보충하고 했는데, 그 텃밭의 한쪽 구석에 아버지의 유품이라고 할 수 있는 앵무새를 위해 해바라기를 심었습니다. 가을이 되자 해바라기 씨는 많은 열매를 맺었습니다.

이웃 사람들은 한낱 새를 위해 소중한 텃밭을 사용한다고 비웃었는데, 해가 바뀌자 놀랍게도 정부에서 일반 가정에도 해바라기 씨를 심으라고 명령하였습니다. 물론 앵무새가 아니라 전쟁에 필요한 기름을 얻기 위해서였지만 말입니다.

남쪽 나라에는 기름이 얼마든지 있었지만 배들이 모두 침몰된 상황에서 가지고 올 방법이 없었습니다. 그래서 정부에서는 해바리기씨 이외에 소나무 뿌리나 고구마에서도 기름과 알코올을 얻기 위해 필사적으로 발버둥쳤습니다.

그때부터 한 가구에 몇 되를 내리는 할당량이 정해지자 좁은 길에서도 뒷산의 빈터에서도 해바라기를 볼 수 있었습니다. 소년의 집은 지난해부터 해바라기를 심은 덕분에 다른 집보다는 수확량이 많았지만, 그래봤자 텃밭은 손바닥 만했습니다. 앵무새 먹이를 따로 떼어 두었더니 정부에 내야 할 할당량이 부족했던 것입니다.

"이런 전쟁 통에 앵무새에게 먹이를 주다니, 당치도 않은 일이야!"

"앵무새는 우리의 원수, 미국의 새가 아닌가! 당장 죽여 버려!"

아무리 세상을 떠난 아버지의 유품이라고 애원해도 이웃 사람들은 코웃음을 치며 해바라기 씨를 빼앗아갔습니다. 결국 앵무새의 먹이는 고작해야 한줌밖에 남지 않았습니다.

어머니는 전쟁 중이니까 어쩔 수 없다고 체념했지만 가장 좋아하는 해바라기 씨를 먹지 못해 힘없이 앉아 있는 앵무새의 모습은 소년을 견딜 수 없게 만들었습니다. 소년은 한밤중에 몰래 집을 빠져나와, 아직 수확하지 않은 해바라기 씨를 훔쳐 내 툇마루 밑에 숨겨 두었습니다.

이윽고 공습이 시작되어 방공호로 도망치면서도 소년은 자기 키의 절반이 넘는 새장을 잊지 않았습니다. 사람들은 미국 비행기에서 쏟아지는 폭탄 소리에 벌벌 떨며 몸을 움츠리는 가운데 앵무새는 굶주림도 잊어버린 채 소년을 쳐다보며 "괜찮아?" 하고 소리쳤습니다.

"방공호는 사람이 숨는 곳이야!. 이런 곳에 앵무새를 가지고 오다니, 어이가 없군!"

사람들에게서 비난의 화살이 쏟아지자, 그 이후에는 공습이 있을 때도 앵무새를 집에 놓고 와야 했습니다.

그리고 지금부터 보름 전이었습니다. 소년의 마을을 목표로 삼은 B29는 소이탄과 함께 장마 때에 쏟아지는 빗줄기처럼 수많은 폭탄을 떨어뜨렸습니다. 천지를 뒤흔드는 엄청난 소리 때문에, 귀를 막고 있어도 땀구멍 하나하나에 소리가 스며드는 것 같았습니다. 소년은 눈을 꼭 감고 어머니에게 매달렸습니다. 사람들은 마을을 온통 뒤덮은 불길을 보더니 누가 먼저랄 것도 없이 서둘러 도망치기 시작했습니다.

"틀렸어! 이대로 있으면 불에 타 죽을 거야!"

소년의 어머니도 소년의 손을 잡고 산중턱으로 향했습니다. 그 순간, 소년은 집에 혼자 있을 앵무새가 떠올랐습니다.

소년은 뒤도 돌아보지 않고 쏜살같이 달렸습니다. 빗발처럼 쏟아지는 소이탄을 뚫고 용감하게 뛰어간 소년은 앵무새의 새장을 껴안았습니다. 그리고 몰래 감춰 놓은 해바라기 씨를 가지러 툇마루 아래로 들어갔습니다.

그때였습니다. 갑자기 눈앞에서 빛이 번쩍 터지더니 귀에서 낯선 소리가 들렸습니다. 다음 순간, 주위에는 화약 냄새만 떠다닐 뿐 아무것도 보이지 않고 아무 소리도 들리지 않았습니다.

소년은 어머니를 부르며 손발을 마구 휘저었습니다. 그리고 정신이 들었을 때, 소년은 앵무새의 새장과 먹이 주머니를 껴안은 채 처음 보는 길에 서 있는 자신을 발견했습니다.

그 길을 처음 본다고 생각하는 것은 당연했습니다. 소년의 집 주위에는 250킬로그램이나 되는 폭탄이 집중적으로 떨어져서, 작은 나뭇조각까지 모두 날아갔기 때문입니다. 그와 함께 어머니도, 그리고 소년에게 심술궂게 대했던 이웃 사람들도 말입니다.

소년은 어머니가 입버릇처럼 말하던 방공호에 들어가 꼼짝도 하지 않고 어머니가 오기를 기다렸습니다. 폭탄을 맞은 집에서는 처참한 불길이 솟구쳤지만 불을 끄는 사람은 아무도 없었습니다. 마을은 완전히 잿더미가 되었고 사람들은 아무도 보이지 않았습니다.

소년은 상상을 초월하는 엄청난 충격에 휩싸여 말을 잃어버렸습니다. 어머니를 부르고 싶어도 목 안쪽에서는 흐느끼는 듯한 숨죽인 소리밖에 나오지 않았습니다. 낮과 밤의 구별이 없는 어두컴컴한 방공호 안에서 소년은 점점 야위어 갔습니다. 때로는 무슨 말이라도 하기 위해 몸부림을 쳤지만 목에서는 듣기 싫은 기묘한 소리밖에 나오지 않았습니다.

"괜찮아?"

앵무새가 가장 자신 있는 말을 입에 담은 순간, 갑자기 소년의 눈이 반짝였습니다. 말을 잃어버린 이후 앵무새가 떠드는 다른 말들은 이해할 수 없었지만 그 말을 듣자 왠지 그리운 느낌이 솟구쳤던 것입니다. 소년은 온몸의 힘을 짜내어 "괘, 괜……." 하고 소리를 내 보았습니다. 앵무새는 너무나 기뻐 그때부터 자신이 알고 있는 모든 말을 쏟아 냈습니다. 앵무새는 예전에 소년이 그랬던 것처럼 끊임없이 똑같은 말을 반복하고 소년은 앵무새가 가르쳐 준 대로 몇 번씩 똑같은 소리를 내었습니다. 그러나 소년이 가까스로 말할 수 있게 되었을 때는 배가 너무나 고파 일어설 수조차 없었습니다.

또다시 말을 하지 못하는 소년에게 앵무새는 "괜찮아? 괜찮아?" 하고 소리쳤습니다. 그리고 들릴 듯 말듯 한 목소리로 "괜찮아……." 하고 말한 것이 소년의 마지막 대답이었습니다.

소년이 세상을 떠난 지 사흘 뒤, 백년을 산다고 하는 앵무새도 먹이가 없어지자 앉아 있던 나뭇가지에서 떨어져 더 이상 움직이지 않았습니다.

다음은 「굶주린 병사」의 일부이다. 비정한 전장에서 '적' 에게도 '아군' 에게도 버림받은 병사들의 이야기이다. 직접 전투를 치르지 않는 병사들의 참혹한 현실을 적과 아군 양쪽에 다 버려졌다고 표현하고 있다. 직접 전투를 치르든 아니든, 전쟁이 모두에게 얼마나 무자비한 고통을 안기는지 생생하게 표현되어 있다.

일본은 전쟁이 시작되자마자 이 섬에 상륙해 미국의 반격이 시작된 이후에도 이곳을 전진기지로 사용했습니다. 그러나 미군이 일본과 가까운 사이판이나 이오 섬으로 향하자 일본은 멀리 떨어져 있는 섬에 있는 300명의 병사에게는 신경을 쓰지 않았습니다. 적에게도 아군에게도 버림받은 상황에서 병사들을 기다리고 있는 것은 굶주림이라는 또 다른 전쟁이었다. 그들은 살아남기 위해 몸부림치며 결국 이성을 잃게 된다. 도마뱀, 나비, 들쥐, 이름 모를 벌레들을 잡아먹었다. 자기 몫을 더 차지하기 위해 마음속으로는 전우의 죽음에 만세를 부르며 서로가 죽기를 바랍니다. 그리고 몸이 약한 사람부터 차례로 죽고 결국 300명 중 5명만이 남아 뿔뿔이 흩어지게 됩니다. 식량을 다른 사람에게 빼앗기지 않기 위해서입니다.

그렇게 서로에게 잔인하게 하면서까지 살려고 발버둥쳤던 그들도 서서히 몸을 움직이지도 못할 만큼 쇠약해져서 마침내 해골에 종이가 달라붙은 모습으로 죽어갔습니다. 빗발처럼 쏘아 대는 적의 기관총을 맞고 전사하는 것도 비참하지만, 그래도 그때는 정신이 몽롱한 상황에서 죽을 수 있습니다. 그리고 적어도 나라를 위해 장렬히 산화했다고 스스로를 위로할 수도 있습니다. 그러나 굶어죽은 것은 처참하다는 말 이외에는 달리 표현할 방법이 없습니다.

「작은 잠수함을 사랑한 고래」

"일본의 엉덩이 부분에 옹기종기 모여 있는 이즈 7도(伊豆 7 島). 그곳에서 남동쪽으로 한참 떨어진 작은 섬의 앞바다에 고래 한 마리가 살고 있었습니다."로 시작되는 이 동화는 고래 이야기다. 이 동화의 주인공 고래는 덩치가 너무 크다는 이유로 친구들 사이에서 따돌림을 당하는 대표적인 존재였다. 그래서 암수 짝짓기도 할 수가 없었다. 늘 외톨이로 외로워하던 고래의 눈에 띈 것은 일본 잠수정이었다. 고래는 일본 잠수정을 암컷 고래로 착각하고 사랑하게 된다. 드디어 고래는 일본 잠수정에 쏟아지는 공격을 자신의 몸으로 막아서 살려 내고 대신 자신은 갈가리 몸이 찢겨 죽음을 맞게 된다는 이야기다. 다음은 이 동화의 마지막 장면으로 고래의 죽음을 묘사한 부분이다.

그런 상황을 모르는 고래는 미친 듯이 잠수함 주위를 맴돌았습니다. 다음 순간, 고래를 잠수함으로 착각한 미 해군의 소형정들이 일제히 폭뢰를 쏘았습니다. 귀를 찢는 듯한 엄청난 소리에 깜짝 놀라 고래가 도망치자 소형정들은 재빨리 고래의 뒤를 쫓았습니다. 그대로 깊은 바다로 도망치면 살 수 있겠지만 고래는 그녀가 걱정되어 견딜 수 없었습니다.

'몸이 아픈 데다가 이렇게 엄청난 공격을 당하면 도저히 살 수 없을 거야. 이제야 겨우 짝을 만났는데, 나는 왜 이렇게 운이 없는 걸까?'

고래는 그렇게 자신의 신세를 한탄하다가 곧 마음을 고쳐먹었습니다.

'난 지금은 외톨이가 아니야. 기왕 죽을 거라면 그녀와 함께 죽겠어. 어차피 살아봤자 앞으로 저렇게 멋있는 짝을 만날 수 없을 테니까.'

고래는 방향을 바꿔 죽을힘을 다해 잠수함이 있는 곳으로 헤엄쳤습니다. 그 순간, 고래의 몸 위에서 폭뢰가 폭발했습니다. 몸의 절반이 날아간 상황에서도 고래는 잠수함에 가까이 가려고 몸부림쳤습니다. 그리고 세 발, 네 발…… 계속해서 폭뢰가 폭발하자 20미터나 되는 커다란 몸이 순식간에 갈기갈기 찢겼습니다.

그로부터 3시간 후, 소형정 승무원들은 만족한 미소를 지으며 부대로 돌아갔습니다.

잠수함은 소형정 엔진 소리가 사라지고도 한참 뒤에야 조심스럽게 바다 위로 떠올랐습니다.

저녁놀이 비친 바다는 새빨갛게 물들어 있었습니다. 그러나 그것이 저녁놀이 아니라 고래의 선혈이라는 사실을 아는 데는 그리 많은 시간이 걸리지 않았습니다. 넓은 바다에는 고래의 찢어진 살과 뼈와 꼬리가 떠다녔습니다. 소형정 승무원들은 바다에 떠 있는 고래의 잔해를 잠수함의 파편이라고 착각하고 돌아간 것입니다.

이 작품의 시간적 배경은 고래가 어른으로 성장한 1944년, 1945년으로 미국과 일본의 전쟁 무대가 점점 일본 열도에 가까워지고 있는 시기였다.

주인공 고래는 어린 시절 엄마 고래로부터 '인간의 잔인성' 에 관해 귀가 따갑도록 들으며 자랐다. 그렇기 때문에 거친 파도를 일으키며 바쁘게 지나가는 배들을 보면 재빨리 바다 속으로 숨곤 했다. 인간의 잔인성과 탐욕에 관한 엄마 고래의 경고는 다시 한 번 작품 속 나레이터에 의해 강조된다. 즉 작가인 노사카는 나레이터가 되어 독자를 향해 다음과 같은 메시지를 전달하고 있다.

"어머니 고래의 말은 사실입니다. 동물들 중에서 가장 큰 뇌를 가지고 있는 고래는 어떤 동물보다 영리합니다. 옛날에 사냥에 도움을 주어 인간의 좋은 친구가 된 사냥개처럼, 바다에서는 고래가 인간의 좋은 파트너가 될 수 있습니다. 그러나 인간은 지금까지 계속 고래를 죽여 왔고 앞으로도 계속 죽일 것입니다. 이런 상태로 20~30년만 지나면 이 세상에 있는 고래는 모두 전멸하지 않을까요?"

작가는 동물들의 입을 통해서 이렇게 비참한 전쟁은 당장 그만두라고 호소하고 있다.

태평양전쟁은 병사에 있어서도 국민에게 있어서도 비참한 전쟁이었다. 전쟁의 와중에 있는 사람들에게 있어서 굶주림은 B29의 폭격보다 더 큰 공포였다.

이들 작품들을 읽으면서 우리는 작가 노사카 아키유키의 목소리를 들을 수 있다. 그것은 전쟁을 일으킨 장본인이 누구든, 전쟁의 가장 큰 피해자는 여자 , 아동, 그리고 말 못하는 동물들이라는 사실이다

3. 나오며

언제 어디서든 전쟁은 자연으로부터 인간을 격리시키고 인간과 인간 사이 불신을 야기시키고 나아가 적대시하도록 부추긴다. 일본의 전쟁사는 거의 전부가 내전사라 해도 과언이 아닐 만큼 크고 작은 전쟁으로 점철되어 있다. 봉건 영주체제 아래 다이묘들의 영지 쟁탈전 속에 민중은 전쟁터에 나가 싸우는 가장과 집에서 기다리는 생산력이 취약한 아녀자들의 별리로 아픔을 겪어야 했고, 전쟁의 물자와 인력 동원에 시달려야 했다. 더 이상 전쟁이 나지 않고 보다 나은 삶을 내세우며 치러진 근세 통일 전쟁은 또 한 번 민중의 삶을 피폐하게 했다. 막부 체제는 전쟁에 대한 불안과 공포를 거두어 간 대신 농민에 대한 주목표를 지배와 수탈로 삼고 죽지 않을 정도로의 생존에 묶어 두고자 했다. 일부 특수층을 빼고 나머지 민중의 삶은 생존에 필요한 최소한의 의식주, 제한된 공간에서의 생활에 감사하는 의식으로 굳어지고 긴장의 연속인 전장에서의 무사들 또한 초소량의 식사, 초간편의 라이프스타일이 몸에 뱄다. '무엇이든 무엇이든 작은 것은 모두 아름답다(일본의 옛 수필집 ' 마쿠라소시 '에 나오는 말)' 에서처럼 '축소지향(이어령 교수의 조어)' 의 오래된 의식들은 지금까지도 일본인 특유의 정서와 의식의 중심에 자리하고 있다.

그리고 그러한 의식에서 발아한 이야기들이 풍부하다.

지리적 역사적 환경이 다른 수백 개의 영주 국가 간 치러진 전쟁의 시간과 공간 틈새마다 수백 수천의 이야기 씨앗이 뿌려졌다. 그 씨앗들은 전쟁에서 돌아온 가장에 의해, 혹은 가장의 무사귀환을 기다리는 가족 혹은 마을 사람들에 의해 싹을 틔우고 자라났다. 어쩌면 지금 일본이 스토리텔링의 강국이 될 수 있었던 것도 역설적이나 전쟁의 덕이 아닐까 생각한다. 이기든 지든 전쟁터에서 일어난 일들은 스릴이 있고 마음을 졸이는 일들이고 이것들이 아이들의 귀를 솔깃하게 하는 매력적인 이야깃거리가 되어 준다.

전쟁의 중심 혹은 언저리에서 탄생한 이야기의 모티브는 대부분 참 평화의 기원, 그리고 인간 사랑이다.

상기 작품의 배경이 되는 전쟁 이야기 또한 저마다 처한 현실에서 그 현실을 직시하고 그 안에 내재한 아픔과 치유를 갈망한다. 한날한시, 공간을 달리하여 일어나는 처연한 현실의 드러냄으로 진정한 평화의 열매를 얻기 위해 살아 있는 사람이 어떤 생각을 하고 무엇을 해야 하는지를 물어온다. 등장하는 어린이의 눈을 통해, 혹은 동물과 식물 등 자연물의 시선을 통해 진지하게 성찰하도록 인도하고 있다.

그러나 기실, 전쟁의 발발국으로서 일본은 전쟁 자체에 대한 솔직한 시인에 인색하다. 상기 작품도 어디까지나 일본인을 피해자 입장에 세워 놓고 연민을 보내는 대목이 적지 않게 나온다. 그래 그런가, 같은 전쟁 발발국인 독일과 달리 일본은 세계 평화를 훼손시킨 데 대한 솔직한 시인에 인색하다.

중일전쟁, 태평양전쟁에서 중국의 희생자는 군인 사상자가 약 330만, 민간인 사상자 약 800만에 이르고 있다. 거기에다 대만, 조선, 남양제도 등 일본의 식민지와 위임통치 지역 사람들의 고통과 희생도 절대로 그냥 묻어 버릴 수 없고 1939년에 만들어진 '국민징용령' 에 의해 식민지로부터 끌려와 탄광이나 비행장 건설 노동자로 동원되어 혹독한 노동과 굶주림을 강요당한 희생도 외면할 수 없다.

문제는 이러한 사실을 정작 일본인들이 '피동(被動)' 으로 받아들이고 있다는 점이다. 적어도 40대 이후의 즉 스스로를 '전쟁 피해자'로 생각하고 있는 것이다. 왜 일본인들은 그러한 의식을 갖게 된 것일까?

이러한 피해 의식의 저변에는 나름대로의 이유가 있다. 1944년부터 패전까지 1년 반 사이에 전체 90퍼센트의 전사자를 내었고, 그 전사자들의 90퍼센트가 머나 먼 타국에서 죽어갔던 것이다. 하지만 전시 일본 정부는 그들이 타국의 어디서 언제서 어떻게 죽어갔는지를 가르쳐 줄 수 없었다. 패전할 수밖에 없는 어이없는 전쟁의 사지에 자국의 젊은이들을 끌어들였던 조국인 일본에 대한 원망 그리고 상대국이었던 미국에 대한 분노가 심리 저변에 깔려 있는 것이다. 이러한 피해의식과 미국에의 분노의 감정은 노사카 아키유키의 「파란 앵무새와 굶주린 소년」에서도 쉽게 찾아볼 수 있다.

> "앵무새는 우리의 원수, 미국의 새가 아닌가! 당장 죽여 버려!" "소년의 아버지는 1943년 봄에 세상을 떠났습니다. 소년의 아버지가 탄 배가 필리핀 근처에서 미국 비행기의 공습을 받아 침몰되었던 것입니다. 어머니는 소년에게 아버지는 나라를 위해 돌아가셨으니까 눈물을 흘려서는 안 돼!" 하고 말했지만, 앵무새가 아버지와 똑같은 말투로 '괜찮아?' 하고 물으면 솟구치는 눈물을 막을 수 없었습니다.

이처럼 「파란 앵무새와 굶주린 소년」 속의 군중은 15년 전쟁의 비참한 피해자로서 분노의 절규를 외치고 있다. 미국 비행기는 소년의 아버지가 탄 배를 공격했고, 소년의 가족으로부터 아버지를 빼앗아 갔다. 가해자는 '일본이 아닌 미국'이라는 암시를 주고 있는 부분으로 살짝 바꾸어 책임을 회피하고 있다. 이러한 작가의 입장은 「작은 잠수함을 사랑한 큰 고래」에서도 여실히 드러난다.

한 작가의 작품집 하나만으로 일본의 전쟁과 아동문학을 조명하고 보편적 특성을 도출해 내기란 솔직히 불가한 일이다. 그럼에도 아쉬운 대로 이 작품집이 다른 전쟁동화집과 달리 패전의 날 하루를 겨냥해 다면의 거울로 비추고 있고 그것을 줌카메라로 끌어모아 일본인들의 일반적 시각을 조금이나마 파악하는 데 도움이 된다고 본다.

이 작품을 쓴 작가 역시 전쟁에 대해 회피적인 자세를 보이고 있다. 다시 말해 분명한 세계 전쟁사의 한 부분을 왜곡시키는 데 한 몫을 거들고 있다.

태평양전쟁에서의 일본은 약자로서 '피해를 당하는 입장' 이고 미국은 강자이며 '가해를 가하는 입장', 즉 막강한 군사력을 동원해 B-29 비행기로 무고한 일본인들의 목숨을 빼앗아가는 악의 존재로 표현되고 있는 것이다. 일본의 어린이들이 이 동화를 읽는다면 일본의 어린이들은 자칫 왜곡된 역사를 습득하게 될 것이다. 독자들은 이 동화를 읽는 동안에 '일본이야말로 전쟁의 피해자' 라는 왜곡된 정보를 받아들이게 되고, 그것을 역사적 사실로 믿고 싶어지게 되는 것이다.

일본은 전후의 세대들에게 자신들이 일으킨 침략 전쟁이 동아시아의 많은 민족들에게 고통을 안겨 주었다는 사실을 사실 그대로 전달해 주는 것에 두려움과 괴로움을 느끼고 있다. 그래서 가능한 한 없었던 것으로 마음 속 깊이 묻어 버리길 원했다. 이러한 원망의 자기 암시는 스스로에게 가해자가 아닌 피해자로서의 전쟁 경험을 암시하게 된다. 그렇게 마음속에서 살짝 바꾸어 버리는 과정을 통해서 죄의식의 멍에를 벗어버리고 싶은 것이다.

일본이 독일과는 달리 자신들의 침략 행위를 솔직하게 인정하고 용서를 구하지 못하는 딜레마가 여기에 있다. 일본의 현대 사상가인 쓰루미 슌스케의 지적대로 일본인들은 가해자로서의 전쟁의 기억을 마음 속 깊은 곳에 묻어 버리기를 원하고 있는지 모른다. 그렇지만 또 한편으로는 오래전부터 내면에 잠재되어 있던 무사적 기질이 민주적 동의 절차를 거치지 않은 채 '대동아전쟁' 이라는 명분을 앞세워 대일본의 야욕을 품게 했는지도 모른다.

일부 군국주의자들의 선동이 일본국민에게 먹혀들어간 것 또한 그것을 반증한다.

일본은 국제적 위상을 자랑하면서 정작 자신들이 책임져야 할 전쟁의 기억을 떠올리고 싫어하지 않고 전쟁이 남은 상흔을 외면하고 자신들의 역사를 솔직히 인정하지도 않는다.

이러한 이중적 태도가 문학 특히 선함과 순수의 영역인 아동문학에서 어떻게 수용되고 보편적 미감으로 끌어올려지는지 다음 기회에 고찰해 보고자 하고 글을 마감한다.

참고 문헌

司馬遼太郎・ドナルド・キーン, 『日本人と日本文化』(2004)

加藤陽子, 『それでも´日本人は「戰爭」を選んだ』(2009)

연민수 편저, 『일본역사』(1998)

피터 두으스, 『日本近代史』(2002)

노사카 아키유키, 『전쟁동화집』(2003)

쓰루미 슌스케, 『전향 -쓰루미 슌스케의 전시기 일본정신사 강의-』(2005)

이어령, 『축소지향의 일본인』, 갑인출판사 간(1984)

고통과 갈등을 넘어 치유와 화해로

한국전쟁과 아동문학

김진

1. 최고의 비극 6.25전쟁

인류의 역사와 함께해 온 전쟁은 한 나라의 흥망성쇠는 물론이고 문명의 발달과 붕괴, 한 개인의 생존여탈까지도 관여한다. 전쟁은 잔인하고 혹독하고 치명적인 아픔을 인류에게 안겨 주지만, 전쟁을 통해 인류는 문화와 문명을 발달시킨다. 전쟁에 의해 문명이 통합되기도 하고 분리되기도 한다. 오래된 문명이 사라지기도 하고 새로운 문명이 탄생하기도 한다. 새로운 가치와 질서가 생겨나기도 한다.

전쟁은 다양한 면을 가지고 있다. 이는 다양한 인간 내면을 반영한 것이라고 할 수 있다. 전쟁은 결국 인간이 수행하는 것이기 때문이다. 인간의 선과 악의 본성은 때로는 영웅을 탄생시키기도 하고, 때로는 악마를 낳기도 한다. 전쟁이라는 극한상황에서 인간의 추악하고 탐욕스러운 면이 드러나는 한편, 장엄하고 희생적인 면도 볼 수 있다. 그 가운데 감동적인 이야기가 탄생되기도 하는데, 이런 이야기들은 문학의 소재가 되었다. 그러므로 전쟁의 역사의 문학의 역사이기도 하다. 수많은

김진 2006년 조선일보 신춘문예에 동화 「우리 동네 마루」가 당선되었다. 지은 책으로는 『럭키 파트라슈』, 『노래하는 여전사 윤희순』 등이 있다.

전쟁을 치르면서 인류는 다양한 문학 작품을 남겼다.

우리나라 5천 년의 역사는 외세의 침입으로 점철되어 왔다. 고조선과 한나라의 전쟁에서부터 고구려와 수·당의 전쟁, 몽골과 고려의 전쟁, 조선과 일본, 조선과 청의 전쟁 등 수많은 외세의 침입으로 우리 민족은 무려 3천여 번의 크고 작은 전쟁을 치러야 했다. 우리 민족 내부에서의 전쟁도 적지 않다. 고구려, 백제, 신라가 각각 독립적인 국가를 구성하고 있을 때의 전쟁이라든가, 동학농민전쟁과 같은 민란 등이 그것이다.

이처럼 많은 전쟁 중에 가장 비극적이면서, 아직도 끝나지 않은 전쟁이 있다. 바로 6.25전쟁이다.

1945년 8월 15일, 태평양전쟁에서 연합군에 패배한 일본은 무조건 항복을 선언함으로써 우리 민족은 해방을 맞았다. 새로운 역사가 시작된 것이다. 우리 민족은 일제 식민통치의 잔재 청산, 자주적인 통일국가 건설, 토지 개혁, 이 세 가지를 해결해야 할 최우선 과제로 내걸었다. 그러나 8.15 해방은 우리 민족이 독자적으로 이루어 낸 것이 아니었다. 우리 민족은 일제에 병탄당한 이래 독립투쟁에 매진해 왔지만, 일제를 몰아내는 데는 직접적인 역할을 하지 못했다. 그 때문에 우리는 세 가지 과제 중 어느 것도 제대로 실현할 수 없었다. 38선을 그어 남과 북에 진주한 미국과 소련 양국은 우리 민족이 자주독립국가를 수립하는 것에는 관심이 없었다. 각자 자신들이 영향력을 행사할 수 있는 나라가 세워지는 것을 원했기 때문이다.

해방이 되면서 그어진 38선은 미국과 소련, 양국 간 이데올로기 대립이 심화되면서 분단으로 고착되기 시작했다. 이런 상황은 자주적인 통일국가를 건설하려던 우리 민족에게는 큰 걸림돌이 되었다. 해방공간(1948년 8월 남한만의 단독 정부가 수립될 때까지의 3년 간, 아직 독립 정부를 구성하지 못한 시기를 일러 흔히 해방공간이라고 한다.)에서 민족주의 진영과 공산주의 진영은 국가를 건설하는 방법론을 둘러싸고 첨예하게 투쟁했고, 해방공간은 뚜렷한 역사적 전망 없이 좌(공산주의 진영)와 우(민족주의 진영) 대립으로 혼란과 투쟁만 있을 뿐이었다. 그리고 남북한이 각각 단독 정부를 수립함으로써 38선은 제2차 세계대전 후 형성된 냉전 체제 아래에서 가장 긴장된 국경선으로 변했다.

그리고 1950년 6월 25일, 우리 민족 최대의 비극이라고 할 수 있는 6.25전쟁이 발발했다.

3년간 치러진 이 전쟁에서 남북한은 산업시설과, 도로, 교량, 건물 등이 거의 모두 파괴될 만큼 초토화되었다. 군인과 민간인을 포함하여 약 150만 명 이상이 목숨을 잃고 350만 명이 부상을 입을 만큼 치열했다. 맥아더가 해임된 후 미국 의회에서, "6.25전쟁은 그 나라를 완전히 파괴하다시피 했다. 그러한 참화는 본 적이 없다." 면서 6.25전쟁의 참혹한 실상을 전하기도 했다.

6.25전쟁이 더욱 비극적이었던 것은 같은 민족끼리의 싸움이라는 데 있다. 형제가 서로 총부리를 겨누고, 갓난아이를 낳은 어머니가 포탄에 쓰러지고, 일가족이 좌익 혹은 우익에 몰살을 당하기도 했다. 어제까지 이웃이었던 사람들이 좌우로 나뉘어 서로의 가슴에 비수를 들이대야 했다. 어린아이들도 이 끔찍한 전쟁에서 결코 자유롭지 못했다. 오히려 영문도 모른 채 어른들의 전쟁에 대리인이 되기도 했다.

"동네에 한 50~60명 어린애들이 죽창을 어깨에 딱 메고 김일성 장군 노래 부르고 다녔지. 어렸으니 우파고 좌파고 뭐 알았겠나? (빨치산) 궐기대회 때 구덩이를 파놓고 세 사람 세워 놓고 '반동은 죽어야 하지 않겠습니까' 라고 크게 묻는 거야. 전부 '예' 라고 하니까 죽창으로 찌르고 발로 차 넣었어. 왜 그랬냐고? 뭐, 지주들이 죽어 없어져야 땅을 걷어 무상분배할 수 있다던가……."[1)]

6.25전쟁이라는 특수한 상황은 인간 내면에 있는 잠재적 가능성을 현실로 드러나게 했고, 이는 문학의 소재로 다루어졌다. 전쟁 참상을 사실적으로 고발하고, 전쟁이라는 거대한 역사적 소용돌이 속에서 개인의 삶이 어떤 의미가 있는지, 전쟁을 통해 인간은 어떻게 변화되는지에 대한 것과 아울러 전쟁이라는 극한상황 속에서의 인간 실존 문제, 이념 간의 대립과 갈등은 문학 작품의 주요 소재가 되었다. 어린이 문학도 예외는 아니다.

그럼 여기서 우리 민족 최고의 비극인 6.25전쟁이 어린이문학에 어떻게 반영되어 있는지, 작품 속 어린이들은 전쟁을 어떻게 받아들이는지를 살펴보고자 한다.

2. 아동문학에 나타난 6.25전쟁

전쟁의 피해는 건물이 파괴되고, 다리가 무너지고, 교량이 무너지는 등의 눈에 보이는 것이 다가 아니다. 전쟁의 피해는 눈에 보이지 않는 곳에서 심각성을 더한다. 가정이 붕괴되는 것은 말할 것도 없거니와 영원히 치유될 수 없는 정신적 심적 고통은 긴 세월 동안 두고두고 도지곤 한다.

아이들은 전쟁의 가장 큰 피해자였다. 전쟁은 아이들의 의지와 상관없이 치러졌지만, 아이들의 삶은 전쟁으로 겪어야 하는 모든 것을 결코 피해갈 수 없었다. 부모와 형제를 잃고, 삶의 기반이 송두리째 뽑히는 고통과 절망, 슬픔, 아픔은 고스란히 아이들 몫이었다.

전쟁이 끝난 직후 아동문단에는 전쟁을 소재로 한 작품들이 속속 등장했다. 아동문학가 뿐만 아니라 많은 일반 작가들도 아동문학 창작에 참여하였다. 대부분 전쟁의 참혹상을 고발하고, 그 속에서 피어난 인간애, 사랑을 주제로 작품들을 선보였다. 마해송, 강소천, 김요섭, 이원수, 박화목, 이주훈, 등 작가들은 전쟁 이전에는 주로 동시나 몇 편의 동화를 발표하는 데 그쳤던 데 비해 전쟁 직후에는 '환상' 과 '희망' 을 주요 특질로 하는 창작에 몰두하였다.[2] 전쟁으로 인해 상처받은 아이들에게 위로와 희망을 주는 본연의 임무를 다한 것으로 보인다.

주요 작품으로는 김요섭의 『이슬꽃』, 강소천의 『꿈을 찍는 사진관』 『해바라기가 피는 마을』, 마해송의 『앙그리께』, 박화목의 『부엉이와 할아버지』 등이 있다.

전쟁이 끝나고 남북은 휴전인 상태로 대립적 체제를 유지하면서 오늘에 이르고 있다. 남북 분단으로 인해 고향을 떠나와 가족의 생사를 모른 채 살아가고 있는 이산가족이 천만 명에 이르고 있다. 지구상에 유일하게 남은 분단국으로서 우리에게 전쟁은 과거의 아픈 역사가 아니라 여전히 현재진행형이다. 남북한은 여러 번 대화와 협력의 시도했지만, 체제의 이질성을 극복하지 못한 채 분단의 고착화가 심화되고 있는 실정이다.

어린 시절 전쟁을 겪었거나 전후세대 작가들은 이산가족과 고향에 대한 그리움, 민족 동질성 회복, 과거의 아픈 역사를 극복하고 전쟁의

---

1) 『나와 6.25』- 6.25전쟁 60주년 조선일보 특별기획, 기파랑, 2010년, 64쪽

2) 선안나, 『반공이데올로기와 아동문학』, 「전후아동문학과 아동잡지」, 청동거울, 2009년, 82쪽.

상처를 치유하는 과정을 그리고 화해를 모색하는 작품 등을 선보이고 있다.

권정생의 『밥데기 죽데기』, 김은숙의 『빨간 왕관의 나라 하얀 왕관의 나라』, 강원희의 『북청에서 온 사자』, 박상재의 『통일을 기다리는 느티나무』, 이규희 『조지 할아버지와 6.25』, 배선자 『문수의 비밀』 등이 그것이다.

1) 몽실이 혹은 덕빙이

한 시대나 사회는 다양한 인물들을 낳고, 또한 인물은 그 사회를 담보한다. 어떤 상황에서 인간의 행동과 선택은 그 인물을 규정짓기도 한다. 같은 시대에 같은 체험을 할지라도 인물마다 그것을 받아들이는 입장과 시각이 다르다. 사람들의 개성만큼이나 그것은 여러 갈래로 나누어진다.

전쟁이라는 극단적인 상황에서는 인간의 잠재된 내면이 고스란히 표출된다. 전통과 도덕의 붕괴, 합리적이고 이성적인 사고에 대한 불신, 이웃과 가족을 잃은 불안과 고독, 눈앞에 있는 죽음 등은 평소에는 드러나지 않는 인간의 새로운 면모를 드러내게 한다.

정선혜는 6.25전쟁을 소재로 한 어린이문학에 나타난 어린이상을 4가지로 분류했다.

> 첫째는 자포자기의 절망형이다. 이들은 감정과 정서를 박제화시킨 동물적 본능으로 원시적 형태로 삶을 살다가 자연 도태된다. 이상배 『부엉새 아저씨』의 덕빙이와 괴뢰군 자웅눈, 박숙희 『외딴집 할아버지』의 황바우 할아

버지, 권정생 『몽실언니』의 친어머니와 같은 인물이다.

둘째는 순응적 인간형이다. 이들은 전쟁에 운명적으로 순응한다. 신지식 『기찻길』의 혜수, 권정생 『몽실언니』의 몽실이, 송명호 『전쟁과 소년』의 지수가 그에 속한다.

셋째는 자기구현적 인간상이다. 이들은 기회주의적인 삶을 살거나 자신을 최대한 발휘하는 기회를 찾는 권력과 생존추구형 인물이다. 장문식 『땅에 내린 별』의 석구, 김재창 『동굴 속 사람들』의 동화와 해수, 이현주 『육촌형』의 근태, 임신행 『골목마다 뜨는 별』의 호주 할아버지가 그런 유형이다.

넷째는 관찰자 혹은 방관자 유형이다. 이들은 양면성을 보이거나 일관성이 없으며 깊은 고뇌를 하는 민족적 허무주의자들이다. 마해송 『앙그리께』의 김동무, 권정생 『호수 속의 오두막집』의 숙이, 박상재 『통일을 기다리는 느타나무』의 느타나무가 이에 속한다.[3)]

권정생의 『몽실언니』는 해방 직후부터 전쟁이 끝난 1950년대를 배경으로 피폐해진 삶 속에서도 인간 본연의 선을 잃지 않는 몽실이의 세상살이를 그리고 있는 동화이다. 몽실이는 민중의 고통으로 점철된 한국의 역사를 정직하게 반영한다는 인물이다. 고아는 아니지만 부모로부터 어떤 보호도 받지 못하는 아이인 몽실이는 그럼에도 위기와 시련에 결코 무너지지 않고 홀로 묵묵히 견디며 성실하게 살아간다.

새아버지의 폭력으로 절름발이가 되어도, 6.25전쟁에 나가 포로로 잡혀 있다 절름발이가 되어 돌아온 아버지가 병들어 죽어도, 친어머니 밀양댁이 죽어도 몽실이는 절망하지 않는다. 오히려 뿔뿔이 흩어져 살

3) 정선혜, 『한국아동문학을 위한 탐색』, 「분단을 소재로 한 중장편동화 들여다보기」, 청동거울, 2000년, 163쪽

고 있는 이복동생과 의붓동생들을 찾아 끝까지 돌봐준다. 어려운 처지에서도 자신의 처지를 비관하거나 슬퍼하지 않는다. 상처를 받을수록 삶을 진실하게 바라보며 상처를 통해 다른 상처를 치유한다.

> 절뚝거리며 걸을 때마다 몽실은 온몸이 기우뚱기우뚱했다. 그렇게 위태로운 걸음으로 몽실은 여태까지 온 것이다. 불쌍한 동생들을 등에 업고 가파르고 메마른 고갯길을 넘고 또 넘어온 몽실이었다. (권정생, 『몽실언니』 중에서)

몽실이는 시련과 위기 속에서도 투쟁과 적응을 통해 자신의 어려운 삶을 당당하게 받아들이며 이겨나간다. 이는 분단 이데올로기를 뛰어넘는 휴머니즘의 승리라고 할 수 있다.

이상배의 『부엌새 아저씨』는 최덕봉이라는 본명을 숨기고 '부엌새 아저씨' 로 살아가는 인물의 후일담을 통해 전쟁의 비인간성을 고발하고 있다. 최덕봉(덕빙)은 6.25전쟁을 겪으면서, 어린 시절 '바보새' 라고 이름 붙였던 부엌새의 운명을 가게 되는 인물로, 한때의 잘못으로 평생 동안 죄의식 속에서 살아간다.

덕빙은 온 가족이 집을 비운 어느 날, 혼자 놀다가 전쟁을 만났다. 마을 사람들은 덕빙이에게 은행나무 뿌리 밑에 숨어 있으라고 당부한 뒤 모두 금적산 토굴로 피난을 간다. 그곳은 일제시대 때 금광이 있던 곳이다. 마을에 혼자 남겨진 덕빙이는 가족들을 기다리다 지쳐 잠든 사이 총을 든 인민군에게 사로잡힌다. 아홉 살 난 덕빙이는 인민군의 악랄한 협박에 못이겨 동네 사람들의 피난처를 알려 주게 되고, 동네 사람들은 몰살당하고 만다. 그 대가로 덕빙이는 평생 죄책감에 비석골을 떠돌며

회한의 삶을 살게 된다.

『부엉새 아저씨』는 전쟁 속에서 드러난 인간의 광기를 폭로하면서 그것에 희생당하고 평생 죄의 무게에 짓눌려 살아가는 비극적 인물을 보여주고 있다.

전쟁이라는 거대한 비극 앞에 한 개인은 무력할 수밖에 없다. 그 속에서 인간은 여러 가지 방법으로 삶을 선택한다. 능동적이고 도전적인 자세로 역사에 대처하거나, 그 흐름에 순응하여 순명적으로 살아가기도 한다. 또는 역사라는 거대한 흐름에 휩쓸려 삶을 철저히 유린당한 인물들이 있다. 이는 어린이라도 예외는 아니다. 어른들의 전쟁에서 어린이들은 아무 영문도 모른 채 무겁고 고통스러운 삶을 떠안고 살아야 하는 것이다. 그러나 전쟁의 비극 속에서 어린이는 희망의 상징이기도 하다. 어른들이 비극을 극복하고 삶을 적극적으로 꾸려가도록 힘이 되어 주는 사람은 어린이인 것이다.

2) 가족의 해체

"1950년 11월 어느 날, 김화시내에 융단 폭격이 있었다. 가족이 숨어 있던 방공호는 흔적도 없이 사라졌다. 아버지가 괭이로 폐허더미를 파헤치자 어머니 시체가 나왔고, 이어 나보다 네 살 더 어린 동생 시체가 나왔다. 더 파보니 척추가 부러진 형이 나왔다. 형은 그 후로 꼽추처럼 살았다."(『나와 6.25』, 47쪽)

"전쟁 중에도 전쟁 후에도 둘째형의 소식은 들리지 않았다. 부모님께 "형 왜 안 와, 형 언제 와." 하고 물었다. 부모님은 "오겄지, 오겄지. 작은형이 와서 너 또 좋은 데 데려갈 거여." 하셨다. 어린마음에 하루를 못 참고 다음날이면 또 "형은 언제 오는데?" 라고 묻곤 했다. 어머니는 아침저녁으로 장독 대 위에 냉수 한 그릇을 떠 놓고 두 손을 모아 빌었건만 아들의 소식을 듣지 못하고 1970년 세상을 떠나셨다." (『나와 6.25』, 67쪽)

전쟁의 비극성을 가장 극명하게 드러내는 것은 가족의 해체이다. 의지와 상관없이 외부의 물리적인 힘에 의해 강제로 이별을 당하는 일만큼 슬프고 고통스러운 일은 없다. 그것은 개인의 삶을 송두리째 바꾸어 놓고, 파괴해버리고, 철저하게 짓밟아 버리고 만다.

강소천의 『해바리기 피는 마을』은 전쟁으로 인한 가족의 해체를 어린이의 시선으로 그려 내고 있다. 강소천은 6.25전쟁 후 동화와 소년소설 창작에 매달렸는데, 그의 작품 대부분은 그가 직접 체험한 6.25전쟁이라는 시대적 불행과 고통에 대한 이야기를 그리고 있다. 강소천은 고향인 함경남도 고원리를 떠나오면서 아이를 두고 온 상처가 있다. 강소천 동화에 나오는 아이를 잃은 부모, 부모를 잃은 아이 등 전쟁으로 가족을 잃고 상처 입은 불행한 아이들은 모두 그의 체험에서 나왔다.

『해바라기 피는 마을』의 정희는 6.25전쟁으로 의사인 아버지와 오빠를 잃었다. 아버지가 운영하던 병원도 잿더미로 변해 엄마가 장사를 해 근근이 살고 있다. 그러나 엄마가 장사를 하던 가게가 불타버리고, 그 충격으로 엄마는 세상을 떠난다. 이로 인해 정희는 삶의 의욕을 잃고 학교까지 그만둔다. 정희에게는 위문편지로 맺어진 군인 김철진이 있는데, 그도 정희와 마찬가지로 전쟁으로 아버지와 여동생을 잃었다. 철진은 죽은 여동생와 비슷한 정희에게 마음을 다하지만, 그마저 전사하고 만다.

전쟁으로 인해 주인공 정희는 가족을 잃고 구차하기 이를 데 없는 삶을 살아가게 된다. 다니는 학교도 그만두어야 했고, 어린 나이에 담배 장사에 나서야 했으며, 큰어머니 밑에서 식모일까지 해야 했다. 결국 정희는 죽을 결심까지 한다. 6.25전쟁으로 부모를 잃은 운명적인 상황이 이처럼 고통스러운 환경을 만들어 놓은 것이다.

그러나 『해바라기 피는 마을』은 가족을 잃은 불행한 인물을 등장시켰지만, 비극적인 결말을 맺지 않는다. 정희는 김철진의 어머니 집에 양녀로 입양되어 안정되고 평화로운 삶을 살게 된다. 가족을 잃은 두 사람이 함께 새로운 가족을 구성해 고통을 극복해 나가는 것이다.

김요섭의 『이슬꽃』은 은실이라는 천진한 인물을 통해 6.25전쟁의 비극성을 한층 더 도드라지게 보여준다. 아동문학 평론가 김용희는, '『이슬꽃』은 6.25전쟁으로 인해 가정이 와해되어 비극을 겪었다기보다, 비정한 사건의 개입으로 가족과 헤어져 외로움과 공포의 세계에 놓여졌다.'[4]고 한다. 은실이가 비정한 사건을 겪게 되는 배경에는 6.25전쟁이 있다. 전쟁이 일어나자 아버지 김중위는 전쟁터로 나가고, 어머니는 은실이를 데리고 친할아버지 집을 찾지만 새할머니는 자신의 안위를 위해 이들을 철저히 외면한다. 또한 친할아버지는 전쟁 중에 북에 끌려가자 새할머니 매화마님은 할아버지의 재산을 가로채기 위해 은실을 유괴해 거리에 버리고 만다. 은실이는 고아원에서 생활하다 또다시 새할머니의 계략으로 어느 집에 갇힌 채 살아가게 된다. 은실이에게 6.25전쟁은 온전히 있어야 할 것들-가족-을 사라지게 한 '안개'와 같은 것이다. 천진한 어린아이인 은실이는 6.25전쟁이라는 거대한 역사의 소용돌이에 휩쓸려 이리저리 떠돌며 살아야 했다. 이 작품은 철저히 천진무

4) 김용희, 『동심의 숲에서 길찾기』, 「분단현실의 문학적인식과 분단 극복」, 청동거울, 1999년, 150쪽

구한 어린아이의 시점에서 가정이 와해되고 우리 사회의 단층이 붕괴되어 가는 현상을 그려 냈다. 작품의 판타지 기법은 6.25전쟁의 비정상적인 상황이 더 사실적으로 느껴지게 한다.

3) 이데올로기의 대립

6.25전쟁은 동족상잔의 이데올로기 전쟁이다. '동족상잔' 은 보편적인 전쟁의 폭력성을 넘어 같은 민족끼리 총부리를 대고 싸워야 했던 점에서 비극성을 잉태하고 있다는 것이고, '이데올로기 전쟁' 이라는 것은 이 전쟁이 미국과 소련이라는 두 나라로 대변되는 자유민주주의와 공산주의의 체제 대립을 상징하는 것이다.

제2차 세계대전이 끝난 후 세계의 질서는 자유민주주의 진영과 공산주의 진영의 냉전 이데올로기 대립 체제로 재편되었다. 냉전 이데올로기는 한반도에서 좌익과 우익의 정치집단의 이해와 맞물리면서 극명하게 맞섰다. 공산주의 계열의 좌익과 민족주의 진영의 우익은 일제치하에서는 서로 항일이라는 공통의 목표가 있었지만, 해방 후에는 통일된 독립국가 건설에서 주도권을 잡기 위해 서로 충돌하고 있었던 것이다. 좌우익의 충돌은 전쟁을 치르면서 극대화되어 광기어린 폭력으로 치달았다. 좌익이 무엇인지 우익이 무엇인지 모르는 일반 민중들도 이 이데올로기 전쟁에 빠져들었다. 일제 때 생긴 지주와 소작인이라는 계급 사이의 갈등, 친일세력에 대한 적개심 등 우리 민족 내부의 미묘한 문제들이 좌익과 우익의 갈등 속에 편입되면서 혼란 양상을 띠었다. 전쟁의 폭력성 앞에서 무조건식 단죄도 나타나기 시작하였다. 자신의 이해를 따져 좌익이 되었다가 우익이 되었다가 하는 경우도 있다. 심지어 어린아이들조차 이데올로기의 대립에 앞장선 경우도 있었다. 단지 이념이 다르다는 이유로 한 형제에게 총부리를 겨누어야 했다.

윤기현의 『또 하나의 하늘』에서는 좌익과 우익이라는 정치적 이념에 희생된 사람들 이야기이다. 8.15해방 후 한약방을 하던 할아버지는 6.25전쟁에서 부상당한 인민군을 치료해 준다. 그것이 화근이 되어 할아버지는 매질과 고문으로 죽고, 평생 빨갱이 자식이라는 손가락질을 당하며 고통스런 성장기를 보낸 아버지는 미래를 위해 인삼 씨를 산에 뿌리며 살다 간다.

> 해방이 되자, ……만세소리가 가시기도 전에, 해방된 조국을 건설하겠다고 나선 사람들이 좌익이니 우익이니 하며 두 편으로 갈라졌답니다. ……좌익하는 사람들은 트집을 잡으며 한약방에 들어와 돈이고 쌀이고 있는 대로 다 빼앗아 갔답니다. 할아버지는 아무 대꾸도 하지 않았답니다. 산속에서 비밀스럽게 활동하는 사람들이 불쌍해서랍니다. / 국방군이 마을에 들어와 집집마다 수색을 하다가, 책장에 꽂혀 있던 편지를 찾아낸 것입니다. "여기 인민군과 내통한 자가 있다." 그리고 인민군이 있는 곳을 대라며 심한 매질과 고문을 해댔다고 합니다. 우리 할아버지는 고문과 매질에 이기지 못하고 그만 세상을 뜨고 말았답니다.(윤기현, 『또 하나의 하늘』 중에서)

단지 인간적인 차원에서 부상당한 병사를 헌신적으로 돌본 것 때문에 자신의 의지와 상관없이 이데올로기의 희생양이 되어 죽음에 이르는 할아버지와 그로 인해 핍박을 받으며 살아야 했던 남은 가족의 이야기는 6.25전쟁이 낳은 우리 현대사의 단면을 여실히 보여준다.

장경선의 『하얀 찔레꽃』은 국민보도연맹 사건을 정면으로 다룬 동화이다. 국민보도연맹 사건은 6.25전쟁 초기 과거 좌익에 관계되었던 인물들이 북한군과 동조할 수 있을 것이란 추정 아래 군경에 의해 보도연맹 소속원들을 대량 학살한 사건으로 그 과정에서 이념과 사상 문제와 무관했던 다수의 민간인들 또한 피해를 입게 되었다.

> 이장님은 할머니와 어머니에게 보도연맹에 대해 얘기를 하고 있었다.
> "보도연맹에 가입만 하면 빨치산도 빨갱이도 모두 풀어준다고 합니다."
> "도저히 믿을 수 없어."
> "사람도 몸이 아프면 보약을 먹잖아요. 세상이 어수선하니까 마음을 바로잡으라고 나라에서 주는 약이라고 생각하면 돼요. 보도연맹에 가입만 하면 쌀도 공짜로 주고. 여행도 시켜준대요. 용골, 작골 사람들도 다 가입했어요."
> 이장님이 보도연맹에 가입한 사람들 명단을 보여주었다. 종이는 꽉 차 있었다. 그러면서 보도연맹만이 모두가 살길이라며 거듭 강조하였다. (장경선 『하얀 찔레꽃』 중에서)

동화의 본문에서 보듯, 국민도보연맹은 1949년 6월 5일 좌익계 정당이나 사회 단체에서 이탈한 사람들을 보호하고 지도하기 위해 만들어진 것이었다. 그러나 막상 전쟁이 나자 그들이 북한을 도와줄 가능성이 있다고 하여 대량 학살을 하였다. 전쟁 중이라는 극단적인 상황이 얼마나 비이성적이고 무자비한 판단을 하게 하는지 알 수 있는 대목이다.

전쟁을 치르는 동안 남한에서는 반공 이데올로기가 지배적인 사상으로 자리잡게 되었다. 6.25전쟁 이전까지 한국 정부의 통일 정책은 반공 무력 통일이었다. 반공 정책은 전시 중에는 멸공 정책으로 되었고, 이는 '전시하특별교육조치' 라는 비상조치시의 최우선 교육 정책이 되었다. 전쟁이 끝난 후 1차 교육 과정기(1954년~1959년)에서는 반공 · 반일 사상이 반공 교육 정책의 일환이었고, 그 내용에는 북한의 6.25남침 죄악상 폭로와 반공 교육의 확립이 있었다. 반공 이데올로기는 이러한 교육 정책과 문화의 매개 과정을 통해 국민의 일상과 내면으로 자연스럽게 스며들었고, 그 이후 반공주의는 오랫동안 우리 사회를 지배하는 이데올로기로 자리 잡았다. 아동문학은 정부 교육 시책의 일환, 그것도 분단 정권의 이데올로기적 도구로 전락하기도 했다. 국어 · 도덕 · 사회 교과서 등에는 반일정신, 반공정신, 근면정신을 불어넣는 동화들이 자리를 차지했다.

특히 선과 악의 대립을 명확히 하는 아동문학의 특성에 의해 자연스레 북은 악으로, 남은 선으로 대치될 수밖에 없었다. 이데올로기를 담은 문학들은 반공주의를 자연스럽게 표출하게 되었다.

박계주의 『38도 선상의 소』는 반공주의 아동문학에 속하는 작품이다. 남한의 소년이 개울에서 목욕을 하는 사이에 풀을 뜯기던 소가 38선 이북으로 넘어간다. 인민군은 이를 발견하고 아이들이 돌려달라고 애원을 하는데도 인정사정없이 몰고 가버린다. 그러나 얼마 뒤 우연히 38선 이남으로 북한의 소가 넘어오지만 소년은 소를 원래 주인에게 돌려주고. 감동한 북한 주민들은 '대한민국 소년 만세' 를 합창한다는 이야기다.

이 작품은 남은 선, 북은 악으로 도식화하여 남한 사람은 악행에 대해서도 선행으로 대하는 도덕적 우월한 존재로 규정하고 있다.

4) 치유와 화해의 모색

6.25전쟁의 휴전과 더불어 우리에게 남겨진 숙제는 전쟁의 상처를 어떻게 아물게 할 것인가이다. 전쟁은 참혹한 경험과 상처를 남기지만, 상흔은 아물기 마련이다. 역경과 시련에서 살아남은 사람들은 상처를 치유하고 갈등을 극복해 나간다.

6.25와 같이 혈육상잔의 전쟁은 비극성이 극명한 만큼 상처도 깊다. 여전히 분단 상태로 남북이 대치하고 있는 우리에게는 상처가 쉽사리 아물지 못한다. 아직도 천만 명에 이르는 이산가족은 그것을 방증하고 있다.

그럼에도 상처를 치유하고 갈등을 모색하는 움직임들이 있는데, 아동문학에서도 예외는 아니다. 6.25전쟁과 같은 민족의 불행을 다음 세대에게 넘겨 주지 않기 위해서도 이는 꼭 필요한 것이다.

권정생의 『밥데기 죽데기』는 우리가 각자 있어야 할 자리를 찾아 살아가면 세상 모두 평화롭고 깨끗해지리라는 저자의 믿음이 실린 작품이다.

솔뫼골 마을 깊은 골짜기에 사는 늑대 할머니의 원수 갚기 여정을 그리고 있다. 늑대 할머니는 50년 전 사냥꾼의 총에 맞아 죽은 남편과 자식의 복수를 하려고 마늘과 쑥을 푹 삶아 똥통에서 건져낸 달걀귀신인 '밥데기 죽데기' 를 만들었다. 할머니는 원수를 찾아 복수를 하려고 하지만 한 사람은 이미 죽었고, 다른 한 사람도 병들어 곧 죽고 만다. 원수 갚을 일이 없어져 버린 할머니는 원수를 갚는 대신 좋은 일을 하기로 마음먹는다. 이 동화에 나오는 인물들은 모두 전쟁과 분단으로 상처입은 존재들이다. 할머니의 모든 비밀을 다 알고 있는 낯선 학 아저씨, 50

년 만에 찾아낸 늑대 할머니의 원수 사마귀 할아버지, 벽장 속에서 50년을 살아온 인숙이, 위안부 할머니 등. 『밥데기 죽데기』는 그들에게 대한 연민과 평화에 대한 염원을 그리고 있다. 작가 권정생은 이 책에서 상처입은 사람이 상처를 극복하는 방법은 상처를 입힌 사람에게 그것을 되돌려주는 것이 아니라고 한다. '원수를 갚되 아름답고 깨끗하게 갚는 거' 라고 한다. '깨끗하게 갚는다' 는 것은 응징이 아니라 화해와 용서이다.

"원수를 갚는 일도 중요하지만 그걸로 다 끝낸다면 세상이 어찌 되겠니? 서로 원수가 되어 싸우게 되면 결국 세상은 망하고 만단다. 그러니 너희는 원수를 갚되 아름답게 깨끗하게 갚는 거야."(권정생 『밥데기 죽데기』 중에서)

김은숙의 『빨간 왕관의 나라 하얀 왕관의 나라』는 서로 다르다고 생각했던 두 나라가 하나의 나라로 살아가게 되는 이야기로, 남과 북으로 나뉜 우리의 현실을 상징적으로 그린 판타지 동화이다.

작가는 서문에서 '비록 지금은 둘로 갈라져 살고 있지만, 언젠가는 꼭 하나가 되어야 할 우리 민족을 이어줄 무엇이 없을까. 같은 말을 쓰고 같은 모양의 집에서 살고 있고, 같은 모양의 입성으로 살아가는 우리는 무엇으로 다시 하나가 될까.' 라는 문제를 제기한다. 6.25전쟁으로 인한 분단은 60여 년 동안 우리 민족의 단절을 고착화시키고 있다. 이는 언어와 문화의 이질화로 가속화시키는 결과를 가져왔다.

『빨간 왕관의 나라 하얀 왕관의 나라』는 두 나라가 하나가 되기 위해서는 의견을 듣고, 대화하고. 수용하고, 어우러지고, 먼저 대접하라고 한다. 그러기 위해서는 기존의 가치관을 버려야 한다고 강조한다. 그것은 두 나라 왕관이 왕관을 벗어 던지는 것으로 상징화되어 있다.

> "우리 왕관을 벗읍시다. 그리고 저 강물 위에 던집시다. 그 다음 새 왕관을 백성들에게 만들도록 합시다. 역시 왕관은 하나라야 좋을 것 같으니까요."
>
> "노랑, 분홍, 빨강, 보라, 흰 꽃으로 요렇게 조렇게 만든 예쁜 꽃다발 왕관."(김은숙 『빨간 왕관의 나라 하얀 왕관의 나라』 중에서)

이규희의 『조지 할아버지의 6.25』는 6.25전쟁을 소재로 하고 있지만 시각이 색다른 동화이다. 참전 군인인 조지 할아버지를 통해 6.25전쟁이 우리 민족 당사자들만의 전쟁이 아니었다는 점을 일깨워 준다.

전쟁이 시작되자마자 남한은 북한에 크게 밀리기 시작했다. 소련의 지원을 받고 전쟁 준비를 해 온 북한에 비해 남한의 전력은 터무니없이 약했던 것이다. 결국 한국 정부는 유엔에 지원을 요청했고, 유엔 헌장에 따라 미국을 비롯한 16개국의 전투 부대와 5개국의 의료 지원 부대가 한국을 지원하여 참전하였다. 반면 중공군과 소련 공군 및 당시 동구권 국가의 의료 지원 부대가 북한을 지원하였다. 이로써 내전으로 시작된 6.25전쟁은 20여 개 나라의 전투 부대가 격돌하는 국제전으로 그 성격이 바뀌었다. 이 때문에 전쟁 당사자인 우리나라 젊은이들은 물론이고, 남의 나라 전쟁에 참여한 수많은 젊은이들이 다치거나 목숨을 잃었다.

『조지 할아버지의 6.25』는 남북한이 아닌 제3국인 미국이라는 공간에서 6.25전쟁을 이야기하는데, 이는 6.25전쟁을 보다 객관적 시각으로 볼 수 있는 장치이다.

"…… 난 아직도 그때 피를 흘리며 죽어가던 동료들의 눈빛을 잊을 수가 없습네다. 지금도 밤마다 동무들이 살려 달라 외치는 악몽에 시달리고 있다면 믿겠소이까? 전쟁은 그렇게 우리 모두에게 상처를 입힌 거외다. 당신들이나 우리 모두에게……."

꽃지 할아버지는 주름진 얼굴 가득 굵은 눈물을 주르르 흘렸습니다. 그리곤 비틀걸음으로 행사장을 빠져나가려고 하였습니다.(이규희 『조지 할아버지의 6.25』 중에서)

『조지 할아버지의 6.25』는 6.25전쟁 당시 북한군이었던 꽃지 할아버지의 입을 통해, 전쟁은 승자도 패자도 없으며 결국 모두에게 슬픔과 고통을 안겨 주었다는 것을 보여준다. 이는 남북한이 대립 관계를 끝내고 화해와 용서로 서로를 껴안아야 하는 이유이다.

3. 끝나지 않은 전쟁 6.25, 그리고 아동문학의 역할

6.25전쟁이 일어난 지 60여 년이 되었다. 휴전으로 전쟁이 중단되었지만 여전히 6.25전쟁은 현재진행형이다. 남북은 분단된 채로 서로 다른 두 체제가 대립하여 있다. 천만 명에 이르는 이산가족이 전쟁의 상처를 안고 살아가고 있고, 연평도 포격과 천안함 사태와 같은 군사적 충돌로 남북은 여전히 첨예하게 대치하고 있다.

배선자의 『문수의 비밀』은 6.25전쟁은 아직도 비극의 그림자를 짙게 드리우고 있다는 것을 강조한다. 6.25전쟁에서 남한의 국군으로 친구인 빨치산을 토벌해야 했던 할아버지의 이야기는 50년이 지나 친구의 손자인 문수에게 얽힌 출생의 비밀과 맞물림으로써 표면화된다. 이는

6.25전쟁이 당시 사람들만의 것으로 끝나는 것이 아니라 오늘의 세대도 무관하지 않는다는 것을 보여준다.

6.25전쟁뿐만 아니다. 어떤 전쟁이든 전쟁은 당사자들만의 몫이 아니다. 과거의 전쟁의 상실, 훼손, 아픔은 현재의 세대에게도 고스란히 이어지고, 현재의 전쟁은 미래 세대에 그것을 전해 준다.

지금 이 시간에도 세계 곳곳에서는 크고 작은 전쟁을 치르고 있다. 미디어의 발달로 지구 반대편 나라에서의 전쟁을 안방에서 텔레비전 모니터로 구경하는 시대가 되었다. 그러다 보니 전쟁을 마치 게임이나 가상 세계의 일처럼 여기게 될 뿐 아니라, 전쟁에 대한 감각도 무디어진다.

하지만 전쟁은 게임도 아니고 가상 세계에서 벌어지는 판타지도 아니다. 더욱이 남의 나라 일도 아니다. 우리나라에서도 전쟁이 있었고, 그 전쟁으로 수많은 어린이들이 부모를 잃었고, 그 후유증은 지속되고 있다. 또한 남북이 분단 된 채로 있는 한 어느 누구와도 무관하지 않다.

아동문학이 주시해야 할 부분은 바로 이 대목이다. 아동문학은 다음 세대를 위한 문학인 만큼, 다음 세대에는 갈등과 분열을 극복하고 나아가 평화와 공존을 위한 노력을 기울여야 한다. 또한 역사는 과거가 아닌 현재이다. 과거 역사를 간접 체험하게 함으로써, 어린이들이 역사 속에서 자신의 정체성을 깨닫게 하는 것도 아동문학의 몫이다.

아이들은 환상과 꿈속에서 사는 존재들이 아니다. 우리 민족의 역사 속에서, 어른들이 만든 환경 속에서 살아간다. 그들의 현실과 미래를 위해 과거의 일들을 올바르게 인식시키고, 존엄하고 숭고한 인간 정신을 심어 주는 것이 아동문학의 역할이 아닐까.

문학 안에서 아무는 상처들

전쟁과 어린이

황선열

1. 전쟁은 놀이가 아니다

전쟁은 왜 일어나는 것일까. 전쟁은 무력을 통해서 국가 간에 싸우는 것을 말하지만, 이러한 원론적인 전쟁뿐만 아니라 집단과 집단의 교전, 묵시적 상태로 교전을 하고 있는 경우도 전쟁이라고 말한다. 전쟁은 대부분 국가와 국가, 집단과 집단의 갈등으로부터 시작한다. 그 갈등이 무력으로 나타나든 그렇지 않든 인류가 풀고 매듭을 지어가야 할 문제이다. 전쟁은 동기와 결과는 어른들이 먼저 풀어야 하는 문제이지만, 어린이들도 전쟁의 기원을 알아야 하고 그 전쟁을 극복할 수 있는 방법이 무엇인지를 고민해 보아야 할 것이다. 프랑스 작가 질페로가 쓰고 세르주 블로크가 그림을 그린 『전쟁은 왜 일어날까』(다섯수레, 1995)라는 책은 전쟁의 기원이 무엇인지, 그리고 전쟁을 사전에 막을 수 있는 방법이 무엇인지를 가르쳐 주고 있다.

이 책에서 필자는 전쟁의 기원에 대해서 자세하게 밝힘으로써 쟁이

황선열 영남대학교 대학원에서 문학박사 학위를 받았다. 1997년 매일신문 신춘문예로 등단하였다. 평론집으로 『빛과 그늘의 문학』, 『따져 읽는 어린이책』, 『아동청소년 문학의 새로움』, 『동화의 숲을 거닐다』, 『현대시와 시인을 만나다』 등이 있다.

없는 평화로운 세상을 꿈꾸는 아이들 전쟁으로부터 벗어날 수 있는 길을 보여주고 있다. 이 책은 아이들에게 질문을 하고 답을 하는 방식으로 쓰여 있어서 전쟁의 기원과 그 문제점에 대해서 쉽게 접근할 수 있게 한다.

전쟁은 두 집단 사이의 갈등을 힘으로 해결하려는 것이다. 갈등의 주원인으로 종교와 정치, 경제적인 이유를 들 수 있다.

> "유니세프의 보고서에 따르면, 제3세계에서는 매일 4만 명의 어린이들이 굶어죽는다고 해요. 얼마나 어마어마한 숫자인지 한 번 생각해 봐요. 여러분 같은 어린이들이 하루에 4만 명씩 죽어 간다니 상상도 할 수 없는 일이지요. 바로 이런 엄청난 현실이 앞으로 전쟁을 일으키게 하는 위험한 요소예요. 만일 이 아이들이 계속 죽어 간다면 아이들의 부모는 총을 들고 식량을 빼앗으러 이웃나라로 쳐들어 가려고 하지 않을까요?" (55쪽)

이 책에서 전쟁의 기원은 식량 문제에서부터 시작한다고 주장한다. 먹고 사는 문제가 해결되지 않을 때 어른들은 자신의 아이들을 살리기 위해서 이웃나라와 전쟁을 일으키는 것이다. 그렇기 때문에 전쟁이 일어나지 않기 위해서는 모든 사람이 굶지 않고 살아야 하는 것이다. 먹는 권리를 빼앗기면 전쟁이 일어나게 된다. 공평하게 나누어서 굶지 않으면 서로 전쟁을 할 필요가 없을 것이다. 전쟁이 얼마나 위험한 것인지는 자기 주위의 사람들이 죽어가는 것을 통해서 깨달을 수 있을 것이다. 전쟁에 대한 무지는 오히려 전쟁의 공포를 둔감하게 만들기도 한다. 오늘날의 전쟁은 무장을 하고 있는 군인들만 해당하는 것이 아니다. 선량한 시민들까지 그 희생자가 되기도 한다. 그런데도 전쟁은 인류에게 필요악이라고 생각하는 경우가 종종 있다. 전쟁은 인류의 미래를 위해서 억제되어야 하고 일어나지 말아야 하지만 그럼에도 인류는 끊임없이 전쟁을 할 수밖에 없는 운명에 놓여 있다.

전쟁은 인류가 만들어 낸 최악의 폭력 행위이다. 전쟁이 내포하는 제반 부정적 요소에도 불구하고 인류는 여전히 전쟁을 일으키지 않으면 안 되는 상황에 놓이곤 한다. 전쟁을 하지 않으면 자국이 살아갈 수 있는 방법이 없다는 판단이 전쟁의 폭력성을 누구나 인정하면서 전쟁을 일으키지 않으면 안 되는 이유로 제시되기 때문이다. 한 국가나 민족이 자국의 안녕과 평화를 위해서 다른 국가를 침략하게 되고 그것이 전쟁이 일어나는 주요한 요인이 되는 경우를 역사 속에서 자주 본다.

지구상에 일어나고 있는 전쟁의 양상은 다양하다. 가깝게는 국경 문제로부터 시작해서 인종 차별 문제, 종교 문제, 환경 문제, 식량 문제에 이르기까지 다양한 문제로 전쟁이 일어나고 있다. 실제 전쟁을 치르고 있지는 않지만, 언제든지 전쟁이 일어날 소지가 있는 나라도 숱하게 많다. 우리나라의 경우도 전쟁의 위협에 놓여 있는 국가 중의 하나다. 한국전쟁이 끝나고 60여 년이 지난 지금까지 남북이 서로 총부리를 겨누고 있는 실정이다. 한반도는 언제든지 전쟁이 일어날 가능성이 있는 위험지역이다. 이런 위기 상황임에도 현실 속 우리는 전쟁의 공포를 쉽게 망각한 채 살아가고 있다. 이 땅의 어린이들마저도 전쟁은 마치 남의 나라 이야기인 것처럼 생각하고 있는 경우가 종종 있다.

그런 점에서 어린이들에게 전쟁의 위험성과 폭력성을 일깨우는 것은 반드시 필요하다. 전쟁의 최대 피해자는 어린이들이다. 어른들이 일으킨 전쟁 때문에 속수무책으로 피해를 입는 것도 어린이들이다. 그런데 간혹 전쟁과 아동문학을 말할 때, 어린이들을 전쟁의 영웅으로 만들기도 한다.[1] 그것은 전쟁을 미화시키는 행위이고, 어린이들을 전쟁의 도구로 이용하는 수단에 불과할 뿐이다. 그것은 아이들에게 전쟁의 폭력성을 가르치는 것이 아니라, 전쟁의 영웅주의를 가르치기 때문에 나타난 현상인 것이다. 이치석은 이러한 영웅 어린이의 문제점에 대해서 다음과 같이 충고하고 있다.

> 제1차 세계대전 때 등장한 영웅 어린이는 원초적 폭력에 빠진 어린이였다. 여기서 원초적 폭력이란 흔히 심리학에서 말하는 원형(archetype)의 세계를 가리킨다. 인간의 정신 전부를 사로잡는 집단의식이나 시대사조가 원형의 구성 요소라면, 폭력에 사로잡힌 어린이는 폭력이 지배하는 국민국가의 집단의식에서 출생한 것이 틀림없다. 즉 영웅 어린이는 실제 영웅이 아닌 어린이다운 정체성을 박탈당한 기형아인 것이다. 그리고 이 기형아를 원초적 폭력의 세계로 이끈 것은 열렬한 자기 찬미를 앞세운 국민국가의 집단의식일 것이다.[2]

전쟁과 인류는 떼려야 뗄 수 없는 관계에 놓여 있다. 전쟁은 폭력과 죽음을 동반하고 있지만, 그 폭력성은 심각하게 인식하지 못하고 있다. 무엇보다 위험한 것은 전쟁의 폭력성을 전쟁을 겪어 보지 않은 아이들은 마치 게임과 놀이 정도로 가볍게 생각한다는 것이다. 아이들은 군인

---

1) 팔레스타인의 영웅 동화를 분석한 논문에 따르면, 영웅 동화는 첫째 팔레스타인의 어린 독자들에게 민족적 고난의 시대 배경 속의 사건을 알렸고, 둘째 영웅들을 통해 시대에 필요한 인간상을 만들었고, 셋째 팔레스타인 어린이들에게 민족 의식을 심어 주었으며, 넷째 민족의 현실을 그대로 반영함으로써 아동문학의 심미적 측면의 주제보다는 교육적 측면의 주제를 강조했다고 한다.(길지현,「팔레스타인 아동문학작가 라우다 알 후드루드의 영웅동화 연구」, 한국외국어대학교 대학원 석사논문, 2009, 63쪽)

2) 이치석 지음,『전쟁과 학교』, 삼인, 2005, 189쪽.

이 되면 마치 영웅이나 된 것처럼 생각한다. 그러나 군인은 영웅이 아니라, 국가의 안위를 지키는 사람이다. 어린이들을 전쟁 영웅으로 만드는 것에 앞서서 국가 체제의 유지와 국가 정체성의 확보를 위해서 어떤 일을 할 수 있는가의 문제가 더 중요한 것이다. 전쟁은 말 그대로 폭력과 죽음이라는 극한 상황을 만들어 내는 요인이라는 사실을 먼저 깨달아야 한다. 한국 작가 위기철은 『무기 팔지 마세요』(청년사, 2002)라는 책에서 전쟁놀이를 하는 아이들의 위험성을 경고하고 있는데, 저자는 이 책에서 "전쟁놀이도 하면 안 됩니다."라는 당위성의 논리로 전쟁의 무용성을 말하고 있다. 이 책에 나오는 아이들은 모였다 하면 장난감 총으로 전쟁놀이를 한다. 단순하게 생각하면 아이들이 즐기는 놀이일 뿐이라고 말할 수도 있지만, 이러한 전쟁놀이를 아이들은 전쟁을 즐기는 놀이 정도로 가볍게 생각할 수도 있다는 점에서 문제가 있다.

주인공 보미와 민경이가 다니는 학교도 전쟁놀이 때문에 골머리를 앓는다. 아이들이 장난감으로 가지고 노는 총이 점차 실제 총과 흡사해지고, 이 모의 소총으로 아이들은 마치 실제 전쟁을 하는 것처럼 작전을 짜고, 거짓으로 서로 죽고 죽이는 전쟁놀이를 한다. 아이들의 학교와 놀이터는 마치 전쟁터를 방불케 한다. 이러한 심각한 전쟁놀이의 문제점을 해결하기 위해서 아이들은 평화 모임을 만들고, '무기를 팔지 마세요' 라는 강령을 내걸어서 장난감 총 불매 운동을 운동을 펼친다. 이 작은 운동은 마침내 사회적 관심을 이끌어 내고, 아이들은 전쟁놀이의 위험성을 깨닫게 되고, 더 이상은 전쟁놀이를 하지 않게 된다. 이 평화모임은 신문에까지 보도가 되면서 전쟁을 반대하는 사람들의 모임으로 발전하게 된다. 보미와 민경이는 세계의 평화를 위한 활동가로 나서게 된다.

아이들이 총을 가지고 노는 것을 가벼운 전쟁놀이라고 생각하면 안 될 것이다. 총은 사람을 죽이는 무기이지 장난감이 아니다. 전쟁터는 총을 가지고 노는 놀이터가 아닐 뿐만 아니라, 아이들의 놀이터도 전쟁놀이를 하는 장소가 되어서도 안 될 것이다. 전쟁터는 폭력과 죽임이 난무하는 곳이다. 아이들은 더 이상 전쟁을 가벼운 놀이 정도로 생각해서는 안 될 것이다. 전쟁의 가장 심각한 피해자인 어린이들이 직접 나서서 평화의 세계를 만들어 가야 할 것이다.

이러한 전쟁의 위험성을 직접 설명해 주는 책이 있다. 독일의 알베르트 비징어가 엮은 『폭력과 전쟁은 왜 일어나나요』(나무생각, 2008)는 전쟁에 대한 위험성을 다양한 각도로 설명하고 있다. 전쟁의 정의가 무엇인지, 왜 전쟁이 일어나는지, 전쟁은 어떤 위험성이 있는지를 조목조목 말하고 있다. 종교의 본질은 사람을 사랑하는 것인데도 불구하고 사람들은 다른 종교를 믿는 사람들을 불신하고 다른 종교를 몰아내기 위해서 전쟁을 일으킨다. 그것은 종교의 본질을 왜곡하는 행동이다. 종교가 서로 다르다고 해서 다른 종교를 믿는 사람을 죽이는 종교 전쟁은 종교의 보편적 선의를 따르지 않는 행위이다. 신의 이름으로 다른 종교를 탄압하는 것은 오히려 신을 거부하는 행위이다. 구약성서에는 "그들은 칼을 쳐서 보습을 만들고 창을 쳐서 낫을 만드리라. 칼을 쳐들지도 않고 다시는 전쟁을 배워 익히지도 않으리라."(32쪽)라는 말로 전쟁의 부당성을 알리고 있으며, 이슬람교 성서인 코란에도 "너희가 용서를 하면, 그럼으로써 하느님의 모범을 따르는 것이다. 하느님은 자비로우며 용서를 자처한다"(33쪽)라는 말로 인류애와 용서의 중요성을 역설하고 있다. 이러한 종교 경전의 권고에도 불구하고 세계의 곳곳에는 사람을 죽이고, 사람을 용서하지 않는 종교 전쟁이 끊임없이 일어나고 있다.

이런 종교 전쟁은 왜 일어나고 있는 것일까. 그것은 궁극적으로 신의 영역에서 인간을 보는 것이 아니라, 인간의 욕망을 채우는 수단으로 인식하고 있기 때문이다. 아무리 좋은 성인의 말씀이 있어도 그것을 실천하지 않으면 아무런 소용이 없다. 세계의 모든 종교 경전에서 인류를 사랑하라고 설파하고 있음에도 불구하고 인류는 끊임없이 전쟁을 일으킨다. 그것은 결국 인간이 사랑과 바비라는 종교의 본질을 망각하고 인간을 자의로 구획짓고 집단화하려는 욕심 때문에 발생하는 것이다. 종교는 인류를 구원하는 방편이지, 그것을 이용해서 인류를 파괴하는 수단이 되어서는 안 될 것이다. 종교 경전은 인류의 평화와 인류에 대한 사랑을 실천하는 숭고한 말씀을 담은 그릇이다. 그런데 그것을 자기가 믿는 종교만이 유일한 말씀이라고 생각하고 있다. 종교 전쟁을 일으키는 국가나 집단은 전쟁을 통해서 신의 말씀을 전하는 것이 복음을 실천하는 최선의 방법이라고 생각한다. 그러나 전쟁은 인간이 믿고 따르고 있는 종교의 본질에서 벗어난 일이다. 다른 민족을 인정하고, 다른 국가의 입장을 이해하고, 다른 종교의 원리를 인정해 줄 때, 범세계적 차원의 평화가 실현될 수 있을 것이다. 종교 전쟁을 막기 위해서는 무엇보다 자신보다 남을 먼저 이해해 주고 인정해 주는 대타주의가 필요하다. 공생과 공존의 원리는 지구촌의 평화를 정착시키는 원동력이다.

모든 전쟁이 종교 문제 때문에 일어나는 것은 아니다. 서로 의견이 맞지 않으면 갈등을 일으키고, 싸움을 하듯이 국가나 집단은 끊임없이 자국과 자기 집단의 이익을 앞세우다 보니 의견 충돌이 생기기 마련이다. 이 때문에 전쟁은 인류에게서 필연적으로 발생할 수밖에 없는 일이 되고 마는 것이다. 어떻게 보면 전쟁을 일으키는 데 뚜렷한 명분이 있는 것처럼 보이기도 하지만, 어떤 전쟁이든지 그 명분은 인정받을 수 없고, 인정해서도 안 될 것이다. 전쟁은 근본적으로 자신의 입장에서 타인을 배척하기 때문에 일어나는 것이다. 전쟁은 사소한 동기로부터 발생한다. 서로 자기 입장이 옳다고 주장하면서부터 전쟁의 씨앗이 싹트고, 타인에게 불이익을 주고 부당한 대우를 받게 되면서 전쟁이 일어나게 된다. 결국 집단화된 타인과의 갈등은 전쟁을 일으키는 근본 동인(動因)이 되는 것이다.

2. 전쟁과 어린이

전쟁은 어린이들의 꿈을 빼앗아 갈 뿐만 아니라, 삶에 대한 절망을 안겨 주기도 한다. 전쟁이 일어나면 아이들은 부모와 헤어져서 고아가 되기도 하고, 기아와 공포로부터 헤어나지 못하게 되기도 한다. 이러한 전쟁의 비극을 다룬 동화는 숱하게 많으며, 이들 대부분은 전쟁의 고통과 인류의 평화가 정착되기를 갈망하는 인간의 소망을 바탕으로 하고 있다. 또한, 세계의 여러 나라에서 다룬 동화들은 전쟁이 몰고 오는 폭력의 가장 심각한 피해자가 어린이들이라는 사실을 부각시키고 있다. 아동문학에서 전쟁을 미화하거나, 어떤 목적으로 어린이를 미화하기도 하지만, 그것은 결국 어린이들을 또 다른 전쟁을 일으키는 어른으로 만드는 결과를 가져올 것이다. 세계의 동화들이 영웅 어린이를 묘사하는데서 벗어나 전쟁의 피해자로 인식하는 방향으로 나아가고 있는 것도 더 이상 어린이를 전쟁의 도구로 생각하지 말자는 뜻에서 시작되었다고 할 수 있다.

독일의 작가 페터 헤르틀링가 쓴 『크뤽케』(사계절, 1999)는 전쟁 중에 고아가 된 아이와 부상을 당한 군인이 서로 만나서 전쟁의 상처를 치유하는 동화다. 열세 살 토마스 슈람은 전쟁 고아다. 아버지는 보로네쉬 전투에서 사망하고, 엄마와는 콜린 역에서 헤어진다. 토마스와 엄마는 혹시 헤어지게 되면 빈에 있는 이모집에서 만나자고 약속한다. 그러나 엄마와 헤어진 토마스가 이모집을 찾아갔을 때 그곳은 이미 폐허가 되어 있었다. 토마스는 그곳에서 우연히 한쪽 다리를 잃어버린 크뤽케 씨(목발의 뜻)를 만나게 된다. 크뤽케 씨는 원래 이름이 에버하르트 빔머이고 대학에서 경제학을 전공했지만, 전쟁이 일어나자 군인이 되었다. 그러나 1944년 소련과의 전쟁에서 한쪽 다리를 잃게 된다. 처음 전쟁에 참전했을 때 그는 히틀러의 신봉자였지만, 나중에는 나치와 히틀러를 증오하게 되고, 결국 게슈타포의 추적을 받게 된다.

빈에서 외롭게 지내던 크뤽케는 토마스를 만나게 되고, 이들은 서로 의지하면서 전쟁의 상처를 극복해 나간다. 두 사람은 빈에서 기차를 타고 국경을 넘어서 바써랄핑엔에 도착한다. 이곳 수용소를 거쳐서 바이슬링엔에 정착하게 된다. 그곳에서 토마스는 학교에 다니고, 크뤽케는 새로운 일자리를 구한다. 그로부터 1년 뒤 국제적십자사로부터 토마스의 엄마가 살아있다는 연락을 받는다. 크뤽케와 토마스는 헤어지고 토마스는 엄마의 품으로 돌아간다.

이 동화는 제2차 세계대전 당시의 유럽 풍경을 잘 보여주고 있다. 폐허가 된 도시에서 살아가는 고아와 상이군인은 전쟁이 남긴 상처를 안고 있는 사람을 상징한다고 할 수 있다. 이 책은 전쟁 고아와 상이군인으로 살아가는 것이 얼마나 힘든 것인지를 잘 보여주고 있다. 피난민의 행렬에서 엄마와 헤어진 후 토마스는 고아가 되어서 여러 도시를 떠돌면서 살아야 했다. 전쟁은 어린 토마스를 이렇게 처참한 상황으로 내몰았던 것이다.

> 지금이 어느 시대지? 서로 총부리를 맞대고 총을 쏘지 않았었나? 가축 우리 같은 곳에 갇혀 있으면서도, 그래도 우리가 인간이라고 주장하지 않았었나? 어떻게 이런 일이 있을 수 있지? 시내로 들어와 봤더니 우리를 마치 페스트처럼 무서워하는 사람들이 살고 있구나.(162쪽)

전쟁을 일으킨 사람들은 따로 있지만, 그 전쟁 때문에 부상을 입은 크뤽케와 엄마를 잃은 토마스를 사람들은 마치 페스트 환자와 같이 대하고 있다. 전쟁 고아와 피해자들은 갈 곳이 없다. 그들은 다만 전쟁의 피해자일 뿐인데도 불구하고, 사람들은 그들을 외면하고 있다. 그러나 크뤽케는 토마스가 아무런 이유 없이 전쟁의 피해자가 되었다는 사실을 알고 있다. 그래서 크뤽케는 토마스를 끝까지 돌보아 주고, 엄마를 만날 수 있도록 한다.

이 책은 전쟁이 남긴 상처를 해결하는 방법과 그 전쟁의 고통을 껴안는 따뜻한 시선이 돋보인다. 전쟁의 소용돌이 속에서 자칫 잃어버리기 쉬운 인간 소외의 상황을 끌어안고 있는 크뤽케의 마음은 거대한 전쟁의 폭력성에 맞서는 인류애라고 할 수 있다. 전쟁은 인간을 파괴했지만, 그 파괴의 상황 속에서도 따뜻한 사랑은 싹트고 있는 것이다. 전쟁을 극복할 수 있는 것은 이러한 인류애의 회복이라는 사실을 잔잔하게 일깨우고 있다.

이보다 더 참혹한 전쟁 장면을 보여주는 동화도 있다. 제2차 세계대전 당시 원자폭탄의 피해를 입은 히로시마의 이야기를 담은 동화들이다. 일본 작가 나스 마사모토가 쓰고 니스무라 시게오가 그림을 그린 『히로시마』(사계절, 2004)는 제2차 세계대전의 참혹한 상황을 잘 보여주고 있다. 일본은 제2차 세계대전을 일으킨 나라이기도 하지만, 자기 나라의 피해도 엄청나게 컸던 것이 사실이다. 따라서 일본의 전후 아동문학은 이러한 두 가지 측면을 동시에 드러내야 할 것이다. 일본의 어린이들에게 전쟁의 참혹상만을 보여준다면, 그것은 어린이들에게 전쟁에 대한 피해망상을 조장하는 결과를 낳을 수 있는 것이다. 그런 점에서 전쟁을 다루는 일본의 아동문학은 그 역할이 중요하다고 할 수 있다.

이 그림책은 원자폭탄으로 피해를 입은 히로시마의 상황을 사실에 근거해서 알리고 있다.[3] 제2차 세계대전이 끝나갈 무렵, 일본의 히로시마와 나가사키에 떨어진 원자폭탄은 일본 열도를 참혹한 아수라장으로 만들었다. 이 책은 그동안 피상적으로만 알고 있던 히로시마 원자폭탄의 피해를 자세하게 밝혀 주고 있다. 그 피해의 중심에는 어린 소년 타로의 영혼이 있다.

이 그림책은 히로시마의 피해만을 알리는 데 머무르지 않고, 제2차 세계대전 당시에 원자폭탄은 어떻게 만들어졌으며, 어떤 경로를 통해서 히로시마에 떨어지게 되었는지를 국제정세와 결부시켜 자세하게 밝히고 있다. 1940년 미국과 영국은 극비리에 맨해튼 계획이라는 원자폭탄 공동개발 계획을 추진하게 되었다. 이렇게 해서 전쟁의 최후통첩을 알릴 수 있는 거대한 살상무기인 원자폭탄이 만들어진다. 1943년 5월 군사 정책 위원회는 전투 지역의 어떤 곳에 원자폭탄을 떨어뜨릴 것인지를 논의한다. 그 적지로 "인구 밀집 지역과 중요한 군사 시설이 있

---

3) 일본 전후 문학의 대표작이라 할 수 있는 이부세 마스지(井伏鱒二)의 『검은 비(黑い雨)』도 원자폭탄으로 인해서 바뀌어 버린 가족사를 다루고 있다.(이금재, 「오소카 쇼헤이(大岡昇平)의 『들불(野火)』에 나타난 전쟁과 구원」, 일본어문학 Vol 8, 2000, 27쪽) 일본의 전후문학은 전쟁으로부터 구원을 받기 위한 작품들이 족출(簇出)하였는데, 『들불』도 "오오카 자신의 구원 문제뿐만 아니라, 전쟁으로 인해서 피해를 끼친 많은 아시아 사람에 대한 오오카가 '속죄' 를 하기 위한 상징이기도 했다." 고 말하고 있다.

는 곳, 또는 많은 노동자들이 일하고 있는 큰 공장들이 있는 곳"(21쪽)을 꼽는다. 논의의 결과 가장 적지로 판단한 곳이 히로시마와 나가사키이다. 1945년 8월 6일 오전 8시 16분 목표 지점에서 280미터 떨어진 곳에 원자폭탄이 떨어진다. 그 상공에서 히로시마를 바라본 당시 에놀라게이 조종사였던 티베츠 대령은 그날의 상황을 "마치 자신이 빛의 맛을 보고 있는 것 같은 느낌이 들었는데, 그 맛은 납과 같았다."(27쪽)고 진술하고 있다. 그렇게 원자폭탄이 떨어진 히로시마의 상황은 처절하기 이를 데 없었다. 이 책에서 진술하고 있는 보고에 따르면, 한 여름에 도시 밖으로 탈출하는 부상자들은 열 폭풍으로 녹아 너덜거리는 살갗 때문에 마치 유령처럼 팔을 앞으로 내민 채 걸어갔다고 한다. 이 끔찍한 장면은 원자폭탄이 인간에게 어떤 참혹한 피해를 주고 있는지를 잘 보여주고 있다.

1945년 8월 6일 히로시마에는 대략 35만 명쯤 살고 있었던 것으로 알려져 있는데, 원자폭탄이 떨어진 히로시마의 인명 피해는 약 20만 명으로 추정하고 있다. 핵폭탄이 터졌을 때, 반지름 500미터 안에 있던 사람은 열선과 폭풍으로 즉사했고, 반지름 1.2킬로미터 안에 있었던 사람은 절반이 즉사하거나 오래 지나지 않아서 죽었고, 3.5킬로미터 안에 있던 사람들은 심한 화상을 입었다. 방사능에 오염된 사람들 중에서 14만 명에 이르는 사람들은 석 달 안에 죽었다. 이처럼 끔찍한 원자폭탄의 피해는 제2차 세계대전의 비극이라 하지 않을 수 없다. 해마다 8월 6일이면 히로시마의 모토야쓰 강에는 갖가지 모양의 종이 띄워서 전쟁의 소용돌이 속에서 무참히 죽어간 영혼들을 위로하고 있다. 이 책은 이러한 전쟁의 참혹한 상황을 꾸밈없이 그대로 보고하고 있다. 숫자상의 통계만으로도 전쟁의 비극성을 충분히 깨달을 수 있을 것이며, 전쟁이 남긴 상처가 얼마나 오랫동안 인간을 고통 속에 살아가게 하는지도 깨닫게 한다. 전쟁은 국제 관계 속에서 일어나지만, 그 피해는 선량한 시민이 입어야 한다는 사실도 무엇보다 잘 알 수 있을 것이다.

이 히로시마의 공포는 시간이 흘러서도 악몽으로 남아 있다. 일본 작가 마쯔따니 미요꼬가 쓴 『말하는 나무 의자와 두 사람의 이이다』(창비, 1996)는 히로시마 원자폭탄의 피해를 입은 어린이가 성장하면서 어떤 고통을 겪고 있는지를 보여주는 동화다. 이 동화는 히로시마의 우울한 기억을 환상 기법으로 보여주고 있다. 유오꼬와 나오끼는 엄마가 큐우슈우로 취재 여행을 간 사이에 할머니 집에 맡겨진다. 이 두 아이는 할머니 집 뒤의 패총나무 숲에 있는 이상한 집을 발견하게 된다. 그 집에는 말하는 의자가 있었다. 말하는 의자는 주인을 잃은 채 그 집을 지키고 있었고, 의자는 그 집을 찾아간 유오꼬를 이이다라고 생각하게 된다. 그러나 정작 이이다는 할머니의 이웃에 사는 리쯔꼬로 밝혀진다. 이 동화는 말하는 의자와 대화를 하는 과정에서 히로시마 원폭 피해의 상황에 서서히 밝히고 있다. 그림이 주는 서늘한 분위기와 함께 의자의 사연을 풀어 가는 추리 기법을 사용하면서 전쟁에 희생된 어린 이이다의 실체가 누가인지를 밝힌다. 그 이상한 집에서 발견된 달력은 1945년 8월 6일에 멈춰 있었다. 그날은 바로 히로시마에 원자폭탄이 떨어진 날이었던 것이다.

"원자폭탄은 낙하산에 매달려 천천히 떨어지더니 히로시마 상공 오백 미터 되는 곳에서 터졌어. 그 순간 번쩍하는 섬광이 치솟더니 '꽝!' 하는 소리가 뒤따랐대. 그리고는 꼭 지옥이었다는 거야. 여자의 머리카락은 곤두서고, 사람들의 얼굴 가죽도 불길에 벗겨져서 누가 누군지를 못 알아볼 정도

였대. 벗겨진 피부가 턱 밑으로 늘어져서 너덜너덜 흔들리고 있었다는 거야. 또 손가죽이 헐렁 벗겨져 마치 손이 네 개 있는 것처럼 된 사람도 있었다. ……단 한 발의 폭탄으로 20만 명의 무고한 시민이 죽은 거야…….” (155쪽)

이 동화에서 히로시마에 원자폭탄이 떨어진 날의 상황을 묘사한 장면을 뽑은 부분이다. 히로시마에 원자폭탄이 떨어지면서 지옥과 같은 참상이 벌어지고 있는데, 그것은 인간으로서는 도저히 경험할 수 없는 상황이었다. 원자폭탄을 맞은 사람들은 머리카락이 곤두서고, 얼굴 가죽은 벗겨지고, 살갗도 녹아내렸다. 피부의 살갗이 서로 닿아서 아팠기 때문에 팔을 앞으로 한 채 걸어갈 수밖에 없었다고 한다. 전쟁의 파괴력은 이와 같이 인간의 주변은 물론 인간 자신까지 처연하게 만들고 만다.

나오끼, 나는 반드시 건강을 회복할 거야. 절대로 죽지 않을 거야. 그리고 그 집에서 살 생각이다. 패총나무 울타리는 예쁘게 다듬어 주고 연못에는 금붕어가 헤엄치도록 할 거야. 또 오줌싸개 소년의 분수는 힘차게 솟아오르도록 할 것이고 집도 칠을 해서 단장할 거야. 그러면 보라색 수국이 둥글고 묵직한 꽃송이를 늘어뜨리고, 장미꽃도 앞 다투어 피고 등나무 시렁에는 등꽃도 필 거야. (204쪽)

인용한 부분은 방사능으로 백혈병에 걸린 리쯔꼬가 자신의 마지막 소망을 말한 부분이다. 리쯔꼬의 어머니는 외동딸이었고, 아버지는 데릴사위로 할아버지 집에 들어와 살았다. 아버지는 제2차 세계대전에 참전했다가 전사했고, 어머니는 원자폭탄이 떨어지기 일 년 전에 죽었다. 고아가 된 리쯔꼬는 패총나무 숲 속의 할아버지 집에서 살게 되었다. 할아버지와 리쯔꼬는 원자폭탄이 떨어지는 날 히로시마에 갔다가 할아버지는 폭격에 맞아 죽고 리쯔꼬만 살아남게 되었다. 이 기구한 운명의 여자는 결국 할아버지와 함께 살았던 그 집을 찾게 되지만, 원자폭탄의 후유증으로 발병한 백혈병에 걸려 죽어가고 있었다. 그 리쯔꼬의 마지막 소망이 그녀가 살았던 이상한 집을 새롭게 단장하는 것이었다. 그러나 그 소녀는 마지막 소망마저도 실현하지 못한 채 죽어가고 있다. 전쟁은 이렇게 사람들의 꿈을 참혹하게 빼앗아 가는 것이다.

원자폭탄의 피해가 얼마나 큰 것인지 한 사람의 불행을 통해서 조망하고 있는 이 책은 그림이 주는 공포 분위기와 함께 말하는 의자의 상징성이 돋보인다. 떠난 사람을 기다리고 있는 것은 말하는 의자뿐만이 아니다. 패총나무 숲이 리쯔꼬의 불행을 평화롭게 끌어안고 있다. 그 평화의 공간에서 함께 살아가는 것이 리쯔꼬의 마지막 소망이듯이 전쟁이 없는 세상에서 살아가는 것이 인류의 마지막 소망이라는 것이다. 말하는 의자가 기다리고 있는 것은 사람에 대한 그리움이다. 전쟁의 비극이야말로 사람과의 관계를 끊어 내는 것이라는 사실을 말하는 의자를 통해서 전달하고 있다.

핵폭탄에 대한 공포를 다룬 그림동화책은 영국 작가 레이먼드 브릭스가 쓰고, 그림을 그린 『바람이 불 때에』(시공주니어, 1995)가 있다. 이 그림책은 핵폭탄으로 죽어가는 사람들의 가상 시나리오를 그림으로 보여주고 있다. 한 시골 농가의 제임스 부부는 행복하게 살아가고 있었는데, 어느 날 정부로부터 핵폭탄이 떨어질 것이라는 경고 방송을 듣게 된다. 이 부부는 정부에서 세운 대책에 따라 대피를 했음에도 불구하고 방사능에 노출되어 죽어간다. 영국 정부의 무책임한 핵정책을 비꼬기도 하지만, 핵폭탄의 위험성을 고발하기도 한다. 이 그림책은 한 장에 여러 컷의 그림을 배치함으로써 만화를 보는 것 같은 느낌을 준다. 만화와 같은 그림책 기법을 제시하면서 정부의 무능력한 대응에 대해 비판하고 있다. 또한 주인공을 힘없는 노부부로 설정함으로써 속수무책으로 당하고 있는 보통 사람의 피해를 상징적으로 보여주고 있다. 핵무기의 문제만이 아니라, 정부의 정책을 꼬집음으로써 핵무기에 대한 경각심을 불러일으키고 있다.

제2차 세계대전의 악몽은 여러 작품에서 나타나고 있다. 미국 작가 로이스 로리가 쓴 『별을 헤아리며』(양철북, 2003)는 덴마크의 소녀 안네마리가 유대인 친구인 엘렌 가족을 스웨덴으로 탈출시키는 이야기이다. 안네마리의 언니 리제와 결혼을 약속한 피터는 레지스탕스였다. 언니는 레지스탕스 활동을 하다가 독일군에게 죽고, 피터는 살아남아서 유대인을 안전하게 탈출시키는 일을 한다. 외삼촌 집에 모인 유대인들은 외삼촌의 배를 타고 스웨덴으로 가려고 한다. 안네마리는 위험을 무릅쓰고 삼촌에게 개들이 사람 냄새를 못 맡게 하는 손수건을 건네줌으로써 유대인인 엘렌 가족을 무사히 스웨덴으로 갈 수 있게 한다.

이 동화는 인간의 존엄성을 파괴하는 독일의 만행을 고발하면서 동시에 전쟁에 맞서는 사람들의 진정한 용기를 보여주고 있다. 유대인 학살에 대한 잔혹상은 이미 알려진 일이지만, 덴마크의 레지스탕스 활동에 대해서는 잘 알려져 있지 않다. 실제 이 작품의 모델이 된 킴 말테브론은 덴마크의 레지스탕스 지도자였다. 스물 한 살의 나이에 나치에게 잡혀 처형된 사람이다. 이 동화를 쓴 작가는 한 청년의 죽음을 헛되게 하지 않으려는 의도에서 썼다고 고백하고 있다. 세상에서 가장 소중한 것이 인간의 생명이다. 이 작품은 유대인을 학살하려는 독일을 고발하면서도 한 사람의 생명도 소중하게 생각하는 사람들의 아름다운 정신이 잘 형상화되어 있다. 이 동화에 나오는 리제 언니와 피터 넬슨의 이루지 못한 사랑처럼 전쟁은 젊은이들의 꿈을 빼앗아 간다.

전쟁의 참상은 외국의 사례에만 있는 것이 아니다. 우리나라도 분단국가로서 한국전쟁이라는 비극적 체험을 겪은 나라이다. 그래서 우리 아동문학 작품에도 한국전쟁의 아픈 기억을 담고 있는 작품이 많이 있다. 그 중에 대부분의 사람들이 기억하고 있는 동화는 권정생의 『몽실 언니』일 것이다.[4] 널리 알려진 작품은 아니지만, 윤정모의 『전쟁과 소년』(푸른나무, 2003)도 한국전쟁의 비극을 다룬 작품이다. 윤정모는 한국사의 비극을 여러 각도에서 다룬 작가인데, 미군정 치하의 한국을 다루기도 하고, 한국전쟁의 비극을 다루기도 했다. 이 동화는 한국전쟁 당시 경주 탑골을 배경으로 하고 있다.

북한에서 남쪽으로 내려온 담선이가 북한으로 가지 못하고 남한에 남아서 살아가는 이야기다. 담선이와 엄마는 인민군으로 참전한 아버지를 찾아 남쪽으로 내려온다. 그런데 엄마는 임신을 한 몸으로 제대로 먹지를 못하고 죽고 만다. 혼자 남은 담선이는 후퇴하는 인민군 병사 사이에서 만난 아버지 친구를 통해서 극적으로 아버지를 만나게 된다. 이 동화를 쓴 작가는 이 동화를 쓴 배경을 다음과 같이 밝히고 있다.

> 50여 년 전 우리도 비참한 전쟁을 겪었다는 것, 그것은 게임이 아니며 그 장면들 또한 절대로 가상이 아니라는 것, 전쟁 3년간 얼마나 많은 어린이들이 고아가 되었으며 그 아이들이 어떻게 살아왔는지를. 그리고 그때 우리

4) 권정생의 많은 작품이 한국전쟁을 다루고 있다. 이밖에도『점득이네』,『초가집이 있던 마을』,『한티재 하늘』,『곰이와 오푼들이 아저씨』등이 있다.

민족도 280만이나 생명을 잃었고, 전 국토는 폐허가 되었으며, 특히 우리의 고유한 사찰이나 문화유산이 거의 파괴되었다는 것, 그 파괴자 역시 지형에 어두운 미군의 폭격기였다는 것을…….(작가의 말)

이 작가의 말과 같이 전쟁은 어린이들에게 가장 많은 피해를 안겨 주었다. 이 동화에서 필동이는 전쟁 때문에 부모를 잃은 북쪽의 담선이를 동생처럼 돌보아준다. 아이들에게는 이념이고, 전쟁이고 하는 것은 아무런 문제가 되지 않는다. 사람을 보살펴주고 함께 살아가는 것이 더 중요한 문제인 것이다. 작가는 이 작품을 통해서 이념을 초월한 사랑의 실천이 무엇인지를 잘 보여주고 있다. 인간에게 진정 필요한 가치는 사람에 대한 사랑이다. 스님은 국군과 총격전을 벌였던 곳에서 담선이 아버지의 시신을 찾아서 묻는다. 그리고는 필동이에게 나중에 담선이가 자라면 자기 아버지의 무덤이 어디에 있는지 가르쳐 주라고 당부한다.

전쟁은 어른들이 일으킨 것이지 어린이들이 일으킨 것은 아니다. 그렇기 때문에 전쟁에 대해서 어린들은 피해자일 뿐인 것이다. 필동이가 담선이를 보살펴주는 어린 마음은 전쟁을 일으킨 어른들이 반드시 깨달아야 할 마음일 것이다. 전쟁의 상처를 스스로 치유해가는 필동이와 담선이를 통해서 우리는 전쟁의 비극이 어떤 것인지를 알 수 있을 것이다. 이 동화는 전쟁보다 더 중요한 것이 평화라는 사실을 잘 보여주고 있다.

3. 전쟁의 극복과 평화

어른들도 전쟁의 공포를 쉽게 극복하지 못하지만, 어린이들도 그 전쟁의 공포를 쉽게 극복하지 못한다. 이스라엘 작가 우리 오를레브가 쓴 『그림자 동물』(비룡소, 2001)은 어린이가 어떻게 전쟁의 아픔을 극복하는지를 잘 보여주는 동화다. 한 소년이 전쟁에 참전한 아빠와 헤어진 시간이 공포와 두려움의 연속이라는 사실을 알게 된다. 이 두려움 때문에 소년은 침대 밑에서 그림자 동물이 나와서 자신을 해칠 것이라 생각한다. 그러나 소년은 그림자 동물에 대한 공포를 극복하고, 그림자 동물과 친구가 되어서 전쟁에 참가해서 죽은 아버지와도 만난다. 아버지의 죽음도 그림자 동물의 공포만큼이나 무서운 것이 아니었다. 그림자 동물과 친구가 되면서 아버지의 죽음을 자연스럽게 받아들이게 된다.

전쟁을 극복하는 방법은 무엇보다 평화의 정착에 있다. 독일 작가 구드룬 파우제방이 쓴 『평화는 어디에서 오나요』(웅진주니어, 1997)는 평화의 공존을 위해 필요한 것이 무엇인지를 다양한 각도로 보여주고 있다. 전쟁과 평화는 참으로 중요한 문제가 아닐 수 없다. 평화는 쉽게 얻을 수 있는 것이 아니다. 서로의 노력과 합의에 의해 이루어지는 것이다. 그렇다면 진정한 평화를 위해서 인간이 해야 할 일은 무엇일까. 인간은 평화를 실천하기 위해서 정신을 한곳에 모아서 다 함께 실천하는 것이다. 평화는 전쟁을 막을 수 있는 기본적인 상태다. 그러나 인간이 다 함께 노력하지 않으면 만들어 나갈 수 없는 것이다. 전쟁이 일어나지 않고 평화를 유지하기 위해서는 다각도의 관심이 필요하다.

이 동화에서 파우제방은 인류의 평화를 위해 해야 할 문제를 다양한 각도에서 살펴보고 있다. 「순간 사진」에서 슈테판이 사진을 찍어서 아이들을 놀리자, 선생님은 그런 모습은 누구나 한 번은 하는 모습이라고 하면서 차별성이 없다는 것을 일깨운다. 그래서 어수선한 학급은 평화를 찾게 된다. 차별이 없는 것은 평화가 시작되는 조건인 것이다. 「기가 막힌 생각」은 늘 난장판으로 되어 있는 5학년 2반 학급을 평화로운 반으로 만드는 이야기이다. 평화는 멀리 있는 것이 아니라, 가까이 있으며, 함께 노력하면 금방 찾아온다는 것을 보여주고 있다. 「디륵은 인도 사람과 무슨 관계가 있지」는 인도에서 굶주리고 있는 아이를 도와주는 이야기이다. 먹고사는 문제는 국가와 국가의 경계를 떠나서 실천해야 한다는 것을 보여준다. 인류의 평화를 위해 가장 먼저 해결해야 할 문제가 식량 문제일 것이다. 디륵은 인도에 있는 디에쉬라는 친구를 위해 생일 잔치와 선물에 든 돈 8만1천3백 원을 보낸다. 이것은 인류의 평화를 위한 작은 실천 운동인 것이다. 「마음을 아프게 하는 것」에서도 "다른 곳에서는 지금도 굶어 죽어가는 사람들이 있으니, 전쟁이나 가뭄 때문에 굶주리는 사람들이 너무 많다."는 것을 말하고 있다. 인류의 평화는 여기에서부터 시작하는 것이다. 「언제 다시 말을 타실 거죠, 게르트루디스 수녀님?」은 게르트루디스 수녀의 헌신과 봉사 활동을 다루고 있다. 인디언 지역의 노인과 환자를 돌보는 수녀님의 봉사 활동을 통해서 평화는 소외된 사람에 대한 사랑에서 시작한다는 것을 보여주고 있다. 「자샤와 엘리자베트 할머니」는 말썽꾸러기 자샤가 동네의 외로운 할머니를 만나서 착한 아이로 바뀐다는 이야기이다. 할머니의 아이들은 전염병과 전쟁으로 죽었다. 누군가를 인정해 준다는 것은 사람을 바꾸는 힘인 것이다. 엘리자베트 할머니는 자샤를 착한 아이로 인정해 준다. 이 때문에 자샤는 착한 아이가 된다. 평화는 타인을 배려하고 인정하는 데서 시작한다. 「왜 할아버지는 텔레비전 탐정극을 못 보았나」는 할아버지가 손자 페터에게 40년 전 독일과 러시아 전쟁 때 체험을 들려주는 이야기이다. 할아버지는 눈보라가 치는 날, 숲에서 길을 잃은 채 헤매다가 함께 길을 잃은 적군을 만나게 된다. 두 사람은 말은 통하지 않았지만, 서로 도와서 눈보라 속에서 구덩이를 파고 하룻밤을 같이 보낸다. 평화는 언어가 아니라, 함께 살아야 한다는 마음에서 시작하는 것이다. 「국경을 없애자」는 평화롭게 살던 두 나라가 전쟁을 하고 다시 평화를 찾는다는 이야기이다. 평화는 욕망을 버리는 행위에서 시작하는 것이다.

그밖에 전쟁과 관련한 다양한 기록들은 전쟁의 위험성과 함께 평화의 중요성을 일깨워 주고 있다. 일기를 통해서 전쟁을 고발하고 있는 영국 작가 즐라타 필리포빅과 멜라니 챌린저가 엮은 『빼앗긴 내일』(한겨레아이들, 2008)은 전쟁의 참상을 통해서 평화의 중요성을 일깨우고 있다. 이 책은 제1차 세계대전에서부터 이라크 전쟁까지 전쟁 당시 어린이와 군인들의 일기를 모은 것인데, 전쟁은 어른들이 일으켰지만, 아이들은 얼마나 심각한 공포와 절망 속에 살았는지를 똑똑히 알 수 있게 한다. 제1 · 2차 세계대전, 유태인 학살, 베트남 전쟁, 보스니아 전쟁, 이스라엘-팔레스타인 분쟁, 이라크 전쟁까지 여덟 개의 전쟁 체험 일기에는 전쟁에 대한 두려움과 공포가 잘 나타나 있다. 베트남 전쟁에 참전한 군인의 일기는 그 당시 전쟁의 상황이 얼마나 참혹한 것인지를 잘 보여주고 있다.

> 1968년 2월 1일
>
> 어제 우리는 베트콩 열다섯 명을 죽이고 포로를 두 명 잡았다. 실수로 민간인도 두 명 죽였다. 스님이 총을 맞고 숨졌고, 그 옆집에서는 얼굴에 총을 맞은 할머니가 바닥에 누워 있었다. 부상을 입은 할아버지와 딸과 손자들이 할머니를 붙들고 울부짖고 있었다.(127쪽)

이것은 베트남 전쟁[5]에 참전한 미군 에드 블랑코의 일기다. 그는 이런 무지막지한 전쟁을 치르고 캘리포니아에 도착했지만, 사람들은 그를 하찮은 사람으로 취급했다. 그는 비로소 군인은 절대 환영받는 존재가 아니라는 사실을 깨닫게 된 것이다. 군인은 전쟁의 노예로 사람을 죽이는 하수인에 불과하다. 전쟁의 폭력은 자신이 어떤 존재인지를 깨닫지 못하는 무지에서 출발한다. 그러나 자신의 실체를 알고 깨닫는 순간, 전쟁의 노예로부터 벗어날 수 있는 것이다.

한국 작가 박기범의 『어린이와 평화』(창비, 2005)는 이라크 전쟁에 대한 보고서이다. 작가가 직접 이라크에 가서 평화 활동을 했고, 우리나라의 자이툰 부대 파견을 막으려고 노력했다. 전쟁은 한 사람의 노력으로 막을 수 있는 것은 아니지만, 이런 사람들이 연대해서 활동하면 전쟁을 몰아내고 이 땅에 평화를 정착시킬 수 있을 것이다. 어린이를 전쟁의 공포로부터 벗어나게 하는 것이 평화 사절단이 존재하는 이유일 것이다.

고대의 아우구스티누스는 전쟁의 피해를 막기 위한 규칙을 만들기도 했다. 그러나 그렇게 규칙까지 만들었지만, 사람들은 이 규칙에 따라 전쟁을 하지는 않았다. 전쟁은 더 잔인해지고 폭력적인 형태로 바뀌고 있다. 더 무서운 살상 무기가 개발되고, 더 잔인한 형태의 파괴와 살인이 일어나고 있는 것이다. 전쟁은 규칙만으로 막을 수 있는 것이 아니

---

5) 베트남 전쟁의 참혹상은 한국전쟁에서도 예외없이 나타난다. 권정생의 『몽실언니』와 풍꾸안(Phung Quan)의 『격렬한 어린 시절(Tuoi tho du doi)』을 분석한 논문에서 이를 비교하고 있다. 베트남 아동문학은 1975년 이전에는 어린이를 전쟁의 영웅으로 만들었지만, 1983년에 출간된 『격렬한 어린 시절』은 전쟁을 사실적으로 그리고 있다. 『몽실언니』는 주인공 몽실이의 전쟁 체험을 비극적으로 승화하고 있다면, 『격렬한 어린 시절』은 전쟁의 참상을 알려 주는 것과 더불어 어린이들의 희생을 개인적 측면으로 접근하여 서술하고 있다.(황티 타인 화, 「한 · 베 전쟁 배경 소년소설 비교연구」, 인하대 대학원 석사학위청구논문, 2010, 51쪽.)

다. 전쟁을 일으키고 전쟁을 막는 것은 보편적 도덕의 실천과 관련된 문제이다. 인류가 상생과 조화의 원리에 따라 삶을 살아간다면 전쟁은 없을 것이다. 국가의 이익만을 내세울 것이 아니라, 인류의 공생과 공존의 삶을 생각한다면, 전쟁은 일어날 수도 일으킬 수도 없을 것이다. 종교와 인종, 민족과 국가의 경계를 넘어서 전체 인류가 지향해야 할 올바른 가치관을 위해 살아간다면 전쟁을 일어날 수가 없을 것이다. 전쟁은 어떤 문제에 있어서도 합리적으로 설명할 수 있는 것이 아니다.

전쟁은 인류에게서 일어날 수 없는 어쩔 수 없는 일이기는 해도 그 전쟁이 일어날 수 있는 가능성을 배제할 수 있는 대안을 만들어 나가야 할 것이다. 이웃나라를 존중해 주고 세계가 하나라는 공생공존의 개념으로 나아갈 때, 전쟁은 막을 수 있을 것이다. 경쟁의 시대에서 화합의 시대로 나아가기 위해 전 인류가 지금은 '지구촌 시대'라는 인식을 새롭게 가져야 할 때다. 지금 이 시대는 전쟁과 평화가 공존하고 있다 해도, 언젠가는 인류가 전쟁을 몰아내고 평화를 정착시켜 나갈 것이다. 세계의 많은 작가들이 전쟁의 위험성을 고발하고 있으며, 많은 사람들이 평화의 정착을 위해 노력하고 있다. 세계 전쟁을 다룬 아동문학을 통해서 우리의 미래가 전쟁이 없는 평화로운 세계가 정착될 수 있기를 기대해 본다.

정기구독 및 후원안내

사람의 성장기에서 15세까지 익힌 사고와 정서의 총화가 일생을 좌우한다고 합니다. 그 시간은 또한 사람이 신의 마음과 가장 가까이 머물러 있는 시간이기도 합니다. 그러기에 어른이 되어서도 이 유년의 정서를 보물처럼 간직하고 싶어하지요.

어린이문학 또한 신의 경계에 가장 근접해 있는 예술이고 어린이의 언어 또한 신의 언어와 가장 닮아 있다고 볼 수 있습니다. 따라서 아동문학 작가는 한편의 동화 혹은 동시를 쓰면서 신의 언어를 생각하고 동심의 파수꾼이 되는 일을 생각해야 할 것입니다.

그 일을 거들기 위해 〈아동문학사상〉은 해마다 특별한 키워드를 상정, 이론과 실제를 궁구하면서 아동문학을 가르치는 분이나 공부하는 학생은 물론 실제 창작 일선에서 애쓰는 분들을 위해 베이스캠프가 되고자 합니다.

문학 안에서도 어떤 장르의 문학보다 선하고, 생명의 원형적 질서를 존중하는 아동문학이 발전하는 데 일익을 맡을 잡지 〈아동문학사상〉이 계속해서 간행될 수 있도록 많은 관심과 후원을 부탁합니다.

구독료 1년 10,000원

5년 50,000원(5년 구독하시는 분에게는 과월호를 드립니다.)

구독료 또는 후원금을 보내주실 곳

국민은행 009901-04-049841(아동문학사상)

구독문의 화산문화 02) 736-7411

동시

달팽이

풀숲을 뒤지다가
눈동자를 빠뜨렸다.

아, 움직이는 눈동자!
달팽이가 기어간다.

감감한
새 세상을 쉬엄쉬엄
내가 헤쳐 가고 있다.

박경용 1958년 동아일보 및 한국일보 신춘문예로 등단했다. 시조선집 『적(寂)』·『도약(跳躍)』, 시집 『침류집(枕流集)』·『소리로 와서』, 동시집 『어른에겐 어려운 시』·『별 총총 초가집 총총』·『낯선 까닭』·『바다랑 나랑 갯마을이랑』·『호호후후 불어 주면』 등을 펴냈다. 세종아동문학상, 대한민국문학상 등을 수상했다.

나팔꽃

우리 아파트 마을에 첫 5일장이 서던 날,
멀리 내려다 보니 한 개 꽃밭이었어.
다투어 천막들이 꽃피운 별난 들꽃밭이었어.

이른 아침에 서둘러 들어섰던 천막들이
땅거미 질 무렵에 하나 둘씩 사라지고
때맞춰 행상 트럭에서 스피커가 마지막을 노래했어.

언젠가 들어본 듯한 대중가요 한 토막.
"……아침에 피었다가 저녁에 지고 마는
나팔꽃 같은 짧은 사랑아……"

그 모두 나팔꽃이었나 봐, 하루살이 천막꽃들!

쇠똥거름더미

거름을 낸다고
아빠가 쇠스랑으로
쇠똥거름더미를 헤쳤다.

시큼한 거름 속에
빨간 지렁이들이 꼼틀댄다.
노래기가 발발거리다가 숨고
방구벌레가 강중거리다 달아난다.

이걸 누가 알았나?
냄새나는
쇠똥거름더미가
알콩달콩 그네들 살림집인걸.

권영상 1981년 강원일보 신춘문예에 당선되었다. 지은 책으로는 동시집 『실끝을 따라가면 뭐가 나오지』 『잘 커다오 꽝꽝 나무야』, 동화집 『물오름 마을의 겨울눈』 『둥굴이 누나』 등이 있다. 세종아동문학상, 새싹문학상을 받았다.

시가 뭐 별건가

"비가 와도 괜찮아요. 괜찮아요. 난 난 뮤지컬 구름빵 보러 가니까 괜찮아요.

집에서 아차산 아트센터까지 지하철로만 가기 때문에

비가 와도 괜찮아요. 이웃 동생에게서 받은 돈도 있어요.

또 울 공주들도 너무 기대하는 구름빵 뮤지컬이라 비가 내려도 괜찮아요. 괜찮아요.

갈 거예요. 노래를 부르며 구름빵 보러 갈 거예요."

어느 블로그의 글을 읽다가

나는 손뼉을 쳤지.

참 좋은 시구나, 하고.

근데 그게 시가 아니고 그냥 자신의 기분을 적어 놓은 글이었어.

그러나 시가 뭐 별건가. 이게 시지.

통제구역

집에서는 엄마
학교에서는 선생님
성당에서는 레지오단장님
하루 24시간이 모자라는
우리 엄마
모처럼 늦잠 주무신다.

이럴 때 안방은 통제구역

휴식년제로 편히 쉬고
다시 살아난 숲처럼
우리 엄마
한숨 푹 주무시고
가뿐하게 일어나시라고
우리 집 안방은 통제구역

쉿!
소곤소곤
사뿐사뿐

박선미 1999년 부산아동문학 신인상으로 등단, 부산일보 신춘문예 당선에 당선되었다. 창주문학상, 오늘의 동시문학상, 서덕출 문학상을 수상했다. 지은 책으로는 동시집 『지금은 공사 중』, 『불법주차한 내 엉덩이』 등이 있다.

은행나무

치킨 집 앞에
가로수로 서 있는
나는
가끔은 미안하다.

이파리마다
황금빛 곱게 물들이고
가을을 알려주지만

노랗게 잘 익은 열매
차 지붕에 떨어질 때 미안하다
양념통닭 좋아하는
철이 머리 위에 떨어질 때
더 미안하다.

밥 먹는데 방귀뀐 것처럼
정말정말 미안하다.

| 동시 | 이옥용

꼭 필요한 것

바다 속을 찍는 사진기
은하수를 찍는 사진기
네 맘을 찍는 사진기

이옥용 서울대학교에서 독문학 박사학위를 받았다. 2001년 새벗에 동시가, 아동문학평론에 동화가 당선되었고, 2007년 제5회 푸른문학상을 수상했다. 지은 책으로는 동시집 『고래와 래고』 등이 있고, 옮긴 책으로는 『우리 엄마 팔아요』, 『안데르센 동화집』 등이 있다.

곰

곰이
곰발바닥으로 걷다가
곰곰이 생각했다
곰 같은 사람이라고?
나처럼 생겼나?
그 사람 만나면
곰발바닥 짝짜꿍해야지
아, 빨리 하고 싶다!

| 동시 | 이혜영

장미의 고민

난,
누구든 친하고 싶어.
가시 같은 건
숨겨 두고 싶지 않았지
아, 곱구나! 하고
가까이 오는 이들에게
향기를 주고 싶었거든.
저기 한 아기가 오고 있네
"가까이 가지 마
가시에 찔려!"
소리치는 엄마.
내게 오던 아기는 멈춰 섰고
그 말은 또 내 심장에 꽂혔지.
누구든 가까이 올 수 있게

이혜영 1997년 아동문예에 동시 「엄마라는 말」이 당선되었고, 1998년 계몽아동문학상과 2001년 은하수문학상을 수상했다. 지은 책으로는 『화분이 많은 집』, 『연둣빛 나라』, 『아빠는 한 걸음 뒤에』 등이 있다.

부드럽고 푸른 잎사귀만 내놓고 싶었는데.

왜 그럴까?

왜 가시가 돋아나는 걸까?

녹두, 날아가다

-어머!
이 나비 벌레 좀 보렴!

엄마가
뒷베란다에서 놀라 소리친다.

“청포묵 해먹어라.”
작년 가을,
할머니가 보내 주신 녹두 세 되.
비닐봉지에 갇혀 있기 싫었나 봐.
장마 끝난 뒤 열어 봤더니
까만 녹두나비 나비 나비……

연초록 고 작은 몸에
나비 한 마리
품고 있을 줄이야.
한 알 남김없이
우루루루
날아가 버렸어.

동화

|저학년 장편 동화|

나비가 되어서

김옥애

1. 유현지는

"짝꿍, 먼저 간다."

얼굴빛이 가마잡잡한 도이가 먼저 손을 흔들었습니다.

"그래, 잘 가."

현지도 웃으면서 가볍게 오른손을 들었습니다. 등에 책가방을 멘 도이가 바쁜 걸음으로 푸른 숲길에 들어섰습니다. 교문 앞에서 혼자가 된 현지는 길 건너편 신호등 쪽으로 고개를 돌렸습니다. 할아버지는?

버스와 승용차들이 쌩쌩 잽싸게 지나갔습니다. 다른 날은 할아버지가 현지를 기다리는데 오늘은 그 반대였습니다.

"현지야!"

그때 초록 신호등을 보면서 길을 건너 온 할아버지가 나타났습니다.

"할아버지!"

현지는 반갑게 함박웃음을 터트렸습니다. 아침에 헤어진 할아버지

김옥애 1979년 서울신문 신춘문예에 「너는 어디로 갔니?」가 당선되었다. 지은 책으로는 『엄마의 나라』, 『별이 된 도깨비 누나』, 『그래도 넌 보물이야』, 『들고양이 노이』 등이 있다. 전남아동문학가상, 전남문학상, 광주일보문학상, 한국아동문학상을 수상했다.

지만 오랜만에 만난 것처럼 반가웠습니다.

"많이 기다렸어?"

"조금요."

할아버지가 다가와서 현지의 무거운 책가방을 받았습니다.

"오늘 공부는 재미있었니?"

"으응."

현지의 대답하는 목소리엔 어리광이 잔뜩 묻어 있습니다.

"과제물은 선생님께 잘 드리고?"

대답 대신 현지는 사방을 두리번거렸습니다.

"할아버지, 우리 차는?"

"건너편 저쪽 길에."

현지는 할아버지의 차를 타고 학교에 다닙니다. 아침엔 데려다 주고, 공부 마치고 집에 갈 땐 또 데리러 옵니다.

아빠는 그런 현지에게 타일렀습니다.

"유현지, 너 버스 탈 수 있지? 푸른 숲길도 걸어 다닐 수 있지?"

"싫어요. 난 할아버지 차 타고 다니는 게 좋단 말에요."

"많이 걸어야 건강해져요. 유현지는 이제 유치원생도 아니니까."

현지는 입이 뿌루퉁해지더니 그만 울음을 터트렸습니다.

"그래, 예쁜 내 딸. 너 하고 싶은 대로 하렴."

가늘게 생긴 눈을 껌벅이며 아빠는 금시 딸 바보가 됐습니다.

현지는 아직도 할아버지 방에서 잠을 잡니다. 학교 갈 때 머리를 빗거나 댕기로 묶는 일도 할아버지가 맡아서 합니다.

요즘 날씨가 뜨뜻해지자 할아버지는 벌써 현지의 머리맡에서 부채를 살랑살랑 흔듭니다.

"선풍기나 에어컨은 몸에 안 좋을 것 같으니 할아버지가 자연 바람을 만들어 주마."

현지가 밉살스럽게 웃으며 물었습니다.

"내 할아버지는 비나 눈도 만들 수 있어요?"

"연구해서 만들어 봐야지."

할아버지와 오순도순 말을 나누는데 엄마가 문 앞에서 현지를 불렀습니다.

"현지야, 할아버지 그만 귀찮게 해 드려. 초등학생이 됐으니 잠도 네 방에서 자렴. 혼자 잘 수 있는 연습을 해야 해."

엄마의 말이 끝나기가 바쁘게 현지의 울음소리가 들렸습니다.

"엄마는 나쁜 사람이에요."

"……."

엄마도 더 이상 말을 잇지 못했습니다.

"아아, 알겠어."

현지는 태어나 이십 일도 못되어 할아버지와 할머니의 품에 안겼습니다. 엄마와 아빠가 바쁘게 바깥일을 하느라 현지를 보살필 수 없었기 때문입니다. 그 때문인지 현지는 할아버지를 가장 좋아했습니다.

"초록 등이 켜졌다. 걷자. 오늘은 차가 좀 멀리 있거든."

"할아버지가 이리로 차를 가져 오세요. 걷는 것 싫어요."

"왜? 조금만 가면 되는데."

"그래도 싫단 말에요."

"그럼 여기서 기다려."

현지의 가방을 든 할아버지가 혼자 신호등을 건넜습니다. 조금 후에 할아버지가 차를 돌려 현지 앞에 멈췄습니다.

"어서 타렴."

옆자리에 앉자마자 현지가 칼칼하게 말했습니다.

"할아버지, 목말라요."

할아버지는 차 안에 있는 물병을 현지 입에 대 줬습니다. 꿀꺽꿀꺽. 현지는 단숨에 물을 여러 모금 삼켰습니다. 이런 모습 때문에 할머니도 할아버지와 자주 티격태격 했습니다.

그날 아침에도 할머니는 할아버지가 못마땅했습니다.

"아아, 입 벌려 보렴."

밥이 얹혀 진 수저를 들고 할아버지가 현지를 따라 다녔습니다.

"초등학생 된 지 벌써 석 달이네요. 이런 버릇을 언제 고칠 건가요?"

할아버지는 할머니 말을 귀로 흘렸습니다. 한 수저라도 더 현지 입에 밥을 넣는 일만 중요했습니다.

"이번 한 숟가락만. 옳지. 아 아."

식당에서 거실로, 거실에서 큰방으로 옮겨 다닌 현지의 뒤를 할아버지는 수저를 들고 따라다녔습니다. 식탁 의자에 앉아 있던 고모가 눈을 흘겼습니다.

"유현지는 손이 없니?"

고모의 말에 현지가 반질반질 대꾸했습니다.

"난 손도 있고 발도 있어."

"학교에서 밥을 항상 꼴찌로 먹는다며?"

"응, 맞아. 그러니까 어쩌고 어째서?"

"가족이 없는 다른 아이들에게 부끄럽지도 않아?"

"고모는 얼른 시집이나 가시지."

고모는 갑자기 자신의 어린 시절이 떠올라 할아버지에게 따졌습니다.

"아버지 공평하지 못해요. 우리들이 저만한 나이 땐 한겨울에 맨발로 새벽 도장에 다녔어요."

고모의 말에 엄마가 소리 없이 웃었습니다. 엄마는 할아버지의 별난 극성이 싫지는 않았습니다. 집에 그런 할아버지가 있어서 회사에서 마음 놓고 일을 할 수 있었으니까요.

"다 마셨어? 자, 벨트 메고"

할아버지가 차를 출발시켰습니다.

할아버지의 차가 어느덧 집 앞 주차장에 도착했습니다. 먼저 내린 할아버지가 현지 쪽으로 가서 차 문을 열었습니다.

"차에 두고 내린 것 뭐 없지?"

"예."

할아버지가 자동차 문을 닫았습니다. 책가방을 든 할아버지가 앞장을 선 현지 뒤를 따랐습니다. 집에 들어와 신발을 벗은 후에 현지는 할아버지의 손에서 가방을 받았습니다.

"할아버지. 이것."

현지는 가방을 열고 종이 한 장을 꺼냈습니다. 할머니도 살금살금 다가와 종이를 살폈습니다.

"안 돼요. 내 할아버지만 보세요."

현지는 종이를 얼른 할아버지 앞으로만 가져갔습니다.

"유현지는 학교 다녀와서 할머니한테 인사도 않고! 어서 손 씻고 옷부터 갈아입어야지."

심술이 난 할머니가 현지를 꾸짖었습니다. 할머니 마음을 헤아린 현지는 얼른 말을 바꿨습니다.

"그래요. 할머니도 같이 읽어도 돼요."

"당연하지."

셋은 얼굴들을 맞대고 학교에서 받아 온 종이를 읽었습니다.

2. 알려 드립니다

제6회 Let' s go 장미 벼룩시장

'소박한 삶과 나눔이 있는 벼룩시장

가족과 친구, 이웃이 함께 하는 벼룩시장'

1. 장미 벼룩시장에 참가 하려면?

* 일시 : 호랑이 해. 5월 29일 일요일.

* 장소 : 장미학교 운동장 (주차는 장미중 · 고등학교 운동장)

* 참가 대상 : 장미학교 어린이라면 누구나

* 준비물 : 판매할 물건, 돗자리

2. 참가자가 지켜야 할 일

* 정해진 자리에서 돗자리를 폅니다.

* 예쁘게 전시하고 물건 가격은 스스로 정합니다.

* 물건을 사고 난 후엔 깨끗이 정리 합니다.

* 가게 간판과 물건, 잔돈은 꼭 챙겨 오세요.

아껴 쓰고, 나눠 쓰고

바꿔 쓰고, 다시 쓰는 장미 어린이

"너희 학교에서 벼룩시장이 열린다는구나."

알림종이를 보면서 할아버지와 현지가 이야기를 나눴습니다.

"할아버지. 벼룩시장이 뭔데요?"

"벼룩시장은…… 음 뭐라고 해야 하나?"

할아버지는 얼른 대답을 못했습니다. 초등학교 교장 선생님까지 했던 할아버지의 체면이 서질 않았습니다.

"벼룩시장이 뭐냐고요?"

현지가 다시 묻자 할머니가 끼어들었습니다.

"내가 말해 주마. 자기가 썼지만 버리기 아까운 헌 물건들을 필요한 사람들과 나누어 쓰는 장터라는 뜻이야."

"그렇구나. 할머니, 난 또 벼룩을 잡아 와서 파는 시장인 줄 알았어요."

"우리 손녀가 벼룩도 알아? 사람 피를 빨아 먹고 사는 곤충을 어떻게 알았어?"

할머니는 현지가 대견스러웠습니다. 잠자코 있던 할아버지도 벼룩시장에 대해 말을 꺼냈습니다.

"현지가 유치원 다닐 때 시장놀이 했었지? 그거와 비슷해."

"그렇구나."

벼룩시장이 열리려면 앞으로 일주일 남았습니다. 할아버지는 현지가 가져온 알림종이를 책상 위에 내려놓은 후 물었습니다.

"유현지. 네 물건 중에 요즘 안 쓰는 것들 많지?"

"할아버지. 내 것은 하나도 손대지 마세요."

"왜?"

"내 것 없어지는 것은 싫단 말에요."

"큰일났군. 저녁에 가족 회의라도 해야겠다."

밤에 할아버지, 현지, 할머니, 엄마, 고모가 둥그렇게 앉아 의논을 했습니다. 아빠는 빠졌습니다. 밖에서 친구를 만난다는 거였습니다.

"우리 뭘 가져가야 할까요? 여러 종류보다 한 가지를 많이 준비하는 게 좋겠지요."

고모의 말이 끝나자 할아버지가 말했습니다.

"그 한 가지가 뭐냐고? 그게 중요하지."

할아버지 곁에 앉아 있던 현지가 그때 손을 번쩍 들었습니다.

"저요, 할아버지, 우리 리본 핀을 만들어요."

"리본 핀?"

모두들 현지를 바라보았습니다.

"예, 머리에 꽂을 리본 핀요. 고모가 리본 핀 잘 만들잖아요."

"싫다. 나는 얼른 시집 가야 하니까 리본 핀 만들 시간 없다."

"예쁜 내 고모오오. 우리 리본 핀 만들자. 응?"

손 솜씨가 좋은 고모는 현지 어릴 적부터 리본 핀들을 만들어 머리에 꽂아 줬습니다. 리본 핀뿐 아니라 손전화를 넣을 가방이나 간단한 여름 옷들도 손으로 바느질해서 만들어 냈습니다.

고모가 현지를 끌어안으며 이마에 뽀뽀까지 했습니다.

"좋아. 고모가 만들어 볼게. 됐니?"

"너 그럴 시간 있니?"

할머니가 고모에게 물었습니다.

"할 수 있어요. 우리 현지를 위한 일이라면."

"우와. 우리 고모 최고!"

현지가 고모 등 뒤로 가서 손으로 등을 다독다독했습니다.

"고모, 많이 만들어 줘."

"현지도 고모 도와줘야 해. 우리 같이 만드는 거야."

"알겠어."

벼룩시장에 내다 팔 물건은 리본 핀으로 쉽게 정해졌습니다. 현지는 벌써부터 학교 운동장에서 열린다는 벼룩시장이 기다려졌습니다.

3. 가게 준비

고모는 낮에 병원에서 아픈 사람들에게 주사를 놓아 줬습니다. 밤에 리본 핀 만드는 일을 시작했습니다. 현지는 그 옆에서 가위를 들고 리본을 잘랐습니다. 8cm, 10cm, 12cm, 14cm……, 자로 길이를 재어 가며 현지는 싹둑싹둑 잘랐습니다.

"유현지. 여기 뒤에 한가운데 양면 테이프를 붙이고…… 알겠어?"

"응, 고모."

"양면테이프는 1센티씩 잘라서 쓸 것."

현지는 고모가 시키는 대로 고분고분 따라 했습니다.

첫날 고모는 분홍 공단 리본 핀을 삼십 개 정도 만들었습니다. 리본 핀들이 마치 살아 있는 나비의 양쪽 날개 같았습니다. 삼십 마리의 나비가 방 안을 훨훨 날아다녔습니다. 나비야, 나비야, 현지는 크고 작은 나비들을 불렀습니다. 고모의 방은 어느 사이 꽃밭으로 변해 버렸습니다.

"고모는 좋겠다. 솜씨가 좋아서."

"아냐, 나중에 너는 더 잘 할 수 있어."

"고모, 이제 그만 할래. 졸려."

"어서 자. 내일 또 하는 거야."

"응."

둘째 날은 오십 개 정도 만들었습니다. 색깔들도 저마다 달랐습니다. 빨강색, 노랑색, 초록색들의 리본 핀들이 울긋불긋 수를 놓은 듯했습니다. 리본 핀들은 숫자가 많은 대신 크기가 작았습니다.

일주일 동안 만든 리본 핀들은 모두 삼백 개 정도 됐습니다. 고모는 그것들을 차곡차곡 상자에 담은 후 물었습니다.

"유현지. 이제 가게 이름도 정해야지?"

"고모가 말해 봐."

"가게의 주인은 너야."

"그럴까?"

현지가 모처럼 진지한 표정을 지었습니다. 할아버지 앞에서 어리광만 부리던 모습과는 전혀 딴판입니다. 둘은 잠시 조용했습니다. 고모가 먼저 입을 열었습니다.

"현지네 가게, 어때?"

"아니야, 고모. 난 나비 가게가 더 좋아."

"그럼 그렇게 해."

현지와 고모는 가게 이름까지 지었습니다.

한주일이 부산하게 지났습니다. 장미학교 벼룩시장이 열리는 일요일이 돌아왔습니다. 현지네 식구들은 시장에 가기 위해 아침 일찍 눈을 떴습니다.

"오늘 리본 핀 잘 팔자."

고모가 리본 핀에 가격표를 달며 말했습니다. 오백 원, 천 원, 이천 원의 종이 가격표가 리본 핀에 붙어 달랑거렸습니다.

"나도 잘할 수 있단다."

할머니는 가게 안에 앉아 있고 싶었습니다. 앉아서 사람 구경도 하고, 바람도 쏘이고 싶었습니다.

"난 가서 뭘 하지?"

엄마도 오랜만에 현지와 뜻있는 하루를 보내고 싶었습니다.

"하하. 난 오늘 가족 점심이나 사야겠다."

가족 회의에 빠졌던 아빠도 '나비 가게' 일을 함께할 생각이었습니다.

아빠의 말이 끝나자 현지는 앙하며 울음을 터트렸습니다. 매를 때리듯 엄마가 꾸중했습니다.

"왜 울어? 울보처럼 왜 자꾸 눈물을 흘리니?"

"싫어요. 난 여럿이서 벼룩시장 안 할 거라고요."

"갑자기 무슨 소리야?"

엄마가 묻자 현지는 또록또록 대답했습니다.

"난 내 할아버지하고 둘이만 갈래요."

"저런 저런. 모두 같이 가야지."

엄마가 현지를 설득하려 하자 할머니가 가로 막았습니다.

"그래, 현지 하고 싶은 대로 하렴."

할아버지가 마무리 정리를 내렸습니다.

"아무도 오지 마라. 현지랑 둘이서 장사 잘 하고 올 테니."

"예, 그렇게 하세요."

식구들은 벼룩시장을 현지와 할아버지에게 맡겼습니다. 그리고 아침 먹은 후 각자 자기 일을 하러갔습니다. 식탁엔 늦게까지 할아버지와 현지만 남았습니다.

"오늘 벼룩시장에 가려면 에너지가 필요할 거야. 자, 밥 먹자."

할아버지는 상 위에서 동화책을 넘기고 있는 현지를 타일렀습니다. 현지는 눈 하나 까딱 않고 책만 읽었습니다.

"어서. 자 입 벌리렴."

할아버지는 밥이 담긴 수저를 현지 앞으로 가져갔습니다. 할머니가 다시 식탁 앞으로 와서 할아버지를 다그쳤습니다.

"저 아이 나이를 알고 있어요?"

할아버지는 할머니 말을 못들은 체했습니다. 밥을 받아 삼킨 현지에게 다시 수저를 내밀었습니다.

"아가, 아아, 아나, 아아."

현지는 할아버지 말을 못들은 체했습니다. 식탁까지 들고 온 책만 읽었습니다.

"이것 먹을래? 고기?"

"……."

"안 먹어?"

"……."

"벼룩시장에 안 갈 거야?"

벼룩시장이란 말에 현지는 인심 쓰듯 입을 벌렸습니다. 밥 한 숟갈 넘긴 후 다시 책으로 눈을 돌렸습니다. 둘의 모습을 지켜본 할머니가 새치름한 얼굴로 혀를 찼습니다.

"쯧쯧쯧."

하지만 할아버지는 아직도 안타까울 뿐입니다. 밥그릇에 남아 있는 밥을 바라보며 칭찬을 아끼지 않습니다.

"옳지. 한 번만 더 먹을래?"

"……."

"아나, 아아, 아나, 한 숟갈만 더."

현지가 그만 먹겠다고 떼를 쓰자 할아버지도 수저를 내려놓았습니다.

현지는 편한 옷차림을 했습니다. 잠옷을 벗고, 바지와 샤쓰로 갈아입었습니다. 돗자리와 물병과 리본 핀이 담긴 상자를 들고 나온 할머니가 말했습니다.

"이것은 누가 들고 갈 건데?"

할머니는 현지를 빤히 바라보았습니다.

"당연히 할아버지죠."

현지가 넉살좋게 웃었습니다.

고모가 긴 네모 모양의 '나비 가게' 란 간판을 내밀었습니다. 간판뿐 아니라 두꺼운 종이로 된 광고 안내문도 보였습니다.

'이 세상 예쁜 리본 핀은 나비 가게 안에 있습니다.'

"이것들은 또 누가 들고 갈 건데?"

고모도 할머니처럼 물었습니다.

"그것도 당연히 할아버지죠."

현지의 대답에 할머니가 재촉을 했습니다.

"늦겠다. 어서 서둘러."

"알겠어요. 할아버지하고 둘만 가는 거 알죠?"

"알아. 우리는 기다리고만 있을게."

"오늘 할아버지하고 나하고 부자 되어 올게요."

현지의 밝은 목소리에 나머지 식구들은 힘차게 응원 했습니다.

"나비가게를 위하여 손뼉을!"

처음 해보는 일이어서 현지는 마음이 설레었습니다.

"어서 가요, 할아버지."

벼룩시장을 위한 준비물들이 차에 옮겨졌습니다. 할아버지와 현지는 차를 타고 학교로 갔습니다. 맑은 하늘 아래 쏟아진 햇살들로 현지는 눈이 부셨습니다.

4. 종이돈

학교 운동장에 들어서니 울긋불긋한 네모 천막들이 가득 차 있었습니다.

"할아버지, 저것 봐요. 장난감 집들 같아요."

걸음을 멈춘 현지는 천막 색깔들을 바라봤습니다.

천막 안에 여기저기 물건들이 늘어져 있었습니다. 어른들의 옷, 아이들 장난감들, 책들, 부엌에서 요리할 때 쓰는 된장과 간장까지 보였습니다. 운동장 가운데 천막에서는 부침개와 아이스크림을 팔았습니다.

"맛있겠다. 저 아이스크림."

"현지야, 비어 있는 천막 있니?"

입맛을 다시고 있는 현지에게 할아버지가 눈총을 줬습니다. 마침내 할아버지가 일학년 교실 앞에 있는 천막 하나를 찾아냈습니다.

"저리로 가자."

할아버지와 현지는 천막 안에 돗자리를 깔았습니다. 신발을 벗고 들어가 리본 핀들을 펼쳤습니다. 옆가게는 천연 비누들이 올망졸망 쌓여져 있었습니다. '아빠가 만든 비누 가게' 란 간판 글씨도 유난히 튀었습니다.

그런데 가게 안에 아빠는 없고, 여자아이 둘만 보였습니다. 그들은 동물 모양의 비누들을 상자에서 꺼내는 중이었습니다. 현지는 가까이 다가갔습니다.

"어? 할아버지, 우리는 가격표를 리본 핀에 붙였는데 옆가게는 비누에다 팠네요."

"그렇구나."

현지는 비누에 새겨진 숫자들을 읽었습니다.

"할아버지!"

"왜?"

"두 가게가 나란히 한 가지 물건만 팔게 됐어요."

"그러게."

'나비 가게' 안으로 다시 온 현지는 리본 핀들을 가격별로 나눴습니다. 그것들을 상자 위에 늘어놓았습니다. 할아버지는 '나비 가게'란 이름과 광고를 천막 앞에 내걸었습니다. 젊은 남자 한 사람이 사진기를 가지고 와서 째깍째깍 가게 안의 모습을 담았습니다.

그때 어디선가 배구 공 하나가 현지 앞으로 휙 날아들었습니다.

"뭐야!"

리본 핀들이 돗자리 위로 흩어졌습니다. 공을 집어 들고 현지가 소리쳤습니다.

"이 공 누구 거예요?"

곧 천막 뒤쪽에서 남자아이가 배구공을 찾기 위해 나타났습니다.

"너, 이 녀석.!"

할아버지가 남자아이를 향해 눈을 부릅떴습니다. 가무잡잡한 얼굴에 앞머리가 긴 아이.

현지는 공을 가지러 온 아이를 보자 깜짝 놀랐습니다.

"도이야!"

"현지야!"

그들은 다시 짝꿍이 되어 서로 반가워했습니다.

"넌 왜 벼룩시장 안 하니?"

"했어."

도이는 자신만만한 말투였습니다.

"언제?"

"너 오기 전에."

"혼자?"

현지는 도이의 말에 깜짝 놀랐습니다.

"응."

도이가 병원에 입원한 엄마를 만나러 갔을 때 엄마는 말했었습니다.

"아들, 미안하다. 벼룩시장 한다며."

"괜찮아요. 엄마나 빨리 나으세요."

"도이야. 유럽에서는 일주일에 한 번씩 벼룩시장이 열린다더라. 그 날 아이들이 필요 없는 물건을 가져다 팔기도 하고 다른 물건과 바꾸기도 한 대. 도이도 그렇게 해볼래?"

"하지만 엄마, 난 뭘 가지고 가죠?"

도이가 머리를 긁적이며 물었습니다.

"작아진 네 옷들과 신발들 있잖아. 이제는 필요 없는 장난감들도 많고……."

"맞아요."

도이는 엄마 말을 따랐습니다. 작아진 옷과 신발과 장난감들을 들고 벼룩시장에 혼자 나왔습니다. 도이는 운동 기구들이 있는 가게로 갔습니다. 새 배구공 하나가 눈에 띄었기 때문입니다.

"이 물건들과 배구공을 바꾸고 싶어요."

아저씨는 배구공에 천 원짜리 몇 장을 얹혀 줬습니다. 도이는 날아갈 듯 기뻤습니다. 물건들을 바꾼 후에도 집에 가지 않았습니다. 아무도 없는 집에 들어가기 싫었으니까요. 천막 안을 둘러도 보고, 배구공을 가지고도 놀았습니다. 심심해서 배구공을 발로 툭 찼습니다. 그 공이 '나비 가게' 안으로 들어가게 될 줄을 미처 몰랐습니다.

"네가 우리 현지 짝꿍이니?"

어느 사이 할아버지 목소리가 부드러운 솜사탕이 되었습니다.

"예, 할아버지."

도이는 현지 옆에 쭈그리고 앉았습니다. 둘은 알록달록한 리본 핀들을 다시 정리했습니다.

"예쁘다. 이것 하나만 줘."

도이는 엄마의 긴 머리에 꽂아 주고 싶은 분홍색 리본 핀 하나를 가리켰습니다.

"공짜로?"

현지가 물었습니다.

"응."

"야, 안 돼."

도이가 다시 사정을 했습니다.

"하나만 줘. 응?"

"돈을 주고 사야 해. 가격표 안 보이니?"

현지가 쌀쌀맞게 굴자 도이는 배구공을 내밀었습니다.

"이 공하고 바꿔 줘."

현지가 고개를 저었습니다.

"난 배구공 필요 없어."

"짝꿍, 섭섭해."

도이는 달라는 소리를 더 이상 하지 않았습니다.

"나중에 안 팔리고 남으면 그때 줄 게. 도이야, 삐지지 마. 응?"

"나 안 삐졌어."

배구공을 안은 도이가 천막 안을 핑 빠져 나갔습니다.

현지는 돗자리 위에 앉아 리본 핀 사갈 사람들을 기다렸습니다. 다른 천막에 비해 '나비 가게'가 썰렁하게 느껴졌습니다. 팔 물건도 작고, 가게를 지킬 사람도 적었습니다.

벼룩시장에 나온 사람들이 끊임없이 '나비 가게' 앞을 지나쳤습니다. 그들은 리본 핀을 사지 않고 둘러만 보았습니다. 가끔 키 큰 언니들이 오백 원 동전을 상자 안에 던진 후 리본 핀을 하나씩 집어 가긴 했습니다.

우두커니 앉아 운동장 쪽으로 눈길을 주던 할아버지가 말했습니다.

"너 혼자서 할 수 있겠지?"

"할아버지는요?"

"잠깐 벼룩시장 한번 구경하고 올게."

"그러세요."

할아버지는 다른 천막들 안을 기웃거리며 걸었습니다. 흰 머리칼의 할아버지가 사라지자 꽃무늬 치마를 입은 아줌마가 '나비 가게' 안으로 들어섰습니다.

"아가, 예쁜 리본 핀들이 많구나. 이걸 누가 만들었니?"

"우리 고모가요."

"엄마가 아니고 고모?"

"예."

"예쁘기도 해라. 이게 하나에 오백 원이면 모두해서 얼마나 될까"

"모르겠어요. 천 원짜리도 있고, 이천 원짜리도 있어요."

꽃무늬 치마를 입은 아줌마는 리본 핀의 개수를 세었습니다.

"핀이 아니라 마치 나비들 같구나."

"그러니까 '나비 가게' 지요."

현지도 은근히 뽐냈습니다.

"아가, 내가 이걸 모두 사고 싶구나."

"한꺼번에요?"

"응."

현지는 받아야 할 값을 몰랐습니다. 겨우 낱개로 한 개씩 팔 수는 있어도 한꺼번에 계산하기가 어려웠습니다.

꽃무늬 아줌마가 말했습니다.

"삼백 개가 조금 못되는구나."

아줌마가 지갑을 열었습니다. 지갑에서 돈이 아닌 종이를 꺼냈습니다.

"그것이 뭐예요?

"수표란다."

수표란 말도 현지는 낯설었습니다.

"수표요?"

"아가, 거스름돈은 있니?"

"아뇨, 없어요."

현지는 거스름돈을 미처 준비해 오지 않았습니다. 그래서 아줌마에게 말했습니다.

"잠깐만요. 곧 우리 할아버지 오실 거예요."

그때 현지의 등 뒤에서 할아버지의 목소리가 들렸습니다.

"리본 핀 사시게요?"

"예, 할아버지."

"골라 보세요"

꽃무늬 치마를 입은 아줌마는 리본 핀이 담긴 상자를 집어 들었습니다.

"여기 있는 것 전부 담아 주세요."

"이렇게 많이요?"

"싸니까요."

아줌마는 수표 두 장을 할아버지 앞으로 내밀었습니다.

"수표는 곤란한데요."

할아버지는 종이돈을 원했습니다.

"종이돈으로 바꿔서 가져다 주세요."

"그럴까요?"

꽃무늬 치마를 입은 아줌마는 수표를 지갑에 넣었습니다. 그리고는 리본 핀이 든 상자들을 포개어 들고 가게 앞을 떠났습니다. 리본 핀들이 후닥닥 한꺼번에 팔렸습니다.

"와! 할아버지. 우리 대박 났어요."

"그렇구나."

여유가 생긴 현지는 옆가게를 쳐다봤습니다. 아이 둘만 있던 가게 안이 사람들로 북적였습니다. 소리 내어 웃고, 이야기 소리가 시끌벅적했습니다. 갖가지 동물 모양의 비누들은 아직도 가득했습니다.

"할아버지, 다음엔 우리도 팔 물건들을 많이 가져와요."

"그래. 다른 식구들도 함께 오고."

강아지 모양의 초록 비누가 현지를 바라봤습니다. 멍멍. 멍멍. 반갑다고 꼬리치며 현지에게 다가올 것만 같았습니다.

깡충깡충. 토끼 모양의 분홍 비누들이 현지에게 두 귀를 쫑긋거렸습니다. 현지는 혼자서 하하, 웃었습니다. 그리고는 언니들에게 받았던 오백 원짜리 동전 두 개를 아이들에게 내밀었습니다.

"강아지 비누하고 토끼 비누하고 두 개 살게."

"고마워."

현지는 받아든 비누를 코밑에 댔습니다. 달콤한 비누 향기가 살며시 스며들었습니다.

"우리도 리본 핀 살 게."

"다 팔렸어. 나비 가게는 벼룩시장 끝났거든."

"우와. 좋겠다. 비누는 언제 다 팔지?"

그때까지도 종이돈으로 바꾸러 간 아줌마는 돌아오질 않았습니다.

"할아버지, 그 아줌마 왜 안 와요?"

"오겠지."

현지는 리본 핀 판 돈을 얼른 받고 싶었습니다. 그 돈을 보면 집에 있는 식구들은 기뻐할 것입니다. 특히 고모가 좋아할 것 같았습니다.

"할아버지, 언제까지 기다려요?"

"리본 핀이나 두고 가라고 할걸……."

할아버지도 은근히 걱정하는 눈치였습니다. 현지가 급하게 신발을 신으며 말했습니다

"할아버지, 나 화장실."

"다녀와. 교실 옆에 있는 것 알지?"

"예."

"할아버지는 여기 지키고 있을 테니 혼자 다녀와."

"왜요? 같이 가요."

"우리 없는 사이 리본 핀 값 가져올지도 모르니까."

"아, 그렇구나."

현지는 혼자 학교 현관문 쪽으로 달렸습니다.

천막 안에 앉아 할아버지는 오고가는 사람들을 샅샅이 살폈습니다. 할아버지는 슬며시 화가 치밀었습니다. 리본 핀들을 두고 가라고 할걸. 돈도 받지 않고, 물건 먼저 몽땅 줘 버렸으니 어쩐담. 내 실수였어. 만약 안 나타나면 어린 현지가 어른들에게 뭘 배운단 말인가. 또 가족들은 얼마나 실망할 것인가. 나 원 참.

할아버지의 고민이 점점 깊어 갔습니다. 그런데 화장실에 간 현지까지 돌아오질 않았습니다.

'이 아이는 또 왜 안 오는 거야.'

할아버지는 현지에게 문자를 보내려고 손전화를 꺼냈습니다. 삐리릭. 할아버지 손전화에 문자 하나가 들어왔습니다.

할아버지, 현지 똥 닦아 주세요.

'뭐라?'

할아버지는 난감했습니다. 곧 답장 문자를 보냈습니다.

—여긴 집이 아니야, 학교란다. 혼자서 하고 와!

다시 문자가 날아왔습니다.

—싫어요, 할아버지가 와야 해요.

—안 된다니까. 어서 하고 와.

할아버지는 학교 현관 쪽을 바라보면서 다시 문자를 보냈습니다.

—할아버지 말 잘 듣지? 우리 착한 현지니까.

—싫어요. 난 할아버지 올 때 까지 기다릴래요.

—할아버지 없을 때 그 아줌마가 찾아와 버리면 어쩔래?

—아, 그렇구나. 알았어요.

현지는 할아버지가 보낸 마지막 문자에 고집을 버렸습니다.

현지가 볼 일을 마치고 '나비 가게'로 왔을 때 할아버지는 입만 굳게 다물고 있었습니다.

"할아버지, 그 아줌마 아직 안 왔어요?"

"이상하다. 올 시간이 훨씬 지났는데."

"우리가 찾아볼까요?"

"그렇게 하자. 여기저기 돌다보면 만날 수도 있을 거야."

그러나 할아버지는 아줌마 찾는 일을 곧 포기했습니다.

운동장 안에 사람들이 점점 밀려들었기 때문입니다. 벼룩시장이 마치 닷새마다 열리는 시골 장터처럼 붐볐습니다.

"이 자리에 있는 게 낫겠다. 그 사이 아줌마가 찾아올 수도 있으니까."

"그렇게 해요."

현지와 할아버지는 '나비 가게'에 앉아 아줌마를 기다렸습니다. 하지만 아무도 찾아오지 않았습니다.

"그만 포기해야겠다."

할아버지가 씁쓸하게 웃으며 말했습니다.

"포기가 뭐예요?"

"리본 핀 판 걸 없었던 일로 생각해 버린단 뜻이지."

"그럼 고모한테는 뭐라고 말해요?"

현지는 리본 핀을 직접 만들어 준 고모를 만날 일이 서먹해졌습니다.

"사실대로 정직하게 이야기해야지."

"할아버지, 그 아줌마 미워하지 말아요."

"내 잘못이 크지. 꼼꼼하게 일을 처리하지 못했어."

할아버지는 이마를 찡그리며 울상을 지었습니다.

5. 나비가 되어서

열두 시가 훨씬 지났습니다.

팔 물건이 있는 천막 안에는 여전히 손님들이 드나들었습니다.

현지는 운동장 가운데로 눈을 돌렸습니다. 구수한 냄새가 '나비 가게' 쪽으로 번져 왔습니다. 초록 앞치마를 두른 엄마들은 부침개를 만들어 앉아 있는 사람들 앞에 내밀었습니다.

배구공을 안은 도이가 그 먹거리 천막 안에서 나왔습니다.

"현지야!"

도이가 '나비 가게' 천막 안으로 뛰어왔습니다.

"너 아직 안 갔어?"

"응, 이것 먹어."

도이가 한 손에 들고 온 부침개를 내밀었습니다.

"돈은 어디서 생겼어?"

도이는 씩 웃었습니다.

"나 아르바이트 해. 일해서 받은 용돈도 있어. 우리 아빠 신도 닦고, 설거지도 하고."

"엑! 뭐라고?"

현지는 도이에게 머리를 쾅 얻어맞은 기분이었습니다. 쑥범벅 부침개를 먹다 말고 입만 떡이 벌렸습니다.

"난 혼자서 살림도 한다."

도이가 점점 의젓해졌습니다.

"우린 어린이들인데?"

"어린이들도 할 수 있어. 아빠가 늦게 오면 난 내 옷도 빨고, 라면도 혼자서 끓여 먹어."

"정말 네가 다 한단 말이니?"

"그렇다니까."

"헐!"

현지는 도이가 낯선 먼 나라에 사는 아이처럼 느껴졌습니다. 여자도 아닌 남자아이가 살림까지 하다니. 도이의 말을 들은 할아버지도 놀라긴 마찬가지였습니다.

"도이가 참 똑똑한 아이로구나."

"할아버지. 나도 도이처럼 똑똑해질래요."

현지도 갑자기 할아버지의 칭찬을 받고 싶어졌습니다.

"암, 그래야지."

할아버지가 '나비 가게' 간판을 떼어 냈습니다. 천막 바닥에 깔았던 돗자리도 걷어 냈습니다. 더 이상 기다려도 아줌마가 나타나질 않을 것 같았습니다.

"현지는 물통이랑 물건들 챙겼니?"

"예."

"도이는 학교에 더 있을 거야?"

"예, 조금 있다가 엄마 병원에 가려고요."

"그래, 오늘 고마웠다."

할아버지와 현지는 교문께로 걸어 나왔습니다. 운동장 구석에 의자와 책상이 있고 그 위에 모금함이 하나 놓여 있었습니다.

"할아버지, 저건 또 뭐예요?"

현지는 모금함 상자에 붙어 있는 글자들을 가리켰습니다.

"뭐라고 써져 있는지 네가 읽어 보렴." .

3월에

우리 장미 학교에 불이 나서 모두들 안타까워했었지요.

학교에 더 예쁜 장미를 가꾸기 위해

금년에는 특별히 모금함을 준비했습니다.

관심 부탁드립니다.

판매 수익금 50 %를 기부할 수 있습니다.

그랬습니다.

몇 달 전 현지는 들뜬 마음으로 눈을 떴습니다.

초등학교 다니는 일이 신기하고 궁금했습니다. 새 옷과 새 가방과 새 신발을 신고 현지가 학교로 막 출발하려고 할 때였습니다. 따르릉. 전화가 왔습니다.

"오늘 새벽에 장미학교에 불이 나 교실 세 칸이 타 버렸습니다. 신입생 입학식은 다음 주로 미루게 되었습니다."

조금 후 방송에서도 텔레비전에서도 학교에 불이 났다는 소식이 전해졌습니다. 그 소리를 들은 현지는 두 손으로 얼굴을 가리고 엉엉 울었습니다.

"하필 왜 우리 학교에요?"

"아직 하루도 안 다녔는데 벌써 너희 학교야?"

고모가 놀렸지만 현지는 슬프기만 했습니다.

뉴스에서는 아직 불이 난 원인을 찾지 못했다고 했습니다.

"정말로 오늘 학교 안 가는 거예요?"

"방금 직접 들었으면서."

엄마가 현지의 가방을 다시 책상 옆에 걸었습니다. 옷을 갈아입은 현지는 하루 종일 집에만 있었습니다. 불이 난 교실 세 칸을 뚝딱뚝딱 고쳐서 일주일 후에 입학식을 했지만 아직도 손볼 곳이 남아 있나 봅니다.

현지가 고개를 끄덕거리며 기억을 떠 올렸습니다.

"할아버지도 불난 일 생각나지요?"

"암. 그때는 걱정을 많이 했었지."

"그런데 할아버지, 판매 수익금이 뭐예요?"

"응, 물건을 팔아서 생긴 돈이란 뜻이지."

현지가 두 발을 동동 굴렀습니다.

"어떻게 해요? 우린 판매 수익금이 없잖아요."

"그러니까."

할아버지도 눈을 껌벅이며 모금함만 바라봤습니다.

"할아버지, 이거라도 넣어요."

현지가 가방에서 남아 있는 오백 원짜리 동전을 모두 꺼내었습니다.

"언니들한테 받은 리본 핀 값이에요."

할아버지도 바지 호주머니에서 지갑을 꺼냈습니다. 할아버지는 배추 잎 색깔의 종이돈 몇 장을 동전과 합했습니다. 둘은 떨리는 손으로 동전과 종이돈을 모금함에 넣었습니다.

"세상에 이런 일도 있다니!"

할아버지가 꽃무늬 치마를 입은 아줌마 얼굴을 다시 떠올렸습니다. 현지는 할아버지의 그런 마음을 재빠르게 읽었습니다.

"할아버지, 이제 알았어요."

"뭘 알아?"

"바로 우리 가게 이름 때문이에요."

"가게 이름이 어때서?"

"리본 핀들이 나비가 되어서 훨훨 날아갔다니까요."

현지는 리본 핀들이 아줌마 곁을 떠나 꽃밭으로 날아갔다고 믿었습니다.

할아버지는 비로소 껄껄 웃었습니다.

"할아버지."

"왜?"

"리본 핀들이 꽃밭에서 날아다니다가 다시 우리에게 올 수도 있어요."

"어떻게?"

"나비니까요."

"리본 핀을 네 친구한테 하나라도 줬더라면 좋았을걸."

할아버지는 도이에게 미안한 마음이 들었습니다.

"나비가 되어서 날아오면 다음에 줘요."

"좋아. 기다리자."

할아버지는 기다려도 소용없다는 것을 잘 알았습니다. 하지만 현지의 믿음을 뭉갤 수 없었습니다.

돗자리를 든 할아버지와 현지가 가벼운 걸음으로 교문을 빠져나갔습니다. 둘은 푸른 숲길로 들어섰습니다. 맑은 하늘에 떠 있는 해가 나무잎에 가리어 보이질 않았습니다. 몇 걸음 가다가 현지가 물었습니다.

"할아버지, 지금 우리가 왜 걸어가고 있어요?"

"응? 그렇군."

꽃무늬 치마를 입은 아줌마만 생각하느라 할아버지는 차 타는 것 까지 깜박했습니다.

"리본 핀처럼 내 정신도 나비가 되어서 날아가 버렸구나."

"할아버지. 우리 그냥 걸어요. 좋은걸요."

"그래?"

"예, 한 번 나도 걸어 볼래요."

현지는 할아버지 손을 잡고 나란히 푸른 숲길을 걸었습니다. 현지는 날마다 그 길을 걸어다닌 도이를 이제 닮고 싶어졌습니다.

꽃밭과 길

김병규

나는 말썽꾸러기였습니다. 일주일이나 두 주일에 한 번 꼴로 벌을 받았습니다. 그것도 교장 선생님한테 걸려서 매번 다른 벌을 받았습니다. 별의별 벌을 다 알고 있는 대단한 교장 선생님이었지요. 마치 아이들에게 벌을 잘 줘서 교장이 된 것처럼 말입니다. 말을 잘 안 듣는 아이에게 어떤 벌을 줄 수 있는지 시범을 보이듯 나에게 갖가지 벌을 내렸어요.

내가 교장 선생님으로부터 벌을 받으면, 처음엔 좀 안되게 여기던 아이들도 나중에는 "구경났나?" 하고 은근히 즐기는 눈치였습니다. 내가 교장 선생님과 함께 무슨 공연이라도 펼치는 줄 아는 듯 여기저기서 목을 빼고 구경해 댔으니까요. 내 탓에 핀잔을 듣고 눈치도 봐야 했던 담임선생님만은 오히려 나를 측은하게 보기도 했습니다. 하여튼 나는 선생님들 입장에서는 골칫덩어리 문제아였고, 아이들로서는 재수에 옴 붙은 녀석 정도였을 터입니다.

이렇던 천덕꾸러기 내가 하루아침에 입장이 달라졌습니다. 하루 만이라면, 좀 부풀려졌네요. 내 자신의 놀라운 변화에 들떠서 좀 허풍을

김병규 1978년 한국일보 신춘문예에 동화 「춤추는 눈사람」과 중앙일보 신춘문예에 희곡 「심심교환」이 당선되었다. 지은 책으로는 『하을을 나는 집』, 『다섯 게으름뱅이의 춤』, 『까만 수레를 탄 흙꼭두장군』 등이 있다.

떨었나 봐요. 며칠, 길어야 보름 사이에 완전히 딴 처지에 놓인 것입니다. 별난 아이에서 평범한 아이로 바꿨습니다. 대단한 모범생은 아니지만 적어도 문제아나 말썽꾸러기와는 한참 거리가 멀어졌습니다. 교실에서는 물론이고 운동장에서도 벌쓰는 일이 없어졌습니다. 어쩌다 칭찬을 받을 적엔 미꾸라지가 용이 된 것 같은 변화를 실감하며, 내 스스로 감격스러워했지요. 그땐 감히 그런 마음을 품을 수도 없었으니까요.

내가 "안녕하세요?" 라고 인사하면, 교장 선생님은 "인사도 잘하는구나." 라며 내 머리를 쓰다듬어 주십니다. 그 모습만으로도 다른 아이들의 눈이 휘둥그레지게 하기 넉넉했습니다. 이젠 아무도 나에게 손가락질을 못합니다. 죽어라 벌만 받던 내가 칭찬도 받는 아이로 거듭났으니까요.

하지만 이런 변화가 어디서 비롯되었는지는 도무지 알 수 없는 노릇입니다. 나에 대한 대접이 이토록 엄청나게 달라진 까닭을 찾기가 어려웠습니다. 곰곰이 따져도 그 까닭이 떠오르지 않습니다. 그저 얼떨떨할 따름이지요.

솔직히 나는 조금도 달라지지 않았습니다. 이 점만은 분명합니다. 아무리 살피고 따져 봐도 생김새도 그대로고, 행동도 그대로며, 달리 마음먹은 것도 없습니다. 덤벙대고, 나대는 성질도 여전합니다.

다만, 한 학년이 올라갔고, 교장 선생님이 새로 바뀌었을 뿐입니다.

그럼, 먼저 벌 받은 이야기부터 하는 게 순서일 것 같습니다.

햇살 따뜻한 봄날의 체육 시간은 아이들의 기분을 한껏 끌어올립니다. 교실에서 나와 스탠드 맨 위의 계단에 선 채 내려다보면, 밝은 햇살이 온 운동장에 그득합니다. 그 둘레에 선 벚나무, 느티나무에서 파릇

파릇 돋아나는 나뭇잎은 싱그럽습니다. 그걸 바라보는 순간에 마음속까지 햇살이 파고든 듯 환해집니다. 분위기가 조금 들뜨지만 그걸 나무랄 만큼 야박한 사람은 없습니다.

이런 날엔 선생님도 아이들에게 너그러이 선심을 씁니다.

"너희들, 축구 할래? 줄넘기를 할래?"

"축구요!"

한 목소리의 이 대답이 마치 공기가 팽팽히 든 축구공처럼 튀어올랐습니다.

그 봄날의 그 한 시간은 어떻게 흘러갔는지 모릅니다. 4교시를 마치는 음악이 울려 퍼지면, 전류처럼 찌릿하게 온몸에 번지는 아쉬움도 나쁘지 않았습니다.

우리는 수돗가로 달려갔습니다. 수도꼭지가 여러 개(아마 열 개는 넘고 스무 개는 안 될 정도인데, 헤아려 본 적이 없어 정확히는 모릅니다.) 달려 있는 공동 세면대는 스탠드의 오른쪽(서쪽) 끝 어름에 있습니다. 그곳에서 아이들은 손에 물을 묻히고, 땀이 번지르르 한 얼굴을 씻습니다. 거의 모두 그냥 세수 시늉만 하는데, 그래도 상쾌했습니다.

이때쯤이면 배에서 쪼르륵 소리가 났습니다. 점심으로 무엇이 나올지 생각만 해도 입안에 침이 고였어요. 싫어하는 냉이무침이 나온다 해도 맛있게 먹을 것 같습니다. 마음이 조급해지기 시작했습니다. 나는 스탠드를 껑쭝껑쭝 뛰어올라 갔습니다.

"밀리야, 같이 가!"

나는 돌아보지 않아도 종구가 나를 좇아오고 있음을 알았습니다. 그 뒤에 몇몇 아이가 뒤따르를 터입니다. 걸음이 빠르고 몸이 가벼운 내가 따라잡힐 리 없습니다.

맨 위 계단에 오른 나는 뒤를 힐끗 보고는 곧장 내달렸습니다. 바로 그 순간에 누가 불쑥 나타나 내 앞을 딱 가로막았습니다.

"거기 서!"

그대로 튀려가다 멈칫 섰습니다. 허수아비처럼 두 팔을 벌린 채 앞에 선 거인은 바로 교장 선생입니다.

"거기가 길이냐?"

나는 새삼스레 뒤를 돌아보았습니다. 그곳은 꽃밭이고, 나지막한 나무 울타리까지 둘러져 있습니다. 내가 울타리를 넘어 꽃밭을 짓밟으며 경둥댔던 것입니다. 화단 여기저기엔 새싹이 파릇파릇 돋아나고 있습니다. 겨우내 우리가 무심코 질러 다녔던, 길이 아닌 그 길을 민들레, 냉이가 초록색으로 지우는 중입니다. 반질반질하지는 않았지만, 발자국의 흔적이 아직 뚜렷이 남았습니다.

그 꽃밭은 색달랐습니다. 건물은 언덕처럼 높은 데 위치하고, 그 아래쪽이 운동장입니다. 그 비탈에 일곱 계단으로 이뤄진 스탠드가 길게 자리합니다. 스탠드와 건물 사이에 폭 5미터, 길이 45미터쯤 되는 꽃밭이 꾸며져 있습니다. 이 꽃밭과 스탠드는 우리 학교의 명물이지요. 목련, 배롱나무, 라일락들이 가운데 한 줄로 늘어섰고, 그 둘레는 맨드라미, 국화, 채송화, 붓꽃 따위가 어우러진 꽃밭입니다.

기다란 꽃밭의 가운데와 동쪽 끝에는 스탠드로 이어지는 길을 내놓았습니다. 가운데 통로를 거쳐 스탠드 계단을 내려가면 운동장의 조례대로 이어졌습니다. 왜 그랬는지 몰라도 서쪽에는 통로가 없었습니다. 이게 문제였어요.

교실이 서쪽에 있는 아이들은 수돗가에 가려면, 일부러 꽃밭을 따라 본관 현관 앞까지 와서 중앙 통로를 거쳐 운동장으로 내려간 다음에 다시 서쪽 끝까지 가는 ㄷ자 길을 만들며 움직여야 했습니다. 스탠드나 운동장에 가려 해도 그랬고요. 이런 불편 탓에 아이들은 선생님들의 눈을 피해 요령껏 꽃밭을 가로질러 다녔던 것입니다. 그곳은 마치 울타리에 뚫린 개구멍 같은 흔적이 뚜렷했지요.

아직도 교장 선생님은 돋보기 너머로 나를 쏘아보고 있습니다. 기가 질린 나는 그제야 고개를 저었습니다.

"길이 아닌데, 왜 하필 이곳으로 다녀?"

나는 곁눈질로 종구를 찾았습니다. 종구는 불쑥 나타나는 교장 선생님을 보자 심상찮음을 직감하고 꽃밭으로 뛰어들지 않았던 모양입니다. 본디 브레이크가 잘 듣는 아이니까요. 계단을 따라 가운데 통로 쪽으로 슬금슬금 옮겨 가고 있습니다.

"쟤들 좀 봐. 저렇게 질서는 지켜야지."

"……."

나는 할 말이 없었습니다. 고개를 수그리자, 코를 훌쩍이게 되었습니다.

"새싹이 돋고 있잖니? 새 생명을 마구 짓밟아서야 되겠어?"

그날 교장 선생님은 나에게, 야릇한 벌을 내렸습니다. 그곳을 지키다가 꽃밭을 밟는 아이를 하나 잡은 다음에, 그 아이를 보초 세워 두고 교장실에 와서 보고하라는 것이었습니다. 이미 내가 교장 선생님께 걸려든 게 소문이 다 났는데, 어느 바보가 내 앞에 와서 꽃밭을 가로질러 가겠습니까? 나는 점심시간 혼자 심심하고 지루하게 보내야 했지요. 점심을 쫄쫄 굶으면서요. 결과적으로 내가 받은 벌은 점심 굶기였던 셈입니다. 새 생명을 짓밟은 것에 견주면 아주 가벼운 벌이었지요.

이 일은 나와 교장 선생님 사이에 걸린 나쁜 인연의 첫 고리였습니다.

며칠 뒤 아이들이 잘 가로질러 다니는 길목에 '꽃밭에 들어가지 마세요.' 라는 글귀가 쓰여진 작은 팻말이 세워졌습니다.

하루는 당번이라서 아침 일찍 학교에 갔습니다. 맨 먼저 등교해서 빈 교실에 들어설 때의 기분은 겪어 봐야만 압니다. 까닭 없이 뿌듯하고, 하루를 보람 있게 보낼 것 같은 기대로 가슴이 설렙니다. 그래서 뭔가 좋은 일을 하고 싶어집니다.

나는 양동이를 들고 수돗가로 갔습니다. 학교 안에 나 혼자 있는 것 같아 거치적거릴 게 없었습니다. 빈 양동이를 빙빙 돌리며, 꽃밭을 가로지른 다음에 스탠드 계단을 내려갔습니다. 양동이에 물을 가득 받아서는 다시 스탠드를 올라와 역시 꽃밭을 가로질러 건넜습니다. 바로 그때 난데없이 자전거가 끼익 소리를 내며 내 앞에 멈췄습니다. 나는 물이 출렁이는 양동이를 든 채 고개를 들고 올려다보았습니다. 그 순간에 까무러칠 뻔했습니다.

"너, 그 녀석이구나! 그런데, 또?"

나를 교장 선생님이 알아본 것입니다. 교장 선생님이 이렇게 이른 시간에 출근하는 줄은 처음 알았습니다. 내가 지금 어떤 처지인지를 잊고, 교장 선생님을 쳐다보며 빙긋 웃었습니다. 내가 웃자 교장 선생님은 어이없다는 표정을 지었어요.

"교장 선생님, 왜 이렇게 일찍 학교에 오세요?"

"그래야 너처럼 규칙을 어기는 놈을 잡지?"

교장 선생님이 다짜고짜로 내 머리에 꿀밤을 꽁 먹였습니다. 그 바람에 양동이를 떨어뜨려 물을 퍽석 쏟고 말았습니다.

"잘 됐다. 그 양동이로 물을 열 번 길어 오너라. 그래서 꽃밭에 물을 주어라."

이런 고약한 벌을 내린 교장 선생님은 그 자리에 지켜 서서 물 길어 오는 횟수를 확인하는 거였어요. 두 번째로 물을 길어 왔을 때부터 아이들이 등교하기 시작했습니다. 아이들은 나를 이상한 눈으로 바라보았습니다. 나는 결코 벌을 받는 게 아닌 척 딴청을 부렸습니다.

"어이, 밀리야! 뭐하니?"

이런 자리를 빠지지 않는 종구가 얄미웠습니다. 그 녀석이 오기 전에 끝내려고 서둘렀는데, 일곱 번째 물 양동이를 들고 마지막 계단에 올려서다가 들키고 말았습니다. 나는 겸연쩍게 웃을 수밖에 없었지요. 속으로는 좀 창피했습니다.

"힘들어? 좀 도와줘?"

종구는 뻔히 알면서도 생각하는 척하며 밉살스레 굴었습니다. 약이 오른 나는, "그래, 도와줘."라고 소리쳤습니다. 그러자 교장 선생님이 눈을 부라렸습니다.

"안 된다. 넌 어서 가라."

이미 교실에 들어갔던 아이들도 창문에 매달려 나를 보며 히히거렸습니다. 물을 가득 든 양동이를 들고 계단을 열 번이나 오르내렸으니, 다리가 아프고 어깨가 쑤셨습니다.

교장 선생님은 수첩에다 내 이름 '4학년 소나무반, 송밀리' 를 적고 나서, 한참 동안 혀를 쯧쯧 차고 나서야 놓아 주었습니다. 교실에 들어가니 아침 자습이 거의 끝나 가고 있습니다. 이미 내 사정을 들어서 아는 선생님은 아침 자습은 안 해도 괜찮다며 안쓰러워했습니다. 선생님도 나중에 교장 선생님한테 나를 똑바로 가르치지 못했다고 타박을 맞을 테지요.

물론 나 말고 다른 아이들도 가끔 꽃밭을 가로지르다가 교장 선생님한테 들켜 혼이 났습니다. 어쩌다 한 번 걸린 아이들이야 반성하는 척 고개를 숙이고 있다가 풀려나면 그만이었지만, 나는 사정이 달랐습니다. 교장 선생님이 어디 숨어서 지켜보는지 내가 얼떨결에 꽃밭을 가로질러도 어김없이 나타나 "송밀리, 너 또!"라며, 집게손가락을 까닥까닥하는 것이었습니다. 정말 귀신이 곡할 노릇입니다.

하루는 운동장에 놀다가 화장실이 급해서 질러갔고, 어느 날엔 선생님 심부름을 빨리 하려고 서두르다가 얼떨결에 꽃밭을 질러갔습니다. 그날은 정말 그럴 생각이 없었는데, 종구와 장난하다 밀리는 바람에 그만 꽃밭을 밟았습니다. 잡기 놀이를 하다 꽃밭으로 피한 적이 있고, 꽃에 앉은 나비를 관찰하러 들어가기도 했지요. 여름엔 수돗가 뒤에 있는 느티나무 그늘에 가려고 가로지르기도 했습니다. 그럴 적마다 교장 선생님께 들켰으니 참 재수가 없었습니다. 그곳은 나에게 블랙홀과 같았습니다.

교장 선생님은 한 번도 그냥 놓아 주지 않았습니다. 꿀밤을 먹이기, 볼을 꼬집기, 토끼뜀, 운동장 돌기, 잡초 뽑기 따위의 벌을 내렸습니다. 반성문을 쓰기도 여러 번이었고요. 하다못해 꿇어앉아 두 손을 들고 있게 하거나 눈감고 서서 백까지 세기를 시켰습니다. 또 땅바닥에 '꽃밭에 들어가지 않겠습니다.' 라고 몇 번을 쓰게 하든지 반드시 무슨 벌이라도 내렸습니다.

"꽃밭에 들어가는 어린이는 하나도 없도록 하겠어요. 이것 하나만 전교생이 잘 지키게 되면, 다른 질서는 절로 이뤄질 겁니다. 이건 질서 운동이자, 자연 사랑과 환경 운동이며, 생명 사랑의 실천입니다."

훈화로 이런 이야기를 자주 하는 교장 선생님입니다. 아이들이 꽃밭에 못 들어가게 하는 것을 교육의 전부로 여기는 듯 그 일에 집착했습니다. 특히 서쪽 끝의 꽃밭을 질러 다니는 아이가 몇이냐는 수치를 매일 조사하고, 주간 집계를 월요일마다 발표했습니다. 그렇다 보니, 결국 나는 학급에서도 눈총을 받고, 선생님들에겐 눈엣가시와 같은 존재였습니다.

그 일은 생각할수록 참 억울했습니다. 이젠 나도 질렸던 터라 그 무렵엔 스탠드 서쪽에는 얼쩡거리지도 않았습니다. 운동장에 내려갈 적엔 꼬박꼬박 중앙 통로를 이용하거나 아예 동쪽 끝으로 돌아다녔습니다. 그러던 중에 가을 운동회 날을 맞았습니다.

전교생이 스탠드에서 지낸 시간이 많아 평소보다 꽃밭 둘레에 오고 감이 빈번했습니다. 엄마들까지 학교에 왔으니 더 번잡스러웠고요. 은근히 나의 블랙홀이 걱정이 되었습니다. 종구를 데리고 그곳으로 가 보았습니다. 그 꼴은 내가 봐도 아니었습니다. '꽃밭에 들어가지 마세요' 라는 팻말은 비딱이 서 있고, 철 늦은 채송화, 봉숭아는 물론 제철 맞은 국화도 거친 발길에 짓밟혀 있었습니다.

"넌 팻말을 바로 세워."

"밀리, 넌?"

"나는 꽃들을 일으킬게."

나는 꽃이 다치지 않도록 조심하며 꽃밭에 들어갔습니다. 그래서 잎만 다치고 줄기가 멀쩡한 꽃들은 바루어 주고, 꺾이거나 짓밟혀 못 쓰게 된 꽃들은 뽑아 냈습니다. 그 사이에 종구는 팻말을 세운 뒤, 돌을 주워 와서 그 둘레에 고정시켜 놓았습니다.

"우리가 이러는 걸 교장 선생님께서 보면 놀라실 거야."

"……."

나는 괜히 우쭐해서 한마디 했습니다. 그런데 입빠른 종구가 아무 대꾸가 없었습니다. 이상하다 싶어 고개를 드는데, 세상에, 교장 선생님이 물끄러미 내려다보고 있는 것입니다. 나는 처음엔 헛것을 본 줄로 알았다니까요. 교장 선생님은 내가 잘못 본 게 아님을 분명히 확인시켜 주었습니다.

"잘 보고 있다. 재는 팻말을 세우는데, 너 송밀리는 꽃밭에 들어간 것을!"

교장 선생님은 눈총만 쏘아 주고, 딴 벌을 내리지는 않았습니다. 학부모들의 눈도 있어서 그랬겠지요. 어떻게 보면 눈총 만한 벌도 없지만 말입니다.

더 기막힌 일은 사흘 뒤 조회 시간에 벌어졌습니다. 전교생이 지켜보는 가운데 종구가 착한 어린이 상을 받았습니다. 팻말을 바로 세웠다는 공적이었지요. 그 모습을 바라보는 것은 나에겐 어떤 의미에서 또 하나의 큰 벌이었습니다.

가을엔 꽃밭에 떨어진 단풍잎이 마치 꽃처럼 보였습니다.

겨울이 오고, 이번에 꽃밭에 하얀 눈꽃이 피었습니다.

그래도 나는 꽃밭 가까이도 가지 않았습니다.

다시 봄이 돌아오고 있습니다. 새 학기를 맞아, 내가 한 학년이 올라갔습니다. 5학년이 되었습니다. 어디 나만 학년이 올라갔나요, 뭐? 학교에 다니는 모든 아이가 한 학년씩 올라갔지요. 교장 선생님이 바뀐 것도 그렇습니다. 우리 학교 전교생의 교장 선생님이 바뀐 것입니다. 그런데 나 혼자 교장 선생님이 바뀐 것 같은 기분이었습니다.

새 교장 선생님은 연세가 많고, 머리카락이 하얗게 새었습니다. 입가에는 늘 잔잔한 미소를 머금고 있습니다. 뒷짐을 지고 조용조용 다니는 모습은 뒤에서 봐도 인상적입니다. 뭐라고 꼭 집어 말할 수는 없지만 학교의 분위기가 달라지고 있습니다.

5학년에 올라가면서 우리 교실은 동쪽 끝으로 옮겼습니다. 나에겐 참 다행이었지요. 꽃밭을 가로지를 일이 없어졌으니까요. 지난해 가을 이후로 일부러 서쪽으로 발걸음을 끊었지만, 이젠 애써 그럴 필요가 없어져 좋았습니다.

그러던 어느 날, '꽃밭에 들어가지 마세요' 라고 쓰여진 팻말을 뽑아 들고 가는 새 교장 선생님을 보았습니다. 도대체 무슨 일일까요? 나는 궁금해서 견딜 수 없었습니다. 나의 블랙홀인 서쪽 꽃밭으로 달려갔습니다. 내가 찾지 않는 동안 그곳은 달라져 있었습니다.

'내 혼자만 꽃밭을 가로지르는 줄 알았는데…….'

서쪽 끝 교실에서 나와, 수돗가로 내려가기 좋은 길목이 되는 꽃밭엔 반질반질 길이 나 있습니다. 나는 기분이 참참했습니다. 교장 선생님이 바뀌서 그런가 생각하니, 좀 씁쓸하기도 했습니다.

그곳에 공사가 시작되었습니다. 나는 다음날도 찾아가 보았지만, 처음엔 무슨 공사인지 알 도리가 없었습니다. 운동 모자를 쓴 새 교장 선생님이 일꾼들에게 이것저것 시키고 있었습니다. 이삼일 지나자, 어렴풋이 짐작이 갔습니다. 일주일 만에 완공되었는데, 내 짐작이 맞았습니다. 그곳에 널찍한 길이 났습니다. 기껏 여남은 걸음의 짧은 그 길이 마치 고속도로처럼 느껴졌습니다. 그 길을 보는 순간에 내 마음에서 이상한 감흥이 들끓었습니다.

"아, 드디어 뚫렸구나!"

나는 뒤로 끝까지 물러나서 교사 앞에 섰습니다. 그런 다음에 그 길로 냅다 달렸습니다. 스탠드를 만나는 곳에서 아찔 넘어질 뻔했지만, 겨우 몸을 가누고 그대로 계단을 뛰어내려 갔습니다. 내쳐 수돗가까지 갔다가 되돌아 달렸습니다. 다시 계단을 껑충껑충 뛰어올라서 새로 난 길을 달렸습니다.

언제 모여들었는지 아이들 여럿이 지켜보다가 손뼉을 쳤습니다. 그 속에서 새 교장 선생님이 빙그레 웃고 있었습니다.

"교장 선생님, 이젠 길로만 다닐 겁니다."

나는 가쁜 숨을 몰아쉬며 말했습니다. 새 교장 선생님이 다가와 내 머리를 쓰다듬어 주셨습니다.

"네가 송밀리로구나?"

"제 이름을 어떻게 아세요? 아, 소문 들으셨군요?"

"허허허, 소문은 모르고……. 네 이름은 들었다. 송밀리!"

어느새 우리는 새 교장 선생님을 에워싸고 새로 난 길을 걷기 시작했습니다. 짧았지만 새로운 곳으로 이어지는 길 같았고, 그 길로 곧장 가면 뭔가 좋은 곳으로 찾아갈 수 있을 것 같아 가슴이 부풀었습니다.

이 순간부터 나, 송밀리에 대한 대접이 달라졌습니다. 지금도 달라지고 있으니 어떻게 될지는 아무도 모르지요.

|동화|

이름 바꾸기

박상재

"엄마 우리도 강아지 한 마리 사서 길러요. 하얀 털을 가진 마르티즈라면 너무 좋아요. 인형처럼 얼마나 예쁘고 귀여운지 몰라요."

향이가 아무리 졸라도 엄마 입에서 들려오는 대답은 한결같습니다.

"너 하나 키우기도 벅찬데 강아지는 무슨. 그리고 강아지 털이 얼마나 해로운 줄 알아? 아빠 비염 있는 것 너도 알잖아."

그 무렵부터 향이는 갑자기 말이 없어졌습니다. 엄마가 자꾸 말을 걸어도 묻는 말 이외에는 대답을 하지 않았습니다.

"여보, 향이가 요즘 이상해지지 않았어? 시무룩해 하며 말도 잘 안하는데 왜 그러지?"

회사에서 돌아온 아빠가 엄마에게 물었습니다.

"글쎄요. 얼마 전에 강아지 사 달라고 졸라서 안 된다고 했는데, 그 일 때문에 그런가?"

엄마가 고개를 갸웃거렸습니다.

"웬만하면 사 주지 그래. 하나 밖에 없는 우리 공주가 시무룩하면 집

박상재 단국대학교 대학원에서 문학박사 학위를 받았다. 1981년 아동문예로 등단하였고, 방정환 문문학상, 한정동아동문학상, 한국아동문학상을 수상했다. 지은 책으로는 『원숭이 마카카』, 『통일을 기다리는 느티나무』, 『어른들만 사는 나라』 등이 있다.

안 분위기도 다 우울하잖아."

아빠의 말에 엄마가 발끈했습니다.

"강아지 한 마리 키우려면 돈이 얼마나 드는지 알아요? 아이 하나 기르는 거나 다름없다는데 어떻게 키워요. 차라리 애를 하나 입양해서 기르는 게 낫겠네."

"그깟 강아지 한 마리 키우는데 어떻게 애 양육비와 비교할 수 있소?"

"생각보다 훨씬 돈이 많이 들어간다고요. 쥐꼬리만 한 내 봉급을 강아지한테 쏟아붓기는 싫거든요."

엄마의 말에 아빠는 더 이상 대꾸를 하지 않았습니다.

이튿날 아침 엄마가 회사를 가려다 말고 향이에게 물었습니다.

"향이야, 요즘 너 왜 그래. 무슨 걱정거리라도 생겼어?"

향이는 고개를 가로저을 뿐 대답을 하지 않았습니다.

"너, 혹시 강아지 안 사 줘서 그러는 거야?"

향이는 말없이 고개만 주억거렸습니다.

"향이야, 강아지는 안 된다고 했지? 햄스터라면 모르겠지만……."

향이는 귀가 번쩍 띄었습니다.

'햄스터라고? 엄마가 내 마음을 어떻게 아셨지?

향이 친구 유리는 햄스터를 기릅니다. 유리가 햄스터 자랑을 하도 해서 향이도 햄스터를 기르고 싶었습니다. 하지만 강아지도 싫어하는 엄마가 햄스터는 더 싫어할 것 같아 이야기도 꺼내지 않았습니다.

"엄마, 그럼 햄스터 사 줄 거예요?"

향이의 눈이 반짝 빛났습니다.

"영란이 엄마가 햄스터 한 마리 줄 테니, 키우려면 가져가란다."

향이의 낯빛이 구름 걷힌 하늘처럼 갑자기 환해졌습니다. 모처럼 얼굴에 웃음기가 감돌았습니다.

"향이야, 그렇게도 좋으냐? 니가 좋아하는 걸 보니 내일 당장 갖다 줘야겠다."

엄마는 이튿날 약속대로 햄스터를 가져왔습니다. 배 쪽은 희고 털빛은 적갈색이었습니다. 햄스터는 굵은 철사로 엮어 만든 사육 상자에 들어 있었습니다. 작고 귀여운 것이 마치 꼬리가 짧은 다람쥐 같았습니다. 햄스터는 납작 엎드려 귀를 뒤로 붙이고 있었습니다.

엄마가 가방에서 햄스터 사료가 들어 있는 봉지를 꺼내며 물었습니다.

"햄스터가 무엇을 좋아하는지 아니?"

"해바라기 씨앗을 가장 좋아하고 사과나 포도 같은 과일과 오이, 당근 같은 야채도 좋아한대요."

"너 그걸 어떻게 알았니? 영란이 아줌마 말하고 똑같네."

"햄스터 기르는 유리가 알려주었어요."

"그런데 햄스터가 왜 귀를 뒤로 붙이는 거죠?"

"응, 영란이 엄마가 그러는데 피곤하거나 불안하면 그런대. 환경이 갑자기 바뀌어서 그러겠지. 너무 걱정하지 마."

"알았어요. 엄마! 그런데 얘 이름을 뭐라고 부르죠?"

"네가 한번 지어 봐."

햄스터를 물끄러미 바라보던 향이가 소리쳤습니다.

"햄스터가 볼에 힘을 잔뜩 주고 있어요. 여간 귀엽지 않아요. 그래서 말인데 볼이라고 하면 어때요?"

"보리? 먹는 보리 말이니?"

"볼이와 보리, 소리날 때는 같네요. 그래요. 보리라고 불러도 괜찮겠어요."

"향이야, 그런데 햄스터가 왜 볼을 부풀리는 줄 아니?"

"음, 유리가 가르쳐 주었는데 생각이 안 나네. 유리한테 물어봐야지."

향이는 손전화를 꺼내 유리에게 문자를 날렸습니다. 곧바로 답장이 왔습니다.

—상대방에게 겁을 줄 때야.

향이의 입가에 배시시 웃음이 번졌습니다.

"알았어요, 엄마, 상대에게 겁을 주기 위해서 그러는 거래요."

향이의 목소리가 가을 하늘처럼 맑았습니다.

"응, 그렇구나. 밤톨만 한 녀석이 겁준다고 누가 무서워하기라도 한다니?"

엄마의 목소리도 잘 닦아 놓은 거울처럼 환했습니다.

향이는 학교에 가서도 햄스터 생각뿐이었습니다. 고 작은 것이 해바라기 씨앗을 오물오물 먹고 있는 모습을 생각만 해도 귀여웠습니다. 햄스터는 교실 천장에도 나무늘보처럼 붙어 있고 유리창 너머 하늘에도 박쥐처럼 날아다닙니다.

'보리야 심심하지. 조금만 참고 기다려. 언니가 맛있는 해바라기 씨앗 사다 줄 테니까!

향이는 집으로 돌아오면서 동물 가게에 들러 해바라기 씨앗을 샀습니다. 집 안으로 들어서자 마자 햄스터가 있는 곳으로 갔습니다.

그런데 사육 상자 안에 보리의 모습이 보이지 않았습니다.

"보리야, 언니 왔어. 어디 있니?"

향이가 사육 상자를 살짝 들자 상자 안 한쪽에서 보리가 잔뜩 웅크리고 있었습니다.

"보리야, 어서 나와. 니가 좋아하는 해바라기 씨야."

그런데 보리는 향이를 거들떠보지도 않았습니다.

"보리!, 언니가 너를 혼자 두고 갔다고 삐졌나 보구나. 심심해서 토라진 거야?"

그래도 보리는 반응이 없습니다. 향이는 슬그머니 짜증이 났습니다.

"너, 이 녀석, 주인님이 오셨는데 인사도 않고 버릇이 없네. 어서 나오지 못해."

향이는 저도 모르게 소리를 질렀습니다.

향이는 사육 상자 문을 열고 먹이통 안에 해바라기 씨앗을 넣어 주었습니다. 너무 많이 주면 탈이 날지 몰라 세 알만 넣어 주었습니다. 그런데 보리는 해바라기 씨앗은 본체만체했습니다.

"보리야, 너 어디 아파? 왜 아무 것도 먹지 않는 거야?"

향이는 애가 탔습니다.

'홍, 배가 고프면 먹겠지.'

향이는 살짝 토라져 제 방으로 들어갔습니다. 숙제를 하다 보니 어느덧 학원 갈 시간이 되었습니다.

"보리야, 언니 학원 다녀올 테니까, 해바라기 씨 맛있게 먹고 있어."

학원을 마치고 돌아오는 향이의 발걸음은 빨라졌습니다. 수아가 떡볶이를 사 준다 하는 것도 뿌리치고 부랴부랴 집으로 돌아왔습니다.

'과연 보리가 해바라기 씨앗을 먹었을까?

향이는 궁금했습니다. 그런데 해바라기 씨앗 세 알은 그대로 있었습니다.

그런데 전날 넣어 주었던 오이가 조금 줄어든 것 같았습니다.

'오이라도 먹었으면 괜찮아. 무엇이든 먹어야 살지.'

향이는 시든 오이 조각을 꺼낸 후 대신 싱싱한 오이 조각으로 바꿔 주었습니다.

이튿날 학교에서 향이가 유리에게 물었습니다.

"우리 보리는 먹이도 잘 먹지 않고, 잘 움직이지도 않아. 아마도 우울증에 빠졌나 봐."

"그래. 햄스터는 환경이 바뀌면 그럴 수도 있어. 사육 상자에서 꺼내어 산책도 좀 시켜봐."

집으로 돌아간 향이는 제일 먼저 보리가 들어 있는 사육 상자를 살펴보았습니다. 해바라기 씨가 없었습니다.

"그래 잘했어, 보리야. 해바라기 씨를 먹었구나. 고마워 우리 보리!"

손뼉을 치며 좋아하는 향이에게 보리가 눈길을 주었습니다.

"응, 그래. 너무 답답하니 빨리 꺼내 달라고."

보리가 고개를 끄덕이며 앙증스런 두 발로 볼을 비볐습니다.

"알았다니까."

향이는 사육 상자에서 보리를 꺼냈습니다. 그리고는 제 손바닥에 올려 놓았습니다.

"어휴, 귀엽기도 하지. 우리 보리."

"제발 나를 언니 손에서 좀 내려줘. 자유를 달란 말야."

향이의 귀에 보리의 목소리가 들렸습니다.

"그래, 알았어. 알았다니까!"

향이는 보리를 거실 바닥에 가만히 놓았습니다.

보리는 하품을 하며 기지개도 켰습니다.

'향이야, 햄스터는 기분이 좋으면 하품을 하거나 기지개를 켠다.'

문득 유리가 했던 말이 떠올랐습니다.

"우리 보리가 이제 기분이 풀린 거야."

향이도 기분이 좋아졌습니다.

향이는 유리에게 손전화를 했습니다.

"유리야, 있잖아. 우리 보리가 기분이 좋은가 봐. 하품도 하고 기지개도 켰다."

"그래? 이제 너희 집에 적응이 되었나 봐. 잘 되었다."

향이는 손전화를 잡고 유리와 수다를 떠느라 정신이 없었습니다.

얼마 후 보리를 살펴보던 향이는 깜짝 놀랐습니다.

'어, 우리 보리가 없어졌다. 도대체 이 녀석이 어디로 갔지?'

향이는 전화를 끊고 보리를 찾았습니다. 소파 밑에도 살펴보고, 장식장 뒤에도 살펴보고 식탁 밑에도 찾아보았습니다. 제 방 책상 밑을 살펴보아도 흔적이 없습니다. 베란다 문도 잠겨 있고 화장실 문도 닫혀 있어 어디로 숨어들어갈 곳도 없습니다. 그래도 혹시나 싶어 베란다 문도 열어 보고 화장실 문도 열어 보았습니다. 그렇게 있을 만한 곳을 아무리 찾아봐도 보리는 그림자조차 보이지 않았습니다.

향이는 애가 타서 엄마에게 전화를 했습니다.

"향이야, 왜 그래? 무슨 일 있어?"

"엄마, 보리가 없어졌어. 조금 전까지 있었는데, 잠깐 사이에 감쪽같이 사라졌단 말야."

"전화 끊고, 다시 한 번 잘 찾아봐. 그 녀석이 하늘로 솟았겠니? 땅으로 꺼졌겠니? 우리 집안 어디에 있겠지."

향이는 힘없이 전화를 끊었습니다.

"보리야, 보리 어디 있니?"

사방 팔방 구석구석 아무리 찾아봐도 보리는 없습니다.

향이의 눈에 눈물이 고였습니다.

"이 녀석이 어디로 갔지. 도대체 어디에 숨은 거야."

회사에서 돌아온 엄마가 방바닥을 기어다니며 아무리 찾아도 나오지 않았습니다. 밤 늦게 술이 거나하게 취해 돌아온 아빠가 다정한 목소리로 불러도 나타나지 않았습니다.

향이는 그날 잠을 제대로 이루지 못했습니다. 눈이 붓도록 울다가 울다가 겨우 잠이 들었습니다.

"큰일이다. 이 녀석이 장롱 밑 같은 곳에 숨어지내다 혹시 죽기라도 하면 어떡하지? 썩으면 고약한 냄새도 나고 벌레들도 생길 텐데……."

엄마가 몸서리를 치는 소리에 향이는 눈을 떴습니다.

"향이야, 너무 걱정 하지마. 배가 고프면 슬슬 기어나올 거야."

혹시나 하고 기다렸지만 다음 날도 그 다음 날도 꿩 구워 먹은 소식입니다.

향이는 입맛도 싹 달아났습니다. 밥을 먹지 않자 엄마는 오랜만에 햄버거를 사 왔습니다. 하지만 평소에 그렇게 좋아하던 햄버거도 먹지 않았습니다. '햄' 자만 들어가도 슬픔이 일렁거렸기 때문입니다.

슬픔에 잠겨 있던 향이에게 반짝 좋은 생각이 떠올랐습니다.

'그래, 내가 왜 진작 그런 생각을 못했지?'

향이는 중학생인 영란 언니한테 전화를 했습니다.

"언니, 보리가 어디로 숨었는지 아무리 찾아도 나오지 않아. 어떻게 하면 좋지?"

"보리가 누구니?"

"언니네가 준 햄스터 말야."

"응 그래? 그 녀석이 가끔 말썽을 부리긴 해. 기분이 나쁘면 나하고도 가끔 숨바꼭질을 했지. 내가 곧 갈게."

영란 언니는 전화를 끊자마자 달려왔는지 금세 왔습니다. 향이는 영란 언니를 보자 보리라도 찾은 것처럼 마음이 울컥했습니다.

영란 언니가 다정한 목소리로 보리를 불렀습니다.

"봄이야!"

"언니, 봄이가 아니라 보리야."

"아냐, 우리 집에서 살 때는 봄이라고 불렀어. 봄에 태어났다고 지은 이름이거든."

영란 언니는 향이 방으로 가서 보리를 다시 불렀습니다.

"봄이야, 어서 나와 봐. 못 찾겠다 꾀꼬리!"

하지만 아무런 반응이 없습니다. 그런데 잠시 후 꿈같은 일이 벌어졌습니다. 보리가 송이의 침대 밑에서 뽀르르 기어나오는 것이었습니다.

"어머나! 너 이틀 동안이나 그 침대 밑에서 있었던 거야?"

향이는 너무나 반가워 눈물이 찔끔 나왔습니다.

"봄이야, 답답하지도 않았니? 녀석 참을성 한번 대단해."

영란 언니가 보리를 어루만지며 말했습니다.

"언니! 나도 봄이라고 불렀으면 나왔을까?"

"글쎄, 그럼 아예 이름을 봄이라고 바꾸지 그러니."

"알았어, 언니. 그렇게 할게."

"봄이야, 이리 와. 내가 예뻐해 줄게."

봄이가 된 보리는 향이의 손바닥 위로 쪼르르 기어 올라왔습니다. 봄이는 향이가 보라는 듯이 기지개를 쭉 켰습니다.

향이는 엄마에게 이 소식을 전하기 위해 손전화를 들었습니다.

| 동화 |

겨울 손님

박소명

"엄마, 울이가!"

"담이가 먼저 내 발을 밟았어!"

엄마가 할머니랑 잠시 이야기 하는 동안에도 울이와 담이는 쉬지 않고 툭탁거렸어요. 끄떡하면 다투는 것을 보고 엄마, 아빠는 싸우려고 쌍둥이로 태어난 것 같다고 했어요. 할머니는 쌍둥이라 더 친해지려고 그런다며 곧 나아질 거라고 했어요.

"너희들, 곧 아홉 살이야. 아홉 살! 할머니 말씀 잘 듣고! 싸우지 말고! 알았지!"

엄마가 콧김을 훅훅 내뱉으며 몇 번이나 당부했어요.

"어여 가!"

할머니가 엄마 등을 밀었어요.

"모레 데리러 올게요."

"뭣이라고?"

할머니가 엄마 쪽으로 귀를 댔어요. 할머니는 귀가 잘 안 들려서 다

박소명 오늘의동시문학상과 황금펜아동문학상을 수상했다. 동시집 『산기차 강기차』 『빗방울의 더하기』 『꿀벌 우체부』, 동화집 『든든이와 푸름이』 『누가 일등을 했을까』 『창창창 창구』 등이 있다. 2011 한국문화예술위원회 차세대 예술 인력 집중 육성 지원에 선정되었다.

시 물어보는 일이 많았어요.

"모레요. 모레 데리러 온다고요!"

엄마가 소리치며 자동차에 탔어요. 자동차는 가파르고 좁은 골목길을 조심조심 내려갔어요. 큰길로 들어서자 빠르게 달려갔어요. 산기슭에 있는 마을에서도 가장 높은 곳인 할머니 집 마당에서는 큰길까지 훤히 내려다 보였어요. 할머니는 자동차가 보이지 않는데도 한참 동안 서서 손을 흔들었어요.

"곧 오실 모양인디?"

할머니가 구름 덮인 하늘을 올려다보았어요.

"누가 와요?"

담이 뒤를 쫓던 울이가 물었지만 할머니는 대답이 없었어요.

"할머니! 누가 오냐고요?"

"눈, 눈 말이여."

할머니는 집 바로 뒤에 있는 산 쪽으로 고개를 돌리며 중얼거렸어요.

"눈이 저렇게 쌓여 있는디 눈이 또 오면 배고파서 안 되제. 이러면 꼭 손님이 마당까지 내려온다니께."

"무. 슨. 손. 님. 이. 요?"

궁금해진 울이가 또박또박 물었어요.

"우리 울이가 좋아할 만한 손님이제."

"우와! 손님 와라. 손님 와라."

울이가 할머니를 뱅글뱅글 돌며 소리쳤어요.

"오지 마라. 오지 마라."

담이가 혀를 날름거리며 울이를 뒤따라 돌았어요.

"너!"

“흐메, 오빠한테 너가 뭣이여? 오 분 오빠도 오빤디.”

“같은 날 태어났으니까 아니에요.”

“뭐라고?”

할머니는 또 못 들었는지 울이 쪽으로 귀를 기울였어요.

“오빠 아니라고요!”

울이는 담이를 오빠라고 부르는 것이 정말 싫었어요. 오빠라며 잘난 척하고, 엄마, 아빠, 할머니도 자꾸 오빠만 챙기는 것도 싫었고요.

“안 싸우겠다고 엄마한테 약속한 지 10분도 안 됐는디. 엄마가 어디 맘 놓고 세마나인지 워크숍인지 편히 허겄어?”

할머니가 눈을 부릅떴어요.

그때 머리 위로 눈송이가 천천히 내려왔어요. 담이가 눈송이를 붙잡으려고 손을 뻗었어요. 울이도 찡그린 얼굴을 펴며 하늘을 올려다보았어요. 하나, 둘 내리던 눈송이는 금세 펑펑 쏟아졌어요. 마당에 눈이 하얗게 쌓이기 시작했어요.

“많이 오려나? 할미는 저녁밥 허마. 떡볶이도 만들어야 겄는디.”

할머니는 집 안으로 들어갔어요. 기다렸다는 듯이 담이가 눈을 긁어모아 울이에게 던졌어요. 울이도 가만 있지 않았어요. 울이가 담이 옷을 잡아당기자 담이는 힘껏 밀쳤어요. 그 바람에 울이는 저만치 나동그라지고 말았어요.

“메롱! 나 잡아 봐라.”

“이 울트라 캡숑 비호감!”

울이는 씩씩대며 담이에게 달려들었어요. 담이는 실실 웃으며 앞서 뛰었어요. 울이는 몇 번이나 엉덩방아를 더 찧었어요. 둘은 잠시도 멈추지 않았어요. 담이가 잠시 쉬면 울이가 달려가고 울이가 잠시 쉬면 담이가 달려와서 당기고 밀쳤어요.

울이와 담이 볼이랑 귀는 사과처럼 빨개졌어요. 눈송이는 여전히 끝도 없이 내려왔어요. 어둠이 산 아래로 성큼성큼 내려오고 있었어요.

"그만 들어와야제?"

할머니가 창문을 열고 소리쳤어요. 울이와 담이는 머리와 옷에 쌓인 눈을 털어 냈어요. 손으로 탁탁 털고 펄쩍펄쩍 뛰며 털었어요. 그런데 마당 귀퉁이에 웬 여자아이가 쪼그리고 앉아 있었어요. 분명 아까까지 안 보였는데 말이에요. 여섯 살이나 일곱 살 밖에 안 돼 보였어요.

'너, 누구야? 왜 여기 있어?"

담이가 물었어요. 분명 이 마을 아이는 아니었거든요. 할머니네 마을에는 아이가 없다고 했으니까요.

"어, 피! 너 다쳤어?"

울이가 아이 손등을 보며 놀랐어요. 몸을 덜덜 떨고 있는 아이 입술이 파랬어요. 무척이나 추워 보였어요. 눈물이 그렁그렁한 아이 눈빛이 꼭 어서 도와 달라고 말하는 것 같았어요.

"안으로 들어가야겠어."

울이는 아이 머리랑 어깨에 쌓인 눈을 털고 일으켜 세웠어요.

"어, 어른 있잖아."

아이가 어깨를 움츠리며 다급하게 말했어요.

"왜? 우리 할머니 착해."

"엄마가 그랬는데 어른을 만나면 안 된대!"

울이는 어찌 해야 할지 고민이 되었어요. 하지만 곧 고개를 끄덕였어요. 울이도 어쩔 땐 어른들이 싫었으니까요. 말하기 싫은데 이것저것 꼬치꼬치 캐물을 때면 머리가 아팠어요.

"알았어. 담아, 좀 살펴봐. 할머니 몰래 들어가게."

"싫어."

담이가 고개를 저었어요. 아이는 울이한테 기댄 채 눈을 감아 버렸어요. 그대로 쓰러져 버릴 것만 같았어요. 울이는 입술을 꾸욱 눌렀어요. 그냥 부탁했다가는 어림도 없을 거라고 생각했어요.

"좋았어. 게임기 고장 났지? 집에 가면 내 것 실컷 가지고 놀아."

"진짜? 진짜지?"

담이는 살며시 문을 열고 살폈어요. 담이 신호를 따라 울이는 아이를 부축하고 집 안으로 들어섰어요. 살금살금 건넌방으로 가 아이를 아랫목에 눕혔어요. 장롱에서 이불을 꺼내 덮어 주었어요. 울이는 담이에게 좀 지켜봐 달라고 하고 방을 나왔어요. 부엌방에서 홍얼거리는 소리가 계속 들려왔어요. 울이는 까치발을 하고 할머니 방으로 가서 약 상자를 챙겼어요. 전에 할머니 집에서 넘어졌을 때 썼기 때문에 금방 찾을 수 있었어요. 울이는 피가 묻은 아이의 손등을 조심스럽게 닦고 연고를 발랐어요. 상처가 제법 깊어서 밴드도 붙여 주었어요. 솜털이 보송한 손등이 무척 부드러웠어요.

"난 울이고, 앤 담이. 넌 이름이 뭐야?"

대답은 안 하고 아이는 자꾸 코만 실룩였어요. 지켜보던 담이가 말했어요.

"손님인가?"

"맞다! 손님이지."

울이는 할머니 말이 반짝 떠올랐어요. 할머니는 울이가 손님을 좋아할 거라고 했어요. 그런데 정말 눈이 반짝반짝 빛나는 아이가 좋았어요. 곰 인형처럼 꼬옥 껴안아 주고 싶었으니까요. 담이가 오랜만에 괜찮은 말을 해서 울이는 기분이 좋아졌어요. 이럴 때면 담이가 오빠인 게 맞는 것 같았어요. 울이보다 기억력이 좋고 생각도 기발했으니까요.

"나 배고파."

파랬던 입술이 조금 붉어진 아이가 배를 움켜쥐었어요. 울이가 물었어요.

"떡볶이 가져올까?"

"생고구마."

울이는 놀라서 아이를 빤히 쳐다보았어요. 군고구마도 아니고 웬 생고구마일까 생각하는데 아이가 다시 불쑥 말했어요.

"나 먹고 좀 싸갈 수 있어?"

"싸가겠다고?"

궁금해진 울이가 막 물어보는데 할머니가 큰 소리로 불렀어요.

"애들아! 뭐 허는디? 밥묵어야제!"

울이는 아이 어깨를 토닥이며 말했어요.

"알았어. 부엌방에 고구마가 있을 거야."

울이와 담이는 부엌으로 갔어요. 울이는 그렇게 좋아하는 떡볶이를 맛있는 줄 모르고 먹었어요. 어서 아이에게 고구마를 갖다 주고 싶은 생각뿐이었어요. 마침 고구마가 든 상자가 부엌 쪽문 앞에 있는 것을 발견했거든요.

"할머니가 만든 떡볶이가 세계에서 최고로 맛있어요."

울이가 엄지손가락을 올리며 말했어요. 할머니도 엄지손가락을 올렸어요. 할머니가 빈 그릇을 치우는 동안 울이는 담이한테 물병과 컵을 들려 주었어요. 담이는 팔꿈치로 울이를 툭 쳤어요.

"게임기 알지?"

"당근!"

울이 대답을 듣고서야 담이는 건넌방으로 갔어요. 울이는 양푼에 고구마를 담았어요. 싱크대 서랍에서 보자기도 꺼냈어요. 기분이 좋은지 할머니는 아까보다 훨씬 큰 소리로 흥얼거리면서 설거지를 했어요.

아이는 울이가 깨끗이 씻어 온 고구마를 허겁지겁 먹었어요. 고구마를 먹는 모습이 꼭 염소 같기도 하고 사슴 같기도 했어요.

"자, 물 먹으면서 먹어."

울이가 컵에 물을 따라 주었어요. 아이는 벌컥벌컥 물을 마셨어요.

"이건 싸가도 되지?"

얼마 먹지도 않고 아이는 보자기에 고구마를 쌌어요. 그리고 고구마 보따리를 안고 까무러지듯 잠들어 버렸어요. 나이도, 어디 사는지도 모르는 아이가 숨을 쌕쌕 쉬며 잤어요. 긴 속눈썹이 파르르 떨렸어요. 꼭 껴안아 주고 싶을 만치 가여워 보였어요.

"왜 문을 잠근 거여?"

할머니가 문을 두드렸어요. 울이는 얼른 이불로 아이를 머리까지 덮고 나서 문을 열었어요.

"아이고, 몰래 무슨 일을 꾸미는 거여?"

"아, 아니오. 그냥 사이좋게 이야기 하고 있어요. 사. 이. 좋. 게!"

울이는 할머니가 잘 듣도록 또박또박 말했어요.

"흐메, 사이좋게?"

할머니는 기분 좋게 웃었어요. 그러더니 눈이 아이를 덮어 놓은 볼록한 이불로 갔어요.

"무슨 냄새가 나는디?"

할머니는 코를 킁킁거렸어요. 이불을 들출 것 같아 울이는 가슴이 콩

닥거렸어요.

"노릿헌 냄샌디."

할머니가 이불 곁에 앉으려고 허리를 굽혔어요. 담이가 재빨리 할머니를 일으켜 세우며 소리쳤어요.

"우리 조금만 놀다 잘 테니 얼른 주무세요."

"그려. 그려. 방학이니 우리 쌍둥이들은 늦잠 자도 걱정 없제."

담이한테 밀려 할머니는 방을 나갔어요.

"휴, 고마워. 오빠."

"어, 너 나한테 오빠라고 했네!"

담이가 어깨를 으쓱 했어요.

"그, 그러네. 오빠처럼 굴 때만 오빠라고 할 거야."

멋쩍어진 울이가 괜히 목소리를 높였어요.

"오빠? 나, 가야 해. 눈 그쳤나 봐 줘."

아이가 다급하게 일어나 앉았어요. 담이가 창문을 열고 말했어요.

"어, 눈은 그쳤네. 하지만 춥다. 춰."

"너 아직 아프잖아. 그리고 지금은 캄캄한 밤이야."

울이가 엄마처럼 아이를 토닥였어요.

"오빠가 기다려."

"너, 오빠가 있구나? 오빠 주려고 고구마를 싼 거야?"

아이가 고구마 보따리를 꼬옥 품으며 고개를 끄덕였어요.

"엄마는 별이 되었어. 내가 아주 어렸을 때. 그동안 오빠는 나에겐 먹을 것을 구해 줬어. 그런데 오빠가 다리를 다쳤어. 이제 내가 오빠를 도와야 해. 어젯밤에 엄마 별이 이곳으로 내려가라고 했어. 어서 오빠한테 가야 해."

"아침에 가."

울이가 아이를 눕혔어요. 베개도 바로 해주고 이불도 끌어올려 주었어요. 전등을 끄고 울이는 아이 오른쪽에, 담이는 왼쪽에 누웠어요. 아이 숨소리가 새근새근 들려왔어요. 담이도 곧 새근거렸어요. 아이가 꿈결인 듯 말했어요.

"오빠, 조금만 기다려."

"오빠……."

울이도 가만히 중얼거렸어요.

'하긴 오빠 없으면 나도 심심할 거야.'

생각해 보니 오빠가 좋을 때도 있었어요. 이불 놀이, 알까기, 블록 따먹기는 오빠가 없으면 할 수 없는 놀이였지요. 저번에 희주랑 싸웠을 때 울이 편을 들어주기도 했어요.

울이도 스르르 잠속으로 빠졌어요. 울이는 꿈을 꾸었어요. 아이가 산으로 올라갔어요. 보따리가 무거운지 몇 번이나 쉬었다가 갔어요. 울이는 아이에게 뭐라고 말하고 싶었지만 입이 떨어지지 않았어요. 그냥 아이를 바라만 보고 있었어요. 나뭇가지 사이로 갈색 털이 얼핏얼핏 보이다가 이내 사라지고 말았어요.

"애들아, 해가 산꼭대기에 올랐는디!"

할머니가 문을 활짝 열며 소리쳤어요.

"손님이 가 버렸어."

잠에서 깬 울이가 이불을 껴안으며 중얼거렸어요.

"뭣이라고?"

할머니가 물었어요.

"손님이요."

"뭣이라고?"

"손. 님. 이. 요!"

담이가 울이 대신 말했어요.

"아, 손님. 우리 울이가 손님을 잘 보살핀 거여?"

할머니는 울이의 헝클어진 머리카락을 쓸어 올려주었어요.

"오빠가 도와줬어요."

"뭣이라고?"

"오빠가 도와줬다잖아요!"

싱글벙글 웃으며 담이가 할머니 귀에 대고 소리쳤어요.

"흐메, 우리 울이가 오빠라고 헌 거여? 아이고, 내 새끼."

할머니는 쪽쪽 소리가 나게 울이 볼에 뽀뽀를 했어요.

울이는 할머니 손을 이끌고 밖으로 나왔어요. 마당에 발자국이 찍혀 있었어요. 이번엔 뒤곁으로 갔어요. 발자국은 가파른 산으로 올라가고 있었어요. 보따리 끌린 자국도 보였어요.

"요건 고라니 발자국인디? 요건?"

할머니는 발자국을 손으로 짚으면서 그 옆에 끌린 자국을 가리켰어요.

"글쎄요오."

울이랑 담이는 눈을 찡긋하며 똑같이 말했어요. 마치 둘이 약속한 것처럼요. 할머니가 빙그레 웃었어요. 발자국에 고인 햇살이 반짝반짝 빛났어요.

|동화|

광덕 할머니의 꽃자리

임나라

"기준아, 저기 노을 좀 봐."

안마당 화단가에 앉아 드넓은 하늘을 쳐다보던 기인이가 소리를 질렀다.

"빨리 나와! 금방 노을이 숨어 버릴 거야."

두 번째 큰 소리를 듣고서야 기준이가 머리를 긁적이며 방에서 천천히 나왔다.

"맨날 보는 노을인데, 뭘."

"어쩜, 비 온 뒤 노을은 저리도 예쁠까?"

누나의 감탄에 기준이도 말없이 서쪽 하늘을 향해 눈을 두리번거렸다.

"엄마, 퇴근해 오셨니?"

둘이서 나란히 기린 모양으로 목을 길게 빼고 하늘바라기를 하고 있다가 동시에 소리 나는 대문 쪽을 돌아다보았다. 열린 대문으로 서울 아줌마가 들어서고 있었다.

"곧 오실 거예……, 아, 저기 오시는데요?"

진분홍빛 자전거를 타고 달려오는 엄마가 대문 너머로 보였다.

임나라 서울신문(파랑이의 구름마차)과 대전일보(하늘마을의 사랑) 신춘문예에 동화 당선. 동화집으로 『하늘마을의 사랑』, 『무화과 나무집』, 『사랑이 꽃피는 나무』가 있다.

"마침 금방 오시네? 저예요."

서울 아줌마가 몸을 되돌려 엄마를 마중하자,

"어머, 웬일이세요? 원고 마무리는 다 되셨어요?"

자전거에서 내리며 엄마가 반가워하였다. 서울 아줌마와 엄마는 언제 보아도 정다워 보였다. 아주 오래 된 사이 같았다. 하지만 서울 아줌마는 작년에 빈 집을 고쳐 새로 이사 온 옆집 사는 작가이고, 엄마는 고향을 한 번도 떠나본 적이 없다는 이곳 토박이 역사 선생님일 뿐이다. 아마 서로 뜻이 통하는 사이인 듯했다. 그래서 기인이도 서울 아줌마를 보면 덩달아 기분이 좋았다.

"제가 내일 급히 서울에 올라갈 일이 생겼어요."

서울 아줌마의 표정이 전에 없이 어두워졌다.

"무슨 일이?"

엄마의 눈빛도 달라져 갔다.

"'나눔의 집' 에 사시는 정신대 할머니 한 분이 돌아가실 거 같대요. 예전에 제가 그분 취재를 했었거든요. 연고 하나 없는 딱한 분이라서……."

"그럼 함께 사시는 광덕 할머니는요?"

"네에, 그래서 김선생님 댁에 며칠만 부탁드려 볼 수 없을까 해서요."

늘 당당해 보이던 서울 아줌마가 목소리를 낮추었다.

"어쩌지요? 내일 방학을 한다 해도 당직이라 며칠 학교엘 가야 해요."

엄마가 난처해하며 자전거를 기준이에게 건네자, 기준이는 자전거를 타고 쌔앵 나가 버렸다. 방에서 밍기적거리며 나올 때와는 달리 번개 같은 동작이었다.

"아, 그렇군요."

이젠 서울 아줌마와 엄마가 동시에 한숨을 내리쉬었다.

광덕 할머니는 서울 아줌마의 먼 친척이시라고 하였다. 할머니는 가끔씩 대문 밖에 나와 앉아 계시기도 하는데, 그럴 때면 늘 노래 부르듯 하시는 말씀이 있었다.

'앉은 자리가 꽃자리라네, 앉은 자리가 꽃자리라네.'

할머니의 눈빛은 언제나 이야기를 하고 계시는 듯했다. 어쩌다 눈이 마주칠 때면 기인이는 할머니에게서 따스한 햇살을 느끼기도 하였다. 할머니는 기품이 있으셨다. 하지만 가끔씩 정신이 오락가락하기도 하신다.

"제가 할머니 돌봐드려도 돼요?"

불쑥 던지는 기인이 말에 엄마와 서울 아줌마가 두 눈을 크게 떴다.

"정말? 그럴 수 있겠어?"

서울 아줌마의 되물음에 기인이가 씨익 웃으며 제 가슴을 두드렸다.

"저 5학년이에요. 할 수 있어요."

"그래요. 퇴근해선 내가 돌봐드리면 되고요."

엄마도 거들자, 서울 아줌마의 눈이 반달이 되었다.

빨갛던 노을은 이미 사라지고, 마당엔 어느새 땅거미가 내려앉아 있었다.

저녁에 박물관에서 퇴근해 오신 아빠가 기인이 어깨를 두드려 주며 칭찬을 해주었다.

"우리 기인이가 아주 기특한 생각을 했네?"

"기준이랑 번갈아 도와 드리면 돼요."

기인이 말에 텔레비전을 보고 있던 기준이가 깜짝 놀라며 손사래를

쳤다.

"노, 노우!"

기인이가 머리를 쥐어박는 시늉을 하며, 헤헤, 웃었다.

이튿날 이른 아침에 서울 아줌마는 부랴부랴 서울로 올라가시고, 엄마도 출근하며 거듭거듭 당부의 말씀을 잊지 않았다.

기준이는 아침을 먹자마자 어디로 갔는지 보이질 않아 기인이 혼자 옆집으로 갔다.

할머니는 거실 흔들의자에 앉아 계셨다.

"할머니, 기인이에요."

"오, 왔누?"

주름은 많았지만 할머니의 얼굴은 고운 우윳빛이신 데다 서울 아줌마가 목둘레와 소매에 빨간 꽃무늬 수를 몇 송이 놓아 입혀 드린 하얀 옷은 신비롭기까지 했다.

"올라와 앉으려믄."

흔들흔들 의자를 흔들며 아기가 옹알이하듯 할머니는 입을 오물거리셨다.

"앉은 자리가 꽃자리니라, 앉은 자리가 꽃자리니라."

기인이는 오늘은 꼭 여쭤 봐야지 싶어 할머니 앞에 바짝 다가앉았다.

"할머니, 무슨 뜻인지 알고 싶어요. 왜 앉은 자리가 꽃자리예요?"

할머니가 스르르 눈을 감으며 천천히 소곤소곤 얘기하셨다.

"예전에 우리 부친께서 말씀하셨지. 사는 자리가 아무리 가시방석 같아도 꽃자리로 여기며 살아야 하느니라. 이웃과 싸우지 마라. 원수 대하듯 하지 마라. 참아야 하느니라."

할머니의 노랫가락 같은 이야기를 들으며 기인이는 얼마 전에 엄마와 서울 아줌마가 하던 말을 떠올렸다.

'광덕 할머니는 정신이 온전하실 때는 꼭 지조 높은 조선 여인 같으세요.'

'기억이 거의 열두 세 살에 머물러 계신 듯도 해요.'

할머니에게선 왠지 알 수 없는 슬픔 같은 기운이 느껴지기도 했다. 무슨 일이 있으셨던 걸까, 기인이는 궁금했다.

할머니의 등 너머 벽에는 좀 신기한 액자가 하나 걸려 있었다. 토끼처럼 생긴 우리나라 지도에 열세 송이의 보라색 무궁화꽃과 바다 건너 제주도쯤엔 무궁화 꽃잎 한 장이 수놓여진 액자였다.

"할머니, 옛날엔 북한까지 합쳐서 우리나라 도가 13도였지요? 이거 할머니께서 직접 수놓으신……."

돌아다보니 그새 할머니는 고로롱고로롱 코를 골며 잠들어 계셨다. 기인이는 가만가만 의자를 흔들어 드렸다.

오후에 퇴근한 엄마와 아빠가 마당 옆 텃밭에서 상추 잎을 따며 기인이를 대견해했다.

"오늘 할머니랑 지내 보니 어땠어?"

아빠가 버릇처럼 검지로 안경을 추켜올리며 물었다.

"오전 내내 주무시고, 오후엔 마당에서 좀 걸으셨어요. 제가 팔짱을 끼고 함께 돌아드리니까 좋으시대요. 내일은 할머니 옛날 얘길 해주신다 하셨어요."

"그래, 기준이도 데리고 가서 함께 들으면 좋을 거야."

"네, 기준이를 어디 못 가게 붙들어 놔야지."

"그나저나 홍선생이 낮에 전화했는데 그예 그 정신대 할머니가 돌아가셨다네요."

"그래? 한 분, 두 분, 모두 역사 속으로 사라져 가시는구먼."

"기인아, 아줌마가 발인까지 보고 오셔야 한대니 네가 며칠 더 할머니를 돌봐드려야겠구나."

저녁식사를 마친 후, 엄마는 할머니의 잠자리를 봐 드린다며 옆집으로 갔다.

역시 기준이는 집에 없었다. 기인이가 화장실 다녀오는 사이에 살그머니 빠져나간 것이다. 내일은 꼭 손 붙잡고 함께 가야지, 하며 기인이는 혼자 할머니한테 갔다.

할머니는 어제 하신 약속을 용케 잊지 않으셨는지 기인이를 보시자마자,

"예 앉으려믄. 내 일러줄 말이 있으니."

하시며 무릎 위에 올려두신 사진 한 장을 들어 내미셨다.

"우리 부친이시여. 한 장 밖에 없는 귀한 사진이여."

양복을 입으신 멋쟁이 할아버지의 모습이 찍힌 흑백사진이었다. 뒤 배경에는 나뭇잎들이 햇빛에 반짝이는 커다란 나무 한 그루가 서 있었다.

"와아, 교과서에 나오는 독립운동가 할아버지 같으셔요."

사진 속의 할아버지는 근엄해 보이시기도 했다.

"할미가 꼭 너만 할 때였니라. 우리 부친은 면사무소에 다니셨는데 집집마다 찾아다니시면서 이름도 없이 사는 어린애들에게 이름도 지어 주시고 호적에 올리는 일을 하셨니라. 그게 바로 애국하는 일이라 하셨는데……."

숨이 가쁜 할머니는 길게 숨을 들이쉬곤 아까보다도 더 천천히 얘기

를 이어가셨다.

"우리 본가에서 시오리 길을 더 들어가면 광덕이라는 깊은 산골이 있는데……, 우리 부친께서 그리로 전근을 가시게 됐는데……."

"아, 그래서 '광덕 할머니'가 되신 거예요?"

다시 숨을 고르시는 사이에 기인이가 말 추념을 하였다. 그러나 할머니는 오래도록 거실 창으로 마당의 하늘을 바라다보실 뿐이었다. 기인이도 함께 하늘을 보았다. 여름 한 낮의 둥근 해가 마당 안을 넌지시 내려다보고 있는 것 같았다.

"일제 말기 때였니라."

할머니의 목소리가 더 작아졌다.

"일본 사람들이 열 살이 넘은 조선의 여식들을 죄다 전쟁터에 끌고 간다는 소문이 파다했었는데……. 그래, 우리 부친께서도 귀하디귀한 여식을 그리 할 수 없다 생각하시고 날 광덕으로 데리고 가셨니라. 부친 끼니를 돌봐 드린다는 명목이었는데……."

기인이는 다소곳이 듣고 있었다. 그동안 책에서도 많이 읽었고, 해마다 8월 광복절이면 텔레비전 같은 데서 다큐 프로그램으로 자주 보여준 정신대 이야기를 하고 계시다는 것을 짐작할 수 있었다.

"깊은 산골인 광덕은 참으로 살기 좋은 곳이었니라. 햇볕이 따사롭고, 봄이면 냇가에 버들개지가 피고, 산에는 진달래와 산나물이 지천이었는데……, 우리 부친께선 밤이면 남녀노소 죄다 불러 면사무소 앞마당에 앉혀 놓고 큰 소리로 글을 읽으셨는데……, 그 소리가 어찌나 우렁차시던지……."

할머니가 환하게 웃자 절로 눈이 감겼다. 그러나 곧 할머니의 얼굴은 검은 먹구름으로 뒤덮여 갔다.

"청천벽력이 일어났니라. 우리 부친께서 산 너머 마을로 일 보러 가신 새에 그만 일본 순사가 들이닥쳐선 저녁 밥솥에 불을 지피고 있는 나를 끌고 높은 재를 넘어, 또 넘어……."

할머니의 이야기는 또 멈추어졌다. 기인이는 무섭기도 했지만, 누구에겐가 이 이야기를 남겨 두고 싶어 하는 할머니의 깊은 속마음을 얼마만큼 이해해야 할 것 같았다. 기인이는 갑자기 스스로 역사 속의 인물이 되어 가는 느낌이 들었다.

며칠 동안은 집안 화제가 온통 광덕 할머니에 대한 이야기였다.

"70여 년 동안 두 눈 뜬 채 악몽 속에서 살고 계셨을 게야."

"오죽하면 '앉은 자리가 꽃자리니라' 를 평생 주문처럼 외며 사셨을까요?"

"그런데도 저들은 모르쇠하며 버티고만 있으니……. 제대로 사과할 줄을 몰라."

오늘 아침, 설거지를 마친 엄마가 현관문을 나서려는 기인이에게,

"기인아, 오늘까지만 할머니를 돌봐 드리면 돼. 낼 서울 아줌마 오신댔어."

하며 뒤에서 꼬옥 어깨를 안아 주었다.

"할머니가 가엾어. 숨이 가빠 얘기도 잘 못하시고……."

그때, 방에서 텔레비전을 보고 있던 기준이가 뛰쳐나왔다.

"서울 아줌마가 나왔어요, 텔레비전에."

"아니, 왜?"

엄마의 놀라는 소리와 함께 모두 방으로 들어가자, 기인이도 신던 운동화를 벗어던지고 따라 들어가 텔레비전 화면을 지켜보았다.

"들꽃 한 송이라도 생명은 모두 소중합니다. 엊그제 돌아가신 할머니를 비롯해 여기 제 옆에 서 계시는 이 분들 또한 너무도 소중한 분들입니다. 지금 저의 집에도 한 분 계시는데 제 외가 쪽 친척이시지요. 그 분은 어린 시절에 겪은 끔찍한 상처를 삭이기 위해 선친의 말씀을 따라 가시방석 같은 고통의 자리를 꽃자리로 여기며 평생 수틀에만 매달려 사시는 분입니다."

마이크를 잡은 서울 아줌마의 두 손이 심하게 떨렸다.

"세월이 흘렀다 해서 깊은 상처가 흔적도 없이 아무는 것은 결코 아닙니다. 그런데 일본은 왜 가만히 모른 체하고 있습니까? 우린 왜 그들을 뒤에서 바라만 보고 있어야 합니까?"

화면에서 아줌마의 모습은 멀어져 갔다.

출근길의 아빠도 안경을 곧추세우며 목소리를 높였다.

"우린 지금까지 단 한번도 일본에 무기를 들고 간 적이 없었어. 아주 오래 전부터 북쪽의 우리 부여인들이 말과 벼를 갖고 내려와 백제를 비롯한 삼국은 물론 가야의 아름다운 문화까지 모두 고스란히 일본에 전수해 주었을 뿐이야."

"아빠, 부여도 옛날 우리나라 땅이었어요?"

책에서 가끔씩 보았기 때문에 기인이도 '부여' 라는 단어가 낯설지만은 않았다.

"그럼, 낙랑도 부여도 모두 고유한 우리 땅이었단다. 상상해 보렴. 만주와 요동 벌판을 우리 선조들이 말 타고 종횡무진 달렸을 테니 얼마나 멋진 모습이었겠나?"

아빠 얘길 들으며 기인이는 어깨가 절로 으쓱거려졌다.

"그 많은 옛 문화를 우리 선조들이 오랜 세월 동안 일본에 전해 주고 나눠 주었는데, 저들은 오히려 무기를 들고 호시탐탐 침범해 왔고 또 역사 왜곡을 밥 먹듯이 하고 있으니……. 우리 박물관에 그 기록들이 낱낱이 다 전시되어 있는데도 말이지."

이렇게 흥분하는 적이 거의 없으신 아빠다. 엄마가 아빠 등을 밀며 출근 시간을 서둘러야 한다고 했다.

"당신이라도 학교에서 역사를 제대로 가르쳐 줘요."

아빠가 당부를 하자,

"근데 학교에선 역사 시간이 점점 줄어들고 있으니 어쩌지요?"
하며 엄마 역시 답답하다는 듯 큰 숨을 내쉬었다.

아빠 뒤를 이어 엄마도 곧 집을 나섰다.

"할머니께 들렀다 가려 했는데 늦었구나. 네가 얼른 가 보렴. 기준이는 아빠 얘기하시기 전에 나가는 것 같던데?"

"버얼써 줄행랑쳤지요. 헤헤."

아침 시간이 눈 깜빡할 새 지나가 버렸다.

거실 유리문이 닫혀 있었다. 이 시간엔 문을 열어 놓고 할머니가 거실 흔들의자에 앉아 계셨는데 좀 이상했다.

"웬일이실까? 할머니, 어디 계세요?"

살그머니 유리문을 밀고 할머니를 불러보았다. 아무 기척도 없었다. 담장 옆에 서 있는 감나무에서 나뭇잎 하나가 꽃잎처럼 떨어지고 있었다. 팔랑, 마당에 떨어지는 소리조차 들릴 듯 집안은 조용했다.

"할머니이, 기인이 왔어요."

현관문을 열고 거실로 들어갔다. 둘러볼 것도 없는 좁은 거실엔 빈 흔들의자만 놓여 있었고, 커튼이 쳐진 주방에도 할머니 모습은 보이지 않았다.

"방에 계셔요?"

방 앞에서 잠시 머뭇거리던 기인이가 방문을 열었다. 여는 순간에 역겨운 냄새가 코를 찔렀고, 할머니는 요 위에서 버둥거리고 계셨다.

"어머나! 할머니, 똥 쌌어요?"

손으로 코를 싸쥐며, 얇은 홑이불을 들췄다. 혼자 일어나 보려고 안간힘을 쓰시느라 그랬는지 할머니의 아랫도리는 똥으로 난장판이 되어 있었다.

기인이는 거실로 나와 다급하게 집으로 전화를 걸었다. 집 번호밖에 생각나지 않았다. 따르릉, 따르릉, 벨이 오래 울렸으나 받지 않았다. 집에 아무도 없다는 걸 그제야 깨닫고 전화기를 놓으려 하는데 뜻밖에도 기준이가 전화를 받았다.

"기준아, 큰일났어. 빨리 할머니한테 와 봐."

기준이도 뭔가 다급함을 느꼈는지,

"알았어, 누나. 기다려."

하고 먼저 전화를 끊었다. 기인이는 다시 방으로 들어갔다.

할머니가 혼자 중얼거리고 계셨다.

"꿈이었네. 깜깜한 밤중에 광덕산을 넘어……, 만주 벌판을 짐차에 실려선 어디로 가는지도 모른 채 자꾸자꾸 갔네. 그러다가 그만……."

또 악몽을 꾸셨는지 얼굴과 목에도 땀이 흥건하였다.

"무슨 일이야, 누나?"

그새 기준이가 달려왔다. 허겁지겁 방으로 들어오던 기준이 역시 심한 냄새에 코를 싸쥐었다.

"기준아, 목욕탕에 가서 대야에 물을 떠 와."

할머니는 이제 정신마저 놓으신 듯했다. 일으켜 드리려고 팔죽지를 들어봤으나 바윗덩이처럼 꿈쩍도 하지 않았다. 기준이가 재빨리 물은 담은 대야와 수건 뭉치를 안고 와선,

"누나, 이 수건으로 나처럼 코를 싸매 봐."

하더니 눈만 내놓고 얼굴을 다 가려 버리는 것이었다. 기인이도 기준이처럼 수건을 뒤통수에 질끈 동여매었다.

간신히 할머니의 옷을 벗기고 나서 젖은 수건으로 수도 없이 닦고 또 닦아도 끝이 없었다. 기준이는 의외로 투정부리지 않고 이리 뛰고 저리 뛰면서 대야 물을 갈아 대었다. 물과 땀으로 둘 다 옷이 흠뻑 젖었다. 기인이가 기진맥진해서 일어서다가 그만 엉덩방아를 찧는 바람에 벌렁 나자빠졌다.

"이게 무슨 고생이람?"

냄새도 이제 맡을 수 없이 코가 먹먹해졌다. 겨우 일어서는데 할머니 서랍장 위에 근엄한 할아버지 사진이 든 액자가 반듯하게 놓여 있었다. 기인이는 어린 딸이던 할머니한테 그저 참으라고만 했다던 할아버지에게 괜한 심통이 났다.

"할아버지, 보세요! 이건 꽃자리가 아니라 지독한 할머니 똥자리라구요!"

눈물이 났다. 기준이도 숨이 가쁜지 거실로 나가 팔자로 벌렁 드러누워 버렸다.

엄마한테 알리려고 전화기 쪽으로 가는데, 할머니가 다시 몸을 뒤척이며 신음 같은 소리를 냈다.

"이보시우, 일본 순사 양반. 나를 그만 내 살던 꽃자리 광덕으로 보내주시우."

기인이는 이제 엉엉 소리 내어 울었다. 기준이도 누나를 따라 손등으로 슬며시 눈물을 닦아 내며 말했다.

"할머니가 불쌍해."*

진달래와 고향

김요섭

금강산 산줄기에서 뻗어 나온 산길 돌 틈에 진달래가 빨갛게 혼자 피어 있습니다. 여기서 산길을 따라 이틀만 걸어가면 아름다운 금강산 구경을 할 수 있답니다.

이 근처에는 수풀만 무성했지, 돌 틈에 혼자 피는 이 진달래 외에는 다른 꽃은 한 송이도 피지 않았습니다. 때문에 나비도 잘 날아오지 않는 적적한 곳입니다. 그래서 해마다 진달래는 혼자 필 적마다 다른 꽃들처럼 저 아름다운 금강산 골짜기에 피지 못한 것을 못내 안타까워했습니다.

'금강산 골짜기에 피었다면 얼마나 좋을까? 그러면 내 모양은 더 예쁠 것이다. 그리고 또 사람들의 사랑도 많이 받을 텐데…….'

해마다 해마다 이 산길 돌 틈에 혼자 피는 진달래는 이렇게 생각하는 것이었습니다.

김요섭 1927년 함경북도 나남에서 태어남. 1941년 매일신보 신춘문예 동화 2석 당선. 1947년 청진교원대학에서 시와 동화를 중심으로 동인 활동. 1971년 펜클럽 한국 본부 이사 역임. 1973년 문인협회 부이사장 3선. 1993년 대한민국예술원 회원. 소천문학상, 5월문예상, 대한민국문화예술상, 한국시인협회상, 서울시문화상, 대한민국문학상 수상. 작품집으로 『진달래와 고향』, 『오, 멀고 먼 나라여』, 『이슬꽃』, 『달 돋는 나라』, 『날아다니는 코끼리』와 다수의 시집이 있다.

올봄에도 햇빛, 안개, 봄비를 솔솔 마시고 진달래는 외로운 산길 돌틈에 피었습니다.

진달래꽃이 처음 봉오리를 뚫고 방긋이 얼굴을 내민 것은 안개 속에서 뻐꾸기가 몹시도 울던 아침이었습니다. 산 아래 파아란 보리밭이며 하늘의 흰구름, 그리고 솔밭. 작년 봄에 보던 것과 조금도 다름없습니다.

그런데 하나 처음 보는 것이 있었습니다. 산길 저 쪽에 하얀 말뚝이 하나 꽂혀 있었습니다.

'누가 세웠나? 무얼까?'

진달래는 한참 말뚝을 보며 이 궁리 저 궁리 하다가 그만 말뚝 생각을 잊었습니다.

'아아, 금년 봄도 이 산길에 동무 없이 혼자 피었다가 그만 쓸쓸히 지려나.'

진달래는 우울한 생각에 잠겼습니다.

그러나 진달래는 불현듯 기다려지는 사람이 하나 있었습니다.

'참, 오늘쯤 올는지도 몰라.'

진달래는 은근히 기다렸습니다.

해가 서산에 지도록 기다리는 사람은 안 왔습니다.

그 다음날도, '오늘은 꼭 오겠지!' 진달래는 아침부터 기다렸으나 기다리는 사람은 영 안 왔습니다.

이렇게 오늘이야 오늘이야 기다리던 마음은 차츰 근심으로 변하였습니다.

'무슨 일일까? 매년 이맘때면 벌써 나를 찾아왔었는데…….'

이 산길의 진달래를 찾아오는 사람은 다른 사람이 아니었습니다. 저 아래의 김 참봉네 나무꾼이었습니다.

등에 지게를 짊어지고서 산을 어슬렁어슬렁 돌아오며, '내 어이 왔던고, 내 어이 왔던고, 심심산골 이 골짝에 내 뉘를 찾아왔던고' 를 구성지게 외치며 이 산길 골짝에서 나무를 하는 것이었습니다.

그때마다 진달래도 금방 눈물이 쏟아질 듯 서러워졌습니다.

아무도 없는 심심산곡에 찾아오는 나무꾼 신세가 외로운 산길에 혼자 피는, 꼭 자기 신세같이 생각이 들어 슬퍼졌습니다.

점심때만 되면 나무꾼의 눈에도 이 산길 돌 틈에 혼자 핀 진달래가 측은히 생각되나 봅니다. 그래서 그러는지, 꼭꼭 진달래꽃 옆에 와서 땀을 들이며 점심을 먹었습니다.

점심을 다 먹고 나서는 진달래꽃 옆에 아무렇게나 쓰러져 구성진 목소리로 푸른 하늘을 향해 '내 어이 왔던고' 를 한참 신이 나서 부르다 슬며시 잠들어 버렸습니다.

한참을 자고 나서는, 또 나무를 하다가 저녁때가 되면 구성진 노랫가락을 처량히 산길에 흘려 놓으며 어두워 오는 산을 내려갔습니다.

어느 날 나무꾼은 이 진달래꽃을 한 가지 뚝 꺾어 나뭇짐에 얹고 마을로 내려갔습니다.

진달래꽃은 나뭇짐 위에 얹혀 가며, 대체 어디로 가나 궁금하였습니다.

돌다리를 건너고 우물께까지 왔습니다. 나무꾼은 진달래꽃을 나뭇짐에서 뽑아 물을 긷고 있는 순이 물동이 옆에 살짝 놓으며 씩 웃고는 얼른 가 버렸습니다.

진달래는 이번에는 순이 물동이에 얹혀 순이네 집에 왔습니다.

석유 궤짝 책상 위의 깨진 사이다 병 속에 꽂혔습니다.

순이는 진달래가 상할까 봐 고이 애써 물도 자주 갈아 주었습니다.

며칠 후 봉당 바깥에서,

"순이야! 순이야."

어디서 꼭 듣던 목소리로 순이를 부르는 소리가 들렸습니다.

진달래는 한참 궁리하여 보니 생각났습니다.

바로 그 나무꾼 머슴애의 목청이었습니다.

들창 밑에서 정답게 속살거리는 소리가 들렸습니다.

"응, 그리고 네가 꺾어다 준 진달래는 끔찍이 사랑하고 아낀단다."

"고맙다. 이번 읍내 장에 가서 참빗을 하나 사다 주마."

이런 약속도 하였습니다.

그 다음 날, 봄님도 봄나라로 가는 때였습니다. 사이다 병 속에 꽂힌 진달래도 진달래꽃 나라로 떠나 버렸습니다.

순이네 방 사이다 병 속에 꽂힌 진달래는 하룻밤 사이 빛을 잃고 꽃잎이 시들어 떨어졌습니다.

"나무꾼 머슴애가 올봄에는 순이한테 장가들었는지도 몰라. 아아! 그래서 이 산길에 오지 않나 보다."

진달래는 혼자 이렇게 말하면서 쓸쓸한 생각에 잠겨 있는데, 나풀나풀 하얀 나비가 꼭 일 년 만에 찾아왔습니다.

"아! 너 벌써 피어 있구나."

나비는 반가이 소리치고는 다짜고짜로,

"너 세상이 어떻게 됐는 줄 아니?"

하고 물었습니다.

"세상이 어떻게 되다니, 얼른 말해 봐. 난 이렇게 동무도 없이 혼자 피어 있기 때문에 세상 소식엔 전혀 깜깜하단다."

"아이, 답답해라. 여기가 어딘 줄 아니? 그리고 저 하얀 말뚝을 봐라."

"아 참! 저 말뚝이 궁금해. 얼른 말해 줘!"

"작년 여름에 말야, 일본이 코가 납작해져서 이 땅에서 물러갔어!"

"아이, 이 나라 사람들이 얼마나 좋아하겠니. 그래서?"

"그 대신 또 말이야, 여기서 남쪽에는 미국 군대가 들어오고, 여기서 저리 북쪽으론 소련(지금의 러시아) 군대가 들어와서 이 나라는 두 조각이 됐어. 바로 네가 피어 있는 이 산길이 두 조각이 된 이 나라 경계선이야."

"……."

진달래는 모두 처음 듣는 소리여서 무슨 말인지 나비의 말을 얼른 깨칠 수가 없었습니다.

"그리고 이 산길은 아무나 마음대로 못 다녀."

나비는 사방을 둘러보며 나직하게 말하였습니다.

'아! 그래서 김 참봉네 나무꾼이 나무하러 못 오는구나.'

진달래는 생각하였습니다.

날이 어둡기 전에 나비는 가야겠다고 산길을 훨훨 날아갔습니다. 날아가다 하얀 말뚝 위에 한번 앉아 보고서 나비는 솔밭 사이로 사라져 버렸습니다.

밤이 되었습니다.

진달래는 깜빡 잠이 들었습니다.

한밤중에 분주히 산길을 뛰어가던 어느 발부리에 채어 진달래는 소스라쳐 단잠을 깨뜨렸습니다.

진달래는 무서움에 떨며 가만히 귀를 기울이고 있는데, '타아앙!' 하고 어디선가 총소리가 나는가 했더니, 어두운 밤하늘의 별 하나가 저쪽 산 위에 굴러 떨어졌습니다.

애매하게 하늘의 별 하나가 총알에 맞았나 봅니다.

산길을 굴러내리는 사람들의 인기척이 뚝 수풀에 숨었습니다.

산 밑 먼 데서 전깃불이 몇 번 번쩍이고……. 어둠 속에서 웅얼웅얼 처음 듣는 외국 병정의 말소리가 솔방울을 흔들고 가는 밤 바람에 실려 왔습니다.

무서운 봄 밤, 진달래는 한잠도 못 자고 뜬눈으로 새웠습니다.

아침 햇살이 쪼옥 퍼진 산길, 총을 멘 군인이 수풀에서 나왔습니다.

키가 후리후리한 처음 보는 사람이었습니다.

찬찬히 보니 머리는 금빛깔, 눈은 푸릅니다.

그 병정은 멀리 남쪽 하늘을 바라다보았습니다.

어제 나비가 앉았던 말뚝에다 가로 쓴 글을 유심히 들여다보더니 진달래 있는 데로 왔습니다.

진달래는 무서운 생각이 더럭 들었습니다.

외국 병정은 큼직한 손을 쑥 내밀어 떨고 있던 진달래 한 가지를 꺾어 카키색 모자에 꽂았습니다.

진달래는 외국 병정과 함께 수풀을 헤치고 보초 막으로 내려왔습니다. 웅얼웅얼 모두 처음 듣는 외국어가 되어 무엇을 지껄이는지 통 모르겠습니다.

진달래는 방 한쪽 구석 빈 깡통 속에 꽂혀 있었습니다. 또 밤이 되었습니다.

칸델라 불 아래 어린 병정이 눈을 감고 손풍금을 탑니다. 슬픈 곡조입니다. 진달래를 꺾어 온 외국 병정은 펜을 달려 편지를 썼습니다.

밤이 이슥해서 진달래 꽃잎 다섯 장은 편지와 함께 봉투 속에 들어갔습니다.

진달래는 편지와 함께 몇 번 이 손에서 저 손으로 넘겨져 트럭을 타고 산길을 지나 사령부가 있는 큰 도시에 나왔습니다. 거기서 또 이 손에서 저 손으로 몇 번 거쳐 기차를 타고 항구가 있는 도시로 왔습니다. 항구에서 다시 배를 타고 진달래는 고국을 떠났습니다.

배를 타고 떠나는 편지 속의 진달래는 자꾸만 서운하였습니다. 바다 위에서 물결에 흔들리며 하룻밤 잔 진달래는 '뚜우…….' 우람한 고동 소리 울리며 두만강 가까운 블라디보스톡 항구에 이르렀습니다.

배에서 내린 진달래는 넓고 넓은 시베리아를 기차를 타고 달렸습니다. 기차를 타고 꼭 사흘째 되던 날, 어느 촌 역에 내린 수많은 편지 뭉치는 겉봉투 글자를 따라서 제각기 헤어졌습니다.

진달래가 들어간 편지 봉투는 해바라기 꽃밭 샛길로 해서 늙은 어머니와 어린 소년이 있는 집에 떨어졌습니다.

어머니가,

"바자노프 편지다!"

소리치니까, 해바라기 꽃밭 속에서 놀던 소년이 이상한 소리를 지르며 뛰어나왔습니다.

해바라기꽃 밑에서 겉봉을 뜯고, 어머니가 단숨에 편지를 읽어 내렸습니다. 그리고 진달래 꽃잎을 신기한 눈으로 어머니와 소년은 들여다보았습니다.

편지는 어머니가 간직하고 진달래 꽃잎은 소년이 간직하게 되었습니다. 소년은 동화책 속에다 진달래 꽃잎 다섯 장을 소중스레 간직하였습니다.

동화책 속에 끼인 진달래 꽃잎은, 그 다음부터는 세월이 어떻게 되어가는지 통 모르게 되었습니다.

소년은 동화책 속에다 진달래 꽃잎을 끼워 놓고서는 벌써 잊은 듯 한 번도 꺼내 보지 않았습니다.

조선에서 온 동화책 속 진달래는 답답하기만 합니다.

'지금쯤은 김 참봉네 나무꾼이 순이한테 장가들었을까? 참빗 사다 준다더니…….'

'저 경계선의 말뚝은 없어지고 사람들은 마음대로 나다니고 있을까?

이런 일만 궁금하고 알고 싶었습니다.

그리고 나무꾼의 그 구성진 타령 '내 어이 왔던고' 를 듣던 때가 동화책 속에서 그리워졌습니다.

외롭다고 생각하던 그 산길이 지금 와서는 도로 그리워집니다.

나무꾼 머슴애가 보고 싶습니다.

순이가 보고 싶습니다.

순이네 집 석유 궤짝 위의 깨진 사이다 병이 그리워졌습니다.

진달래가 이러한 날을 동화책 속에서 보내는 사이 여름이 가고 가을이 가고 겨울이 왔습니다.

동화책 속에 끼인 진달래는 고향 그리운 마음병에 매일같이 얼굴이 못해져 갔습니다. 누렇게 병색이 돌았습니다.

밤이면 동화책 속의 까만 활자들이 도란도란 동화를 속살거려 주지만, 까짓것 듣고 싶지 않았습니다.

자꾸만 고향이 그리워집니다.

정들면 아무 데고 고향이라 하는데, 그렇지만 진달래는 날이 갈수록 고향 땅 조선만 그리워졌습니다.

시베리아 벌판에는 매일같이 하얀 눈이 퍼부었습니다.

'내가 금강산 어느 외로운 산길에 피었던 것이 뭐 그리 큰 인연이 돼서, 고향을 생각할 건 뭐야!'

'우연히 시베리아에 피어났으면 나는 시베리아의 꽃이지 뭐!'

'그런데 고향 땅만 자꾸 생각할 건 뭐냐!'

이렇게 억지로 고향 생각을 지워 버리려고 하였으나, 또 이내 고향 생각이 났습니다.

눈이 몹시 퍼붓는 날이었습니다.

소년은 동화책을 오래간만에 꺼내 페치카(벽난로) 앞에서 읽으려고 하는데, 진달래 꽃잎 다섯 장이 책 속에서 나왔습니다.

"아! 아버지가 조선에서 보내 준 꽃잎!"

소년은 이렇게 외치며 진달래 꽃잎을 손바닥에 얹고 물끄러미 바라보았습니다.

소년의 입에서 코리아란 말이 떨어지니 진달래는 또 고향 생각이 났습니다.

'아! 언제나 고국의 봄에 가 보려나.'

'저 얼음이 두껍게 언 창으로 내다보면 고국이 보일까?'

소년은 저쪽 방을 향하여,

"엄마! 아빠가 보내 준 꽃잎이 여기 있어요."

소리치며 문을 열고 나가다 눈바람이 몰려들어와 동화책 위의 진달래 꽃잎 다섯 장을 눈 쌓인 마당에 날렸습니다.

"앗! 꽃잎! 꽃잎!"

소년은 황급히 소리치며 맨발로 마당에 뛰어나갔으나, 진달래 꽃잎은 바람에 자꾸만 날려갔습니다.

"바람아, 바람아, 우리를 고국에 보내 다오. 어서 고향에 봄이 오기 전에 가야 되겠다."

바람은 못 들은 척하였습니다.

"응? 바람아, 고향 봄이 그리워서 그런단다."

눈은 펑펑 그대로 쏟아져 넓고 넓은 하얀 벌판에서 갈 바를 모르겠습니다.

이리저리 헤매다가 진달래 꽃잎은 눈 속에 파묻혔습니다.

온몸이 점점 시려 왔습니다.

춥습니다. 차츰 추운 줄도 모르겠습니다.

바람 소리가 멀리서 옛적같이 아스라하게 들려 옵니다.

정신은 자꾸 흐려져 갔습니다.

순이 얼굴, 나무꾼 얼굴, 깨어진 사이다 병, 산길에 선 흰 말뚝, 이런 것이 번개처럼 눈앞을 지나갔습니다.

어디서,

"내 어이 왔던고, 내 어이 왔던고, 심심산곡 이 골짜기에 내 뉘를 찾아왔던고."

고국 산길에서 듣던 구성진 그 목청이 맑고 맑게 눈 속에서 흘러옵니다. 이 노래를 들으며 진달래는 눈을 감았습니다.

눈이 퍼붓는 시베리아 눈 속에서, 금강산 어느 산길에서 온 진달래는 한없이 고국을 그리워하며 숨을 거두었습니다.

서평

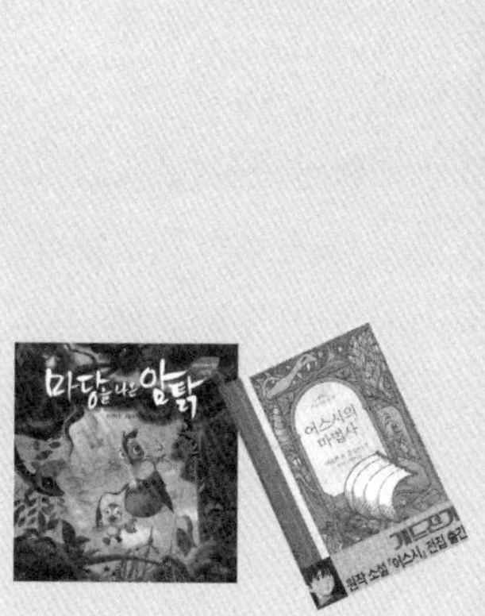

소설과 신화를 부모로 가진 판타지
—『어스시의 마법사』가 시사하는 것들 | 김현숙

한국의 가족, 그리고 여성 현실을 그리다
—애니메이션 그림책 『마당을 나온 암탉』 | 황혜순

| 서평 |

소설과 신화를 부모로 가진 판타지

—『어스시의 마법사』가 시사하는 것들

김현숙

1. 지금은 소설 시대

지금은 소설 시대이다. 잘 알다시피 소설은 인류 문학사에서 가장 최근에 형성된 이야기 양식이다. 소설은 리얼리즘이라는 문학 정신과 무관치 않다. 리얼리즘은 현실을 존중하고 객관적으로 관찰하여 이것의 소설적 재현과 반영에 충실하고자 한다. 그런 탓에 졸라, 발작, 스탕달 등 근대의 소설가들이 그려낸 세계는 신화나 로만스에 비하면 분명 협소하다. 그러나 독자든 작가든 이를 문제 삼지 않는다. 현실에 집중하고 탐구하는 이야기를 필요로 했고, 그런 요구로 만들어진 것이 소설이기 때문이다.

소설은 왜 이리 현실에 집중하는 것일까? 이에 대한 답은 소설 이전의 이야기를 둘러보면 찾을 수 있다. 신화, 서사시, 로만스 등 소설 이전 이야기들에서 세계와 자신에 대한 개인의 인식은 고정적이고 안정적

김현숙 조선일보 신춘문예와 MBC창작동화대상에 동화가 당선되었고, 아동문학평론가로도 활동하고 있다. 지은 책으로는 동화집 『여우들의 맛있는 요리학교』, 『벽에 걸린 바다』, 평론집으로 『두 코드를 가진 문화읽기』 등이 있다.

이었다. 세계는 어떻게 만들어졌고, 악은 무엇인지 등등에 대한 이해에 있어서 절대적인 단일한 진리가 있다고 믿었다. 개인의 삶은 진리로 표상되는 세계의 질서에 부합된 채 운용된다고 믿었다. 즉 세계와 나는 괴리 없이 합치되는 것으로 파악하고 있었다. 인간 이성의 역할은 그 감춰진 진리를 잘 파악하는 일에 맞춰져 있었다. 신화 등에서 이야기가 거느린 세계가 넓은 것은, 진리 탐색이라는 주인공의 임무 수행이 가치 있고 빛난 것으로 띄워 주기 위한 것이다.

개인을 주어진 질서 안에 놓인 존재로 파악하는 일은 데카르트 이후 전환을 맞이한다. 세계 인식의 출발점을 개인 너머에 있는 절대적 질서의 파악에 있는 것이 아니라 생각하는 나로 바꾼 것이다. 문제적 개인의 출현, 이로써 근대의 철학과 문학이 출발되었음은 잘 알려진 사실이다. 소설은 자신의 현실을 바탕으로 세계의 질서를 탐구하며 세계와 자신의 분리를 극복해 보려는 근대 개인들의 의지를 담고자 했다. 이야기의 세계가 이전과 다르게 전개되었다. 발작과 스탕달은 세계와 좀처럼 화합하지 못하는 개인들의 삶을 추적한다. 성공에 대한 야망 혹은 자기 실현이라는 의지를 가지고 시골을 떠나 도시로 몰려간 젊은이들이 소설에 즐겨 나오게 된 것이다. 서사는 출세와 사랑을 위한 주인공의 격렬한 몸짓과 불안한 내면을 꼼꼼하게 보고한다. 문제적 개인인 근대 주체들은 이렇게 이야기에 반영된 것이다.

2. 소설 시대에 쓰는 신화

결정된 운명이란 없으며 개인의 삶은 주체의 의지에 따라 변화시킬 수 있다,고 우리는 배웠다. 삶의 의지를 곧추세우게 하는 멋진 가르침이며, 삶의 의미에 도전하게 하는 자극적인 안내이다. 그러나 인간은 신이나 마법사와 달리 제한된 능력을 가진 존재이다. 인간의 의지와 도전은 번번이 좌절을 경험하기 마련이다. 근대적 주체로 등극한 이후, 인간은 이 불행에서 자유롭지 못하다.

우리가 신이나 마법사와 같은 능력자들을 다룬 이야기들을 거듭 읽는 것은, 근대적 주체가 가진 불행을 잠시 달래 보는 것일지도 모른다. 물론 현실과 다른 낯설고 기이한 세계가 비루한 일상에 잠식된 우리들에게 주는 신선감과 놀라움도, 신화 등을 읽게 하는 중요 요인이다. 그러나 신화류의 이야기가 오늘의 독자에게 소설처럼 지속적인 호소력을 갖는가를 따지면, 고개를 갸우뚱거리게 된다. 신화 등이 가지고 있는 세계와 인간에 대한 이해, 세계와 인간의 관계가 근대 이후 이에 대한 인간의 태도와는 다른 탓이다. 요컨대 신화적 이야기들은 흥미로운 이야기이지만 오늘의 삶을 고민하는 데 있어서는 소설만큼 유효한 의논 상대는 아닌 듯하다.

신화 등이 가진 많은 유용성을 부정하자는 게 아니다. 입장과 맥락에 따라서 신화 등의 서사는 뜨거운 관심 대상으로 떠오른다. 신, 마법사, 마녀 등에 열을 올리는 작가들이 많다. J.R.R. 톨킨, C.S. 루이스, 그리고 어슐러 K. 르 귄은 그 대표적 작가들이다. 세 작가의 작품을 읽고 나면, 이들은 경탄스런 신화 세계를 일구던 과거 창작자들의 적통 후예들로 지목하고 싶어진다. 이들은 스케일의 장대한 세계를 너끈하게 형성하는 일에서부터, 세부의 섬세한 구축을 통해 생생한 실재감을 획득하는 날렵한 솜씨까지, 선조들 못지않은 기량을 발휘한다.

하지만 낯설고 기이한 세계를 창작에 능하더라도 앞선 자들이 이미 보여준 경탄스런 세계 창조를 답습하고 있는 것뿐이라면, 이들은 신화의 아류를 지어 내는 비급 작가들일 뿐이다. 그런데 이들의 급수를 따지기 전에, 소설 시대에 신화 쪽을 기웃거리는 이들 작품이 신화 류의 이야기이기는 한지, 잠깐 살펴보자.

이들의 작품을 두고 신화라고 하기 어렵다. 기운 세고 용감한 존재들이 대거 등장하거나, 자유자재로 마법을 부리는 능력자들이 서슴없이 출현해 있는 것이, 신화와 유사하기는 하다. 그러나 이 현상은 표층의 일일 뿐이다. 서사 안에 담긴 것은 신화를 썼던 시대의 인간들이 보여준 세계 인식이 아니다. 서사가 다루는 것은 자기 앞의 세계에 힘겹게 맞서고 있는 제한된 능력을 가진 주체들이다. 그 주체들 덕에 독자는 지금 여기를 사는 우리들이 갖는 문제 의식과 대면할 수 있다. 결국 이들의 작품은 문제적 개인을 다룬다는 근대 소설의 대원칙에 복종하고 있다고 하겠다.

세 작가가 신화류의 이야기를 쓴 것은 아니다. 신화적 외양을 취했으나 신화라 할 수 없는 다른 것이 있기 때문이다. 신화시대에 생각하지 않았던 문제를 다루고 있는 것이다. 신화적 글쓰기를 차용하지만 궁극적으로는 현대(mordern, 근대)의 문제 의식과 씨름한 이 이야기들은, 그렇다고 소설의 정통을 자처하는 리얼리즘 소설과도 다르다. 그러나 소설이 시도한 여러 이야기 방식의 하나임은 분명하다.

소설이 가진 다양한 이야기 방식들 중 일련의 것을 몇 가지 나열해 보겠다. 『1984년』처럼 가까운 미래 사회를 디스토피아로 처리하기, SF, 미래에서 현재로 반대로 현재에서 과거로 시대의 넘나듦을 자유로이 전개시키기, 꿈인 듯한 비현실의 세계와 현실 세계를 왕래하기, 비현실적 존재나 사건을 현실에 투입시키기. 동화 작가들에게는 아주 빨리 이해되는 이야기 방식들이다. 현실의 반영을 중시하는 소설에서는 리얼리즘 계열의 작품이 주류이다. 주류를 벗어난 이야기들 중에서 일련의 방식들(위에서 예시한)로 쓰인 소설을 판타지라는 명칭으로 통칭한다.

3. 판타지의 위치

소설의 시대에 하나의 이야기 기법으로 제시된 판타지란, 새로운 형식을 가진 소설이라고 할 수 있다. 신화적 치장을 한 소설들은 판타지에서 가장 흔히 것이다. 근대의 문학 양식으로서의 판타지는 신화나 전설 혹은 민담, 나아가 중세 로만스 등과는 구별된다. 소설 이전의 이야기 양식에서는 판타지라는 것이 존립할 기반이 있다고 하기 어렵다. 즉 오늘의 소설처럼 현실 재현에 모범적으로 응한 이야기들이 있을 때라야, 그와 구별되는 비현실적 이야기들을 모아 일련의 장르명을 부여해 볼 수 있을 터인데 그렇지 않은 것이다. 이야기의 역사, 즉 신화 → 서사시 → 로만스 → 소설로 이어지는 이야기의 흐름을 우리는 알고 있다. 현실이 충실하게 재현되었느냐 만을 놓고 판타지를 가른다면 소설 이외의 것은 모두 다 판타지로 묶인다. 이런 판타지의 정의가 이야기 문학을 이해하는 데 그다지 유용해 보이지 않는다. 현실 재현에 모범적인 소설 시대라면, 그렇지 않은 판타지가 주목 대상으로 부각된다. 이 판타지와, 그렇지 않은 이야기 시대의 비현실적인 이야기와 맥락 무시하고 바로 접속시키는 것은 지나치게 기계적인 분별 방식이다. 물론 의미 있는 기준점만 있다면, 신화에서 로만스까지의 이야기들과 오늘의 판타지를 함께 묶어 보는 일이 부정될 것은 아니다.

『반지의 제왕』(톨킨), 『나니아 연대기』(루이스), 『어스시 연대기』(르귄)는, 신화처럼 저 너머의 세계를 제시했지만 내부에서 신화 세계의 인식을 배반하는 서사이며, 심층에서는 소설과 문제 의식을 공유했지만 표면에서는 리얼리즘이라는 남루해진 옷을 거침없이 팽개친 대담한 이야기들이다. 이 세 작품을 세계 3대 판타지로 규정하며 세계가 주목하고 있다. 그만큼 세 작품이 보여준 기묘한 조합이 던지는 파장이 크다는 것을 뜻한다.

그렇다면 여기서 이 작가들이, 과거 형식에 오늘의 내용이라는 엇박을 발생시킨 까닭을 물어야 한다. 이 물음은 판타지를 이야기할 때, 전 세계 독자들이 그들의 작품에 몰입하게 되는 그 지점을 살피는 일과 연관된다. 세 작품 중 무엇을 대상작으로 삼아 판타지에 대한 이야기를 풀어가도 일정한 소득을 거둘 터이다. 개인적으로는 『어스시 연대기』, 거기서도 특히 1편인 『어스시의 마법사』가 끌린다. 어슐러 K. 르 귄의 작품들은 평이한 이 세계의 한 귀퉁이를 쪼아 깊숙이 파묻힌 진실을 드러나게 하는 것이 강점이다. 뛰어난 소설가의 역량을 그의 여타 작품에서도 확인할 수 있지만, 『어스시의 마법사』에서는 그녀의 강점이 유감없이 드러나 있다.

4. 성장의 방향

『어스시의 마법사』(1968년 발표)는 성장의 코드가 선명하게 살아 있다. 때문에 독서력이 있는 초등 고학년이라면 도전해 볼 만한 작품인데, 청소년층과 동화작가에게는 강력하게 추천하고 싶은 작품이다. 평이하게 성장을 다룬 판타지에서는 결코 들을 수 없는 성장에 대한 또 다른 생각을 만날 수 있기 때문이다.

성장 서사에서 모험은 성장을 이루게 하는 동력이 된다. 주인공의 세계 주유, 수없이 맞닥뜨리는 고난, 그것의 극복, 일련의 과정이 끝나면 주인공은 어느덧 몸과 마음이 훌쩍 자란 상태에 이른다. 무척 오래되고 단단한 성장 서사의 공식이다. 그러나 서사들마다 성장의 방향은 조금씩 다르다. 성장 결과 사회의 일원되기, 신체적으로나 정신적으로 어리고 능력이 약한 존재의 강건한 능력자 되기, 자신 없음이나 무엇에 대한 공포 등 부정적 측면 극복하기 등. 대체로 약하고 부정적 상태를 극복하여 강건하고 긍정적 상태로의 이동을 성장으로 이해하고 있다.

르 귄이 보여준 성장은 이와는 다르다. 낮은 상태에서 높은 상태로 올라가는 수직적 성장을 추구하지 않는다. 오히려 그런 수직적 성장에 문제를 제기한다. 『어스시의 마법사』는 궁벽한 섬에서 자라던 소년이 대마법사가 되는 과정을 다루었다. 궁벽한 시골 천덕꾸러기에 가까운 소년은 마법계의 전설적 존재로 남을 만큼 뛰어나고 주목할 만한 존재로 커나간다. 잠재된 마법 능력은 탁월했고, 소년 스스로도 마법 능력을 키우는 일에 적극적이다. 소년은 섬의 스승을 떠나 상급 마법을 가르치는 마법 학교에 입학한다. 마법 학교 역사에서 가장 탁월한 학생으로 인정받는 게드, 게드는 자신을 무시하는 보옥과 마법 대결을 벌인다. 여기까지가 이 서사의 3분의 1의 내용이다. 그리고 여기까지 성장이란 능력이 약한 존재가 끊임없이 자신을 벼려서 능력자가 되는 과정을 가리킨다.

마법 대결에서 게드는 엄청난 마력을 발휘한다. 그 결과 악의 힘인 그림자를 불러들이고 만다. 막강한 힘을 가진 그림자, 하여 봉인 상태에 있던 그림자였다. 그 그림자는 게드가 자신의 탁월한 능력을 과시하는 순간 봉인을 뚫어버린 것이다. 이 장면을 통해 르 귄은 능력의 사용에 있어서 윤리 문제를 제기한다. 능력자가 자기 능력을 보이는 것은 자연스러워 보인다. 그러나 그 능력의 사용이 어떤 의도를 가진 것이냐에 따라서, 엄청난 파국을 초래하기도 한다. 봉인에서 풀린 그림자는 아직은 힘이 약하다. 그림자는 가장 뛰어난 능력자인 게드의 소멸을 목표로 한다. 막강한 힘을 가진 게드의 몸과 영혼을 차지하고자 하는 것이다. 그렇게 되면 세계는 엄청난 악의 힘에 휘둘리게 된다. 게드는 이런 그림자로부터 자유롭지 못하다. 사정이 이렇다면, 르 귄은 능력을 키우기라는 성장의 방향을 다른 쪽으로 바꾸었다고 할 수 있다.

게드의 소멸을 통해 엄청난 힘을 얻으려는 그림자를, 게드는 물론 어떤 마법사도 통제할 수가 없다. 때문에 게드는 그림자에게 붙들리지 않으려고 필사적으로 도망친다. 어디에도 안전한 곳이 없다. 끝없는 도피 생활 중에 두려움과 외로움이 한시도 게드를 떠나지 않는다. 그림자는 그런 게드의 심리 상태를 먹고 점점 더 강력해진다. 물론 게드가 가는 곳이면 어디든 따라 붙는다. 그림자라는 그 호칭처럼. 결국 그림자는 게드와 별개인 다른 무엇이 아니라 또 하나의 게드이다. 또 하나의 자신, 공포스런 존재, 그로부터 결코 도망칠 수 없는 것, 성장이란 그런 존재를 대면했을 때 그것과 어떤 관계를 맺을 것인가와 관계된다. 자기로서는 인정하기 어려운 두렵고 공포스런 자신의 어두운 부분들, 그것으로부터 도망칠 것인가 맞설 것인가?

도망치는 게드에게 끈질기고 점점 더 강력하고 용의주도하게 따라붙는 그림자, 게드는 그런 그림자에게 두 번을 거의 붙잡힐 뻔한다. 그림자를 통제할 수 있는 유일한 방법은 그림자의 이름을 부르는 것이다. 『어스시의 마법사』에서 상대의 이름을 안다는 것은 상대의 모든 것을 아는 일, 하여 상대를 자기 뜻대로 부릴 수 있는 상태를 말한다. 게드는 그림자의 이름을 알아낼 수 있는 순간들을 맞이한다. 그러나 그 순간은 거래의 순간들이기도 하다. 즉 게드가 대면한 상대가 원하는 것을 해줌으로써 그림자의 이름을 듣는 것이다. 게드는 혼란스러워하기는 했으나 응하지 않는다. 그 거래에 응하는 것은 한 지방 마법사로서 자기 임무를 저버리는 행위이거나 악한 결말을 가져오기 때문이다. 이 장면들은 게드가 외부의 부당한 도움을 거절하는 것을 가리키며, 진실한 성장이 외부의 힘에 있지 않음을 알린다.

소멸을 피하려는 혼신의 피신, 그러나 마침내 붙잡히고 말리라는 것을 게드는 알고 있다. 피를 말리는 도피, 두려움에 떨며 정처 없이 세계를 떠돈다. 그림자의 추적 말고도 게드를 고통스럽게 하는 것은 절대적 고독이다. 여기서 죽음에 쫓기는 인간 운명, 고독에 시달리는 근대 주체의 고통이 환기된다. 르 귄이 전도양양한 젊은 마법사로 하여금 인간이 가진 한계상황에 직면케 했던 것은, 성장에 대한 다른 생각을 펼치기 위해서이다. 르 귄이 말하려는 성장은 무엇인가.

게드가 거래에 응하지 않다가 오히려 거래의 제안자 측으로부터 공격을 받는다. 강력한 고대의 힘에 맞설 수 없었던 게드는 매로 변하여 피신한다. 이러한 마법은 자아를 잃어버릴 수 있는 위험한 것이다. 자아를 거의 잃고 비틀거리는 게드를 맞이한 것은 스승 오지언이다. 오지언은 그림자가 게드로 하여금 자기 존재를 무너뜨리도록 몰고 갔다는 사실을 지적한다. 자기가 무너졌는데 성장을 이룰 수는 없다. 그림자로부터의 도피가 자신을 무너뜨리는 일로 이어진다면, 이제 게드는 도망을 중단하고 그림자에 맞서야 한다. 오히려 그림자를 찾아나서야 한다. 도피자로부터 추적자로의 전환. 이 전환이 뜻하는 것은 외적 상황에 휩쓸리는 자에서 자기 원천으로 돌아가기이다. 최고의 마법사가 되기 위해 자기의 원천을 잊고 능력 배양에만 힘을 썼던 게드, 주변의 시샘어린 조롱에 자신의 엄청난 힘을 과시했던 게드, 모두 다 자기 원천을 잊었던 자의 모습이었다. 그림자는 원천을 잊은 자를 목표로 그 자의 소멸을 노리는 존재이다. 그림자에 맞선다는 것은 자신의 원천으로 되돌아가는 일이다. 그림자의 유인에 나서는 게드는 자기 운명을 스스로 통제하는 주체의 모습이기도 하다. 르 귄은 그런 주체에게 가장 중요한 것은 원천을 잊고 흔들리지 않는 일이라고 말한다. 그렇게 되기, 그것이 주체의 성장이다.

게드는 그림자를 마침내 만나고 그림자의 이름을 말한다. 그 이름은 '게드'. 자기의 그림자를 자기 이름으로 지웠고, 이로써 게드는 '자신을 완전하게' 했다. '진정한 자아 전체를 깨달은 인간이며 자신 아닌 그 어떤 힘에 이용당하거나 지배받지 않을 사람, 살기 위하여 살며 결코 파괴나 고통이나 증오나 어둠을 섬겨 살지 않는 인간이 된 것이다.' 이런 게드야말로 대마법사인 것이다.

탁월한 능력을 부여받았지만 원천을 잃자 게드는 무력한 마법사가 되었다. 원천을 잃는 순간부터 그림자는 게드를 떠나지 않았다. 게드와 그림자와의 대결은 진정한 자기를 깨닫는 과정이었다. 성장이란 자기로 돌아가 자기 아닌 것에 휘둘리지 않는 일인 것이다. 르 귄이 서사 초반에 능력을 키우는 게드의 모습을 제시한 후 그림자에게 쫓기는 게드의 모습을 그려 나갔다. 이것은 궁극적으로 성장에 대한 자신의 성찰을 효과적으로 드러내는 구성이지만, 독자로서는 성장에 대한 일상적 개념과 르 귄이 말하는 진정한 성장을 비교해 볼 수 있다. 여기서의 성장은 능력의 문제가 아니라 완전성의 문제임을 놓칠 수 없다. 대마법사란 단지 능력이 가장 뛰어난 마법사를 뜻하는 것이 아니라, 마법이라는 특별한 능력을 온전히 행할 수 있는 진정한 마법사를 뜻한다. 이런 것들을 놓친다면, 『어스시의 마법사』는 한 소년이 대마법사로 성장하는 과정을 다루고 있는 성장소설이라는 소개는 조악하고 거친 진술일 수밖에 없다.

5. 성장담이 고민해야 할 것들

톨킨 등의 작가들이 소설의 시대에 신적 존재나 마법사 등 탁월한 존재들을 불러들임으로써 일상의 일로부터 거리를 두는 까닭은 무엇인가? 이 글은 이 질문에서 출발했다. 세계적인 판타지 작가들이 현실을 배경으로 한 작품을 쓰지 않았던 이유는 여러 가지로 짐작된다. 오늘의 고민을 다른 각도에서 풀어가고자 하는 의지, 혹은 근대의 문제 의식을 신선하게 처리해 보겠다는 의도, 혹은 독자의 호기심을 자극시켜 그들을 문학 안으로 적극 흡입시키기, 아니면 장르 혼종에 대한 작가적 욕망의 충족, 새로운 이야기 양식의 창조 등. 다양해 보이는 이유지만 이들이 자기 시대의 문제를 잊고 신화나 마법의 시대로 회귀한 것은 아니다. 이것을 르 귄의 『어스시의 마법사』를 읽으며 확인해 보았다.

마법사란 범인에 비해 탁월한 능력의 소유자들이다. 능력자, 르 귄은 그 중에서도 가장 강한 힘을 가진 마법사를 자기 소설로 불러들였다. 수없이 펼쳐지는 마법의 장면들, 그를 통해 그가 그리려고 했던 것은 능력의 확대가 아니라 자신을 자기 능력의 주인으로 확립해 가는 과정이었다. 때문에 『어스시의 마법사』를 소설 시대에 쓰여진 마법사의 이야기이며, 한 능력자의 성장을 다룬 서사로 규정해 보았다.

이 작품은 서구 사회에서도 집중도 있게 논의된 작품이다. '그림자'에 대한 해석이 분분한 것이다. 욕망, 꿈, 죽음, 고통 등 다양하게 해석

되고 있다. 그러나 이 작품을 성장 소설로 접근했을 때, 그림자가 무엇을 지시하는가는 그리 중요하지 않다. 그보다는 그림자가 어떻게 출현하고, 게드가 이에 반응했던 태도가 어디서 어떻게 달라졌는가를 다루어야 한다. 게드는 마침내 그림자를 통제했다고 할 수 있다. 그러나 이 통제는 더 강력한 마법을 터득함으로써 이루어진 것이 아니다. 완전한 자아 되기, 자기의 원천으로 회귀함으로써 이뤄진 것이다. 능력자 마법사에게도 가장 다루기 어려운 대상은 결국 자기 자신이었던 것이다.

성장을 다룬 여러 판타지 동화들을 읽어 왔다. 기이한 모험이 연속되지만, 어딘가 공허했다. 많은 경우 성장을 모험이 낳는 산물처럼 여겼기 때문이다. 모험은 고난을 동반하는 것이고 다음 단계로 나아가기 위해서는 그 고난 극복이 요구된다. 극복 과정 중에서 주인공은 때로 방향을 잃고 눈앞의 과제 처리에 급급하거나, 외적 도움에 쉽게 응하곤 했다. 성장의 주체로서 대응해야 할 고민을 작가들은 충분히 다루지 못했다. 성장이 무엇인지 더 나아가 인간에 대한 밀도 높은 성찰이 뒷받침 되지 않는 한, 무수한 모험은 유사 성장만 생산할 뿐이다.

| 서평 |

한국의 가족, 그리고 여성 현실을 그리다
—애니메이션 그림책 『마당을 나온 암탉』

황혜순

1

한국의 그림책 시장은 2000년대 들어서면서 질적 양적으로 많은 발전을 거듭하였다. 그리하여 지금 날마다 수없이 많은 책들이 출판되고 있다. 이 글에서는 그중 그림책 『마당을 나온 암탉』에 주목하고자 한다. 이 책은 황선미 동화를 원작으로 한 애니메이션 영화 〈마당을 나온 암탉〉이 개봉되면서 함께 기획되고 출판된 책으로써 종합적인 고찰이 필요하다고 판단되었기 때문이다. 즉, 이 책은 형식면에서 문화 산업에 대한 관심과 새로운 시도가 늘어나고 있는 현재 한국의 출판-문화 산업의 상황을 보여주고 있다고 할 수 있으며, 내용면에서는 '모성성의 신성화를 통한 가부장적 문화의 한국적 현실', 그 속에서 '힘들게 살아가고 있는 현실 사회 우리들의 어머니 삶'에 대한 이야기인 것이다. 게다가 현재 들어가는 한 부모 가정의 부모님(특히 어머니)들의 삶과 다문화 가정을 생각해 보게 하는 '대한민국 현실의 압축판'이라고 할 수 있다.

황혜순 건국대학교 대학원에서 문학박사 학위를 받았다. 2006년 아동문학평론에 평론 「옛이야기 그림책에서 찾는 한국아동문학의 희망」이 당선되어 아동문학평론가로 활동하고 있다.

이 작품은 2000년 5월 29일 동화책 초판 1쇄본을 시작으로 같은 해 12월 20일 양장본 1쇄가 나왔고, 이후 2011년 현재까지 학부모들과 고학년 학생들을 필두로 대중적인 사랑을 받고 있다. 영화의 기획 단계부터 작품성과 인기를 인정받았기에 '영화계의 새로운 도전' 이라고 말하는 시도가 이루어질 수 있었던 것이다.

영화는 '한국 애니메이션의 새로운 역사' 로 기획되어 상영되었는데, 흥행 기록이나 제작과 기획, 마케팅 등 방법면에서도 새로운 역사가 되었다. 중국 수출을 통해 한국과 동시 개봉을 했고, 한국 애니메이션 영화로는 드물게 손익분기점을 훨씬 넘길 만큼 관객도 많이 들었다. 개봉 이후 영화는 출판계 · 언론계는 물론이고 정부-문화콘텐츠 진흥원의 관심을 받으며, 한국의 대표 애니메이션이라는 전략으로 프랑스 영화제에 진출하여 유럽 시장을 공략할 계획을 세우고 있다.

2000년대 접어들어 OSMU(one source multi use)개념이 자리 잡으면서 문화와 문화 산업의 역할과 중요성이 새롭게 조명 받고 있다. 애니메이션 영화 〈마당을 나온 암탉〉은 무엇보다 21세기 문화 시대에 한국의 창작 아동문학이 나아가야 할 다양한 방향을 제시하는 데 그 의의가 크다. 특히 자본 산업의 꽃이자 종합 예술인 영화로의 발전은 사회-경제적 파급 효과나 매체 변화 측면에서 상당히 주목할 만하다. 본 그림책 또한 작가 위주의 문학 작품이 아니라 첫 단계부터 철저하게 기획되어 만들어진 문화 상품이라는 점이 기존 그림책들과는 다른 점이다. 이 책은 그림으로 서사를 이끌어 가는 기존 그림책의 영역에 영화를 본 뒤 장면을 그대로 편집했기에 영화와는 공생 관계이고, 그렇기에 '애니메이션 그림책' 이라는 새로운 장르적 명칭을 붙이고 나온 것이다.

2

애니메이션은 언어와 문화의 장벽을 낮게 만들고, 어른과 가족 단위의 관객들까지 확보하는 하나의 문화 상품으로 그 영역이 확고하다. 그렇기에 기존 영화들도 책을 원작으로 하고 있지만 특히 세계화 시장에서 통하는 애니메이션들은 '디즈니' 가 대표적으로 동화를 원작으로 하는 경우가 많았다. 우리나라에서도 〈오세암〉이나 〈천년 여우비〉 등 동화를 가지고 애니메이션 영화로 제작하는 시도는 몇몇 있었으나, 이렇게 본격 영화 작품으로써 힘을 가진 적은 없었다고 해도 과언이 아니다. 그렇기에 그림책의 독자들은 대부분 영화의 관객이었던 경우가 많을 것이며 따라서 감상하는 태도와 느낌은 일반 책들을 접하는 것과 조금은 다를 것이다.

이 그림책의 가장 큰 특징은 1차적 원작을 동화로 한 것이 아니라 영화로부터 출발했기에 영화에서 나오는 여러 특성들을 보일 수 있다는 것이다. 영화와 그 제작 과정에서 보인 특징들을 논하는 것을 차치하고서라도 이 책을 논할 때는 영화의 일반적 특징을 이해한 뒤 그 향기를 여운으로 감상하는 것이 다른 그림책들과는 차별되는 특징이다. 따라서 첫 번째 특징은 〈애니메이션 그림책〉이라고 분류한 것처럼 이 그림책의 그림은 영화의 장면들을 편집하여 엮었다는 것이다. 다음 그림책 장면들을 보면 그 특징을 잘 알 수 있다. *(괄호)는 필자

—33면 : (동화책엔 없는 장면이다. 영화에서 재미와 입체감을 살리려 추가한 부분을 옮김)

위험은 끝난 게 아니었습니다. 호시탐탐 초록이를 노리던 사냥꾼. 초록이

가 벼랑 끝에서 사냥꾼 족제비와 마주친 것입니다.

"캬악!"

"아가! 도망쳐!"

잎싹이 달려들어 족제비를 앙칼지게 쪼았으나 초록이는 벼랑에서 떨어지고 말았습니다.

—34면 : (동화책엔 없는 장면이다. 영화에서 재미와 입체감을 살리려 추가한 부분을 옮김)

잎싹은 오래 전, 죽음의 구덩이에 버려졌을 때처럼 절망했습니다. 그런데 그때,

"엄마! 정말 굉장하지!"

벼랑 아래로부터 날갯짓하며 서서히 날아오르는 초록이. 초록이가 날고 있었습니다.

위의 초록이는 물론 그 전에 죽은 나그네-청둥오리 또한 족제비와 절벽에서 싸우는 장면은 동화에는 없는 부분이다. 또한 영화의 중심 재미였던 초록이가 오리 무리의 파수꾼이 되기 위해 경합을 하는 장면들은 원작에는 없다. 아마 영화의 공간적 입체감을 살리기 위해 설정을 변경한 것이라고 짐작된다.

그렇기 때문에 그림책의 장면들은 영화의 씬 단위의 연결이자 직품 속 구도를 그대로 보이기도 하며, 영화에서 우포 늪을 배경으로 한 자연의 모습과 3D 시대에 2D로 기획한 특징이 살아나는 그림이 된다. 이것은 영화를 본 관객들이 여운을 오랫동안 간직 할 수 있게 한다는 전체적인 특징에서 기본이 되는 요소이다. 바로 이런 사실이 문화 상품으

로써 영화와 함께 기획된 이유이기도 할 것이다. 따라서 그림책 작가도 개인이 아니라 '오돌또기' 인데 이는 애니메이션을 만든 스튜디오 이름으로 이것이 기존 그림책과 그림 부분에서 다른 점을 상징적으로 보여주는 것이다.

두 번째 특징은 동화원작에는 없는 인물 '수달' 이 그림책에는 존재한다는 것이다. 이는 작품 속 캐릭터를 부각시키고 극적 구성이 더욱 탄탄해지는 영화의 특징과 직접적인 연관이 있다. 특히 영화에서 관객들에게 재미와 웃음을 줄 수 있는 상업적인 탄생인 것이다. 하지만 영화에서는 매우 빛났던 수달의 역할과 대사들이 그림책에서는 전혀 드러나지 않는다는 점은 다르다.

세 번째 특징은 서사의 압축과 생생한 대사를 연상할 수 있는 읽기의 다양화 측면이다. 동화는 작가의 해설과 문체적 특징이 오롯이 드러난다면 영화는 등장인물이 살아서 주제를 드러내고 서사를 이끄는 것이 대사로 생생하게 전해지기 때문에 캐릭터가 중요하다. 그래서 캐릭터 상품으로 활용하는 데 영화가 발판이 되는 것이다.

이 그림책은 영화를 발판으로 하고 있기 때문에 책의 동화 원작과는 다르다. 원작자 황선미가 글을 다듬었는데, 원작에서 사용하는 '~한다.~ 이다' 로 종결하지 않고 '~습니다' 로 종결어미를 쓰고 있다. 이는 현재 그림책 출판 시장에서 시도하고 있는 '~했어, ~했대' 등의 '입말체' 즉 '구어체' 사용과도 구별되는 점이다.

그림책은 1차적 독자 연령을 영아기까지 낮추고 나아가 어른까지 확장시킬 수 있다. 책을 보고 읽는 것은 영유아이지만 실제 문자를 읽어주는 어른을 동시에 확보할 수 있기 때문이다. 그렇기에 서술체가 '~했데요, ~했어' 등의 입말체로 바뀌는 것이 사실이기에 최근 출판 시장에서는 아예 입말체로 바꾸기도 하는 것이다. 그러나 이 동화는 작가도 스스로 밝혔지만 처음엔 동화 개념이 아닌 소설로 기획해서 썼고, 애초에 고학년 동화로 구분되었으며, 어른들에게도 많은 사랑을 받았기에 그림책으로 출판하는 데 있어서 서술체를 선택하는 것이 간단하지만은 않았을 것으로 짐작된다. 그렇기 때문에 중간 정도인 '습니다' 체를 사용하지 않았을까? 원작자의 이러한 고민 때문에 수달 캐릭터도 영화와는 다르게 그림책에서는 거의 없는 것과 마찬가지로 누락된 것이 아닌가 하는 추측도 가능하다.

네 번째 특징은 영화에서 들을 수 있었던 OST 앨범의 판매와 발맞춰 음악도 소유할 수 있다는 것이다. 물론 그림책에서는 직접적으로 음악을 수는 없지만 원작의 여운을 감상하는 데 음악 또한 중요한 요소가 되고 있으며, 실제로 배경 음악을 〈올드보이〉나 〈혈의 누〉를 작업한 이지수 감독이 애니메이션 배경 음악을 전문적으로 녹음하는 체코국립심포니오케스트라와 함께 작업했으며, 주제가는 인기 가수 아이유가 불러 화제가 되었다.

아울러 다섯 번째로는 캐릭터 상품도 소유할 수 있게 되었다는 점이다. 영화사는 아톰상사와 계약을 채결해 문구 상품을 생산할 예정이다. 이는 책과 함께 음악도 향유하고 상품도 공유할 수 있게 되는 문화 상품의 활용과 변화를 보여주는 좋은 사례라고 할 수 있을 것이다.

3

그동안 이 작품이 사랑받을 수 있었던 가장 큰 이유는 주제로 평가되어 왔던 '꿈과 자유를 향한 주인공의 의지와 주체성' 으로 말할 수 있을 것이다. 이는 영화제작사 명필름 대표 또한 영화 제작의 동기를 같은 여자로서 모성의 위대함과 잎싹의 자유에의 의지에 공감하는 부분이 많아서 제작을 결심하게 됐다고 밝혔다. 그렇기에 그림책에서도 이 큰 틀을 이어나갔다. 그것은 동시에 '한국적 애니메이션' 이라는 대의명분에 맞게 한국의 교육적인 전통과 여성-가족 문화를 보여주는 작품이라고 소개할 수도 있다. 그것은 이 작품이 '한국적인 특징을 보여주는 주제' 를 가지고 있다는 평가를 받게 하기도 했다.

그러나 잎싹의 죽음(자살)으로 끝나는 자기 희생적 모성 신화가 세계에서 얼마나 통할 수 있을지는 좀 더 두고 살펴야 한다는 것이 필자의 생각이다. 동시에 세계인의 평가 또한 기대되는 바이다. 과연 21세기 세계화 흐름이 될 것인가? 한국적 유교 전통의 재확산에 그칠 것인가? 영화의 상영은 현재 한국의 특징을 문화-문학-산업 전반에 걸쳐 종합적으로 잘 드러내는 현상으로 볼 수 있겠지만 동시에 한국에서는 '가족주의' 의 허울 아래 21세기적 흐름에 역행하는 아이러니가 있다는 사실을 부정할 수 없을 것이다. 과거로부터 이어오는 소설과 성장 소설에서 모범이 될 만한 된 '아버지' 가 없는 '아비 부재' 의 서사나, 차별이 아닌 차이를 인정한 여성으로서 '어머니' 가 아닌 '잎싹' 의 이름을 온전히 살릴 만한 서사는 아니었다는 점은 근본부터 이 작품의 주제를 다시 생각해 봐야 하는 중요한 지점이다. 그렇기 때문에 단순하게 좋다고만 보는 것은 어른들은 과거와 현재를 확인하고, 아이들에게는 자연스럽게 '모성의 신성화를 통한 양성의 차별' 을 각인시킬 수 있는 충분한 자료가 될 수 있다는 점을 간과해서는 안 될 것이다.

심리학적 자아 개념이 독립된 개인의 주체 의식을 포함한다고 볼 때 현모양처는 이에 해당하지 않는다. 그 어휘 자체가 남편과 자녀라는 타인(시댁을 포함함)을 위해 봉사하고 그들의 성장과 성공을 통해서만이 자신을 확인하는 타인지향-의존적인 존재임을 뜻한다. 따라서 가장 가까운 지인들로부터 자아를 소멸시켜야만 현모양처가 될 수 있는 것이다. 또한 여성의 자아 의식이 있었다 하더라도 한국의 역사적 전통으로 굳어 버린 가부장중심 문화에 의해 축소되고 억압되어 사장되었을 뿐이기 때문이다. 이 작품의 주제가 일률적으로 '여성 주인공 잎싹의 자유와 모험' 에 대한 의지와 그 성공담인데, 암탉의 의지의 출발이 여성적 콤플렉스의 발현이며, 자기 스스로의 발전이 아닌 초록이-아들을 통한 성공이기에 궁극적으로는 주체적이지 못하고 사회로부터 각인되어 온 역할적 존재로써 인정을 받으려는 심리적 기재를 볼 수 있다는 점에서 다른 측면에서도 논의가 되어야 한다고 본다. 그렇기 때문에 늪에서 아들을 데리고 잎싹 혼자서 고군분투 하는 모습은 정말 자신의 모습을 돌보지 못하고 타인을 위해, 타인 속에서 자신 삶의 의미를 찾으려 고군분투하며 사는 한국의 여성-어머니들의 모습처럼 보였으며, 마지막에 잎싹이 족제비의 먹이가 되어 자살을 택하는 장면 또한 많은 의미를 내포한다. 프로이트가 말한 현실원칙과 쾌락원칙 사이에서 아들을 통해 자아실현을 기대했었지만, 아들이 자신의 품을 떠난 순간 느꼈을 허무함은 더 컸을 것이다. 그래서 마지막 장면에서 나타난 죽음 충동은 프로이트가 말한 바대로였다. 우리의 자아실현적 삶은 죽어서 완성될 수밖에 없는 것인가?

이 문제 의식은 원작 『마당을 나온 암탉』 속 암탉은 진정으로 마당을 나왔는가,라는 의문에서 출발한다. '마당' 이라는 상징성이 주는 의미도 상당하고 해석도 다양할 수 있는데, 그 의미에 대한 논의는 지면상 다음으로 차치하고서라도 제목이 '마당을 나온 암탉' 이 아니라 '마당을 나온 잎싹' 이라면 의미가 어떻게 달라질 수 있을지 생각해 보자는 말이다.

사람과 인간으로서 진정한 여성은 자신의 가치를 알아보고 스스로 삶을 설계하며 완성할 수 있어야 한다. 과연 대한민국에서 여성들은 '어머니' 가 아닌 '본인의 이름' 을 상징으로 하는 진정한 주체성을 가진 자유인으로 살아갈 수 있을 것인가? 미혼모, 한부모 가정, 재결합 가정, 다문화 가정 등 다양해지는 가족의 형태와 여성의 사회적 진출과 그 중요성이 늘어나는 현실과 남성중심주의 속에서 문화적 전통이라는 명목으로 바뀌지 않는 사회적 관념들은 여성의 고통을 이중 삼중으로 만들 수밖에 없다. 이는 비단 여성만의 문제가 아니라 가족과 사회 구성원 모두의 문제임을 절감해야 한다. '결혼 적령기의 고령화와 저출산' 이 사회적 현상을 넘어 문제로 지적되고 있는 현실은 그냥 단편적인 현상이 아님을 깊이 인지해야 할 것이다. 게다가 독자의 연령층이 더욱 어려지고 확대되어 가는 시점에서 주제에 대한 다양하고 깊이 있는 분석 또한 선행되어야 할 것이다.

4

필자가 올해 7월에 그림책을 구입하고 시장 조사를 하기 위해 강남에 있는 모 대형서점을 방문했을 때였다. 그림책 『마당을 나온 암탉』을 고르고 있는 내 바로 뒤에서 영화에 대해 얘기하는 소리가 들렸다. 아이들과 함께 그림책을 사러 온 두 어머니가 책장에 등을 기대고 이야기를 나누는데 영화를 먼저 본 한 어머니가 아직 안 본 다른 어머니에게 이 책을 보면서 작품 내용에 대한 설명을 하는 장면이 아직도 생생하다.

"아, 난 이거 보고 울었잖아. 영화 볼만해. 3학년인데도 남자아이라서 그런지 우리 애는 암탉이 왜 마지막에 자살했는지 이해를 못하더라고. 그 집 애는 여자니까 모르지. 어차피 고학년 되면 읽어야 하는 책이라는데, 먼저 봐봐. 괜찮아."

또, 필자는 아직 결혼을 하지 않았기에 조금 일찍 결혼한 친한 친구에게 도움을 청했다. 친구는 좋은 영화였다며 남편과 초등학교 1학년 여자인 딸아이와 함께 한 번, 시어머니와 한 번, 이렇게 두 번이나 보았다고 했다. 그래서 이 작품에 대해 물었는데 역시나 엄마로서 대답은 한국형 애니메이션의 시작이다, 색감이 예뻤다, 가족 모두가 볼 수 있는 내용이다. 등등 칭찬 일색이었다. 게다가 아이 아빠도 영화를 보는 내내 펑펑 울었다고 하면서 그도 좋았다고 말했다. 그러나 정작 딸아이는 '재미없다' 는 반응인데, 더 구체적으로는 "암탉이 불쌍하다. 족제비도 무섭고 죽는 게 무서워서 싫다."는 말을 했다. 이 두 반응이 사회적 반응의 모두라고 볼 수는 없지만 적어도 나는 내 의구심에 대한 확신을 얻었다.

이 작품으로 '애니메이션 그림책' 이라는 새로운 구분과 장르의 확장에 따른 출판이 시작되는 현상을 보면 아동문학계의 책임감과 앞으로의 역할이 일차적으로 커졌다고 하겠다. 영화나 출판계를 필두로 상업적으로 작품을 끌고 가는 분위기에 따라가기만 하는 것이 과연 바람직한 것인가. 다양한 문화 콘텐츠 시대에 아동문학계가 고민해야 할 과제가 또하나 생겼다. 동시에 동화의 중요성과 가치를 다시 인식하는 기회로 삼고, 스스로 작품에 대한 검증과 깊이 있는 해석을 통하여 문화산업을 발전시키는 데 아동문학인들이 주도적 역할을 하기를 기대한다.

독서하라, 그리고 상상하라

임평재(본지 편집위원)

2010년 4월부터 『아동문학사상』 편집위원들을 중심으로 한 독서모임을 격월로 진행해 오고 있다. 어린이들에게 우리 역사를 바르게 알리고, 우리 정체성을 찾아 작품을 쓰는 데 좋은 자양분이 되는 길을 찾아보자는 취지를 갖고 시작하였다. 독서 진행은 역사, 정치, 과학, 문화 등 읽고 싶거나 필요로 하는 도서 한 권씩을 정해 각자 모두 읽어 오되 한 사람이 맡아 전체 내용 요약을 정리하여 발표한 후에 참석자들의 소감과 함께 자유롭게 토론의 장을 펼치는 형식이었다. 모임 명칭은 두 번째 수요일에 만나 공부하자는 약속의 의미로 '이수회(二水會)'라 하였다. 이 공동의 독서 모임을 통해서 보다 다양한 분야에도 관심을 갖고 깊이 있게 다가가는 계기로 삼기로 했다.

그런데 독서모임을 진행하다 보니, 약간의 이견이 생겨나게 되었다. 개별적으로 읽고 싶은 책이 있거나 또는 글을 쓰는 데 당장 필요한 자료로서 읽어야 할 책들이 산재해 있는데, 공동 추천의 책을 읽기에는 시간적으로 역부족이지 않나 싶은 까닭이다. 글은 눈으로 읽는 것만이 아니라, 앞뒤 내용의 연결과 의미로 이어지는 행간에 숨겨진 배경의 진실을 찾아 읽어 나가야 하기 때문에 비록 격월간이지만 이 역시 많은 시간을 필요로 하는 것이다. 그러나 좀 더 시간 관리를 잘하여 새로운 분야의 책을 읽고 서로 다른 관점과 의견을 발표해 보는 것도 큰 의미가 있지 않겠느냐 하는 데에 중심이 모아져 계속 진행해 나가기로 하였다. 또 다른 긴장감과 재미도 있기 때문이다.

지난 일 년 간 읽은 책과 그 내용을 소개한다.

『우주 만화』 (이탈로 칼비노 지음) *Le Cosmicomche*

『우주 만화』는 1965년에 출간된 이탈로 칼비노의 환상적 상상력이 절정에 이른 작품이다. 그는 '나는 이 세계를 새롭게 그려 내기 위해 과학을 택했다.' 라 하며, 과학을 가장 문학적이며 독창적인 방식으로 표현해 내고자 한 작가이다. 총 25편의 단편적인 이야기들로 구성되어 있는데, 일인칭의 동일한 화자로서 지극히 환상적이고 상징적인 존재인 주인공 크프우프크Qfwfq를 최초의 양서류, 공룡, 태초의 조개, 낙타, 우주 태초의 생명체, 또는 인류 역사상 존재했던 과거의 인물로 등장시키고 있다. 뜨거운 열대지방 과일의 딱딱하고 거친 껍질을 벗겨 내면 전혀 예상치 못한 부드러운 과육과 과즙을 얻곤 하듯이 천문학, 미생물학, 물리학, 인공두뇌학 등 자신의 자연과학 지식을 소설 형식으로 서술하고 있는 칼비노의 우주 과학 세계에 단단히 무장을 하고 들어가다 보면 때로 소설 속에 연한 속살을 지니고 있음을 느낄 수도 있다. 칼비노의 상상력은 마지막 부분에서 거의 모두가 우리들 자신의 세상으로 되돌아오거나 사랑의 아픔을 이야기하고 있기 때문이다. 전체적인 스토리의 흐름만 이해하면 어느 장이든 열어 짧은 컨텐츠 한 편씩 읽는다 해도 큰 무리는 없을 듯하다.

『영조와 정조의 나라』 (박광용 저) – 박광용 교수의 시대사 읽기

표제 옆에 '조선의 진정한 큰 임금은 세종이 아니었다. 조선의 르네상스 76년을 이끈 큰 어른 영조와 정조. 그리고 그 시대를 움직인 사람들' 이라 써, 책의 중심 내용을 설명하고 있다. 저자는 우리 민족이 미국에 비해 훨씬 긴 역사를 갖고 있고, 일본보다 다양한 역사적 경험을 갖고 있음에도 불구하고, 근대 사회를 건설하는 데 실패해 식민지로 전락했다는 아픈 역사적 체험, 그래서 아직도 민족공동체가 남북으로 분단되어 대립하고 있는 현실이 세계에 알릴 수 있는 한국인을 상징하는 고유의 캐릭터를 만들어 내기 어려운 이유 중의 하나라 하였다. 그는 정치적 이데올로기를 통합하여 새로운 시대를 향한 새로운 정치 원칙의 창조까지 지향한 200년 전의 탕평정치로 좋은 한국인, 좋은 한국 사회를 설명하고, 이를 새로운 문화적 캐릭터로 창조해 나갈 필요가 있음을 역설하였다. 최근 한 작가는 '15세기의 조선 르네상스' 라는 제하의 세미나 발표에서 세종대왕은 세계와도 바꾸지 않겠다고 했는데, 이렇듯 서로 다른 평가에 대해선 향후 좀더 진지하게 다루어 보아야 할 것이다.

『대담』 (도정일 · 최재천 지음) – 인문학과 자연과학이 만나다

『대담』을 읽으면서 저자들이 여러 분야에 걸쳐 참으로 방대한 양의 책을 쉼 없이 읽고 있다는 것을 짐작할 수 있었다. 여러 학문들이 모여 일관된 이론의 체계를 찾아내는 작업을 시작해야 한다는 '통섭 *Consilience*' 의 기본 이론에 따라 인문학자인 도정일 교수와 자연과학자인 최재천 교수가 4년 여 동안 자유롭게 만나 대담을 이룬 내용이다. 첫 만남에서, '서로 다른 존재들과 함께 살아가는 법을 배우는 것은 인간만이 아니라 모든 생명체들의 삶의 제1조가 아닐까' 하는 의문으

로 문을 열었다. 또한 인문학과 자연과학이 왜 만나야 하는가에 대해 철학자 화이트 헤드의 말을 인용하여 '과학과 기술(과학의 영역), 종교와 예술(인문학 영역)은 삶의 토대다.' 라고 말하며 인간의 활동은 인문학적 활동과 과학적 활동으로 구성되어 있음을 이야기하고 있기도 하다. 이 책에는 인문학자와 자연과학자의 삶과 지식의 수원지에 물길을 내어 독자들에게 좀 더 전달이 잘 될 수 있도록 각 분야별로 젊은 지식인들이 참여하여 인터뷰 형식으로 질문을 하고 있다. 그리고 책 뒤에는 '쟁점 찾아보기' 를 두어 우리 시대의 화두가 되는 주제와 주제어들, 또는 대담의 주요 쟁점 등을 일목요연하게 찾아볼 수 있도록 200여 개의 항목을 가나다순으로 구성 정리하였다. 대담 원고량 2,500매, 인터뷰 800매를 정리한 글이 600페이지가 넘는 책이니 한 번 훑어보고 이해할 수 있으리라 기대한다는 건 모순이며 억지가 아닐까 싶다. 까닭에, '고대 서양에서의 철학과 자연과학의 경계는 무엇일까' , '과학은 이야기인가' , '문학이란 상실을 관리하는 기술' , '생물학과 인문학의 공통 딜레마' , '최재천의 「개미제국의 발견」' 등과 같은 항목을 필요에 따라 쉽게 찾아볼 수 있어 짧은 시간에 함께 얘기 나누지 못한 부분도 나중 다시 볼 수 있는 여유도 있을 듯하다.

『부여기마족과 왜』 (존 카터 코벨 지음, 김유경 편역) – 코벨의 한국문화 1

존 카터 코벨 박사는 '타자기를 삽과 곡괭이 삼아 한국 문화의 광산에서 보물을 캐내는 것' 이라고 표현했다. 미국의 이 여성사학자는 1996년 작고하기 하루 전 날에도 '한국 원산 왕벚꽃이 일본 벚나무로 알려져 워싱턴에 심어져 있는 것부터 다뤄 보면 어떻겠냐?' 고 편저자에게 편지를 보내 올 정도로 한국 고대 문화를 아끼며 생애 마지막 순간까지 한국 문화 연구에 연구를 거듭해 온 진정한 학자였다.

그는 『일본의 선정원』 등 16권의 저서를 낸 일본통 미술사학자였음에도 아들인 엘런 코벨 박사와 함께 우리의 가야와 고대 부여 기마족들이 4세기에 바다를 건너가 아무런 정치적 기반도 없고 문화도 빈약하던 고대 왜에 독창적이며 고유한 우리 문화를 전수함으로써 일본 고대 왜에 엄청난 영향을 끼쳐왔다는 사실이 한국사에서 얼마나 중요한 역할을 하고 있는지에 대해 알리고자 많은 노력을 기울였다.

이 책에선 존 박사의 논문만이 아니라 한국의 최태영, 천관우, 북한의 김석형, 미국의 그리피스, 페놀로사, 레저드, 일본의 에가미 나미오, 기다 사다기지의 기마 민족 연구논문도 소개되고 있다.

『잃어버린 나라 낙랑』 (이성재 지음)
– 낙랑군의 그늘에 가려진 낙랑국의 숨겨진 역사

이 책의 속표지에 '청천강 이남에는 낙랑군과는 전혀 다른 낙랑이라는 나라가 존재했다.' 라는 설명글이 있다. 대부분의 사람들이 '낙랑' 에 대해 서한西漢이 위만조선을 무너뜨리고 그 영토에 설치한 한사군의 하나인 낙랑군으로 오인해 오고 있다. 저자는 낙랑군의 통치자는 서한의 관리인 태수이지 왕이 아니므로 더불어 공주라는 호칭도 사용할 수 없을 것이라는 전제 아래 '낙랑공주와 호동왕자' 에서의 낙랑은 낙랑군 훨씬 이전의 또 하나의 엄연한 나라로 존재했으리라는 것을 여러 논증을 통해 밝히고 있다. 특히 삼국사기의 초기 기록에도 삼국과 대립한 낙랑이라는 나라가 존재하고 있었으며, 고구려 대무신왕 시대에 낙랑공주의 아버지인 최리라는 임금이 직접 낙랑국을 통치해 왔다고 하였다. 일찍이 신채호나 정인보와 같은 연구자들이 이와 같은 주장을 펼쳐

왔으나, 이에 대한 논의는 일본 제국주의 식민사학 및 일부 실증사학으로부터 비롯된 삼국사기 초기 기록의 불신으로 계속 이어지질 못했고, 이러한 악순환은 한국 고대사 연구에 있어서 수많은 공백기를 가져와 중국의 동북공정과 같은 역사 왜곡의 빌미를 주고 있는 것이라고 했다. 끝으로 이러한 과정들이 우리 고대사의 복원에 보탬이 되길 희망하며 최근 더욱 불거지고 있는 다른 여러 나라들의 역사왜곡에 대항하는 하나의 방법이 될 수 있음을 제시하고 있다.

이 외에도 『삼국유사』(고운기 저)를 읽고나서 각자 소재를 택해 동화 한 편씩을 써서 단행본으로 발간하자는 추진 계획을 갖게 됐으며, 『상상력 혁명』(진형준 저)을 통해선 '꿈을 꾸어라, 상상하라, 그래야 미래를 읽을 수 있다.' 라는 말의 의미를 재확인해 볼 수 있는 계기를 갖게 되었다. 하늘의 별만큼이나 헤아릴 수 없이 많고 많은 책들 중에서 몇 권의 책을 골라 읽는다는 것 또한 대단한 책과의 인연이 아닐 수 없다. 더군다나 여러 사람이 공통적으로 선택하고 결정하여 만난 소중한 책이다. 그렇기에 참여자 모두 바쁜 시간을 내어 열심히 읽어왔고, 비록 짧은 시간 안에서이지만 서로 다른 빛깔의 이야기를 주고받을 수 있었다. 어떤 작품을 읽을 때 적어도 세 번은 읽어야 그 작품이 지닌 내용과 의미를 이해할 수 있게 된다고 하였는데, 그에 비하면 많이 미흡할 것이나 그래도 희망의 미래가 있으니 기대되는 바 또한 크다. 모쪼록 작품 속에서 훌륭한 자양분의 역할을 할 수 있기를 빌 뿐이다.

다음 독서 모임에선 전 6자 회담 수석대표가, 북한은 붕괴되지 않는다, 북한은 핵을 포기하지 않는다, 중국은 북한을 버리지 않는다, 라고 역설하는 『북한은 현실이다』(이수혁 저)를 읽고 다룰 예정이다.

:: 참고 자료

아동문학사상 1호

幻想과 現實

幻想工學

생활동화 속의 幻想世界-김영일

우리 신화의 구조와 幻想力-김상일

상상력, 예술, 문학-이형기

환상이 있어야 할 상황-정창범

한국의 想像-이종기

技法상의 素材로서-유경환

사막과 우물-김현

판타지의 역학-릴리언. H. 스미스

:: 작품-저자

박경종 김광림 김신철 김종상 엄기원 방극룡 이상현 김요섭
최효섭 권용철 마저리 윌리엄즈

:: 참고 자료

아동문학사상 2호

創作技術論

文學技術

행동적 로맨티시즘과 아동문학-이봉래

리얼리즘과 아동문학-임헌영

꿈, 驚異, 동화-앙드레 브르통

동화창작법-이원수

佛典 속 寓話創作-법정

詩作法-김영일

소년소녀 小說 創作法-김요섭

兒童劇作法-장수철

모험소설 창작법-윌리엄 챔버린

훌륭한 창작의 필수조건-테일러 콜드

작가수첩 메모법-엘리자베스 던

:: 작품-저자

이응창 어효선 정상묵 박의상 오규원 유여촌 차원재

:: 참고 자료

아동문학사상 3호

안데르센 연구

안데르센 시대

회색의 하늘과 神의 햇빛-곽복록

迷妄을 거부하는 迷妄-김병익

낭만적 세계관의 表出-김현

北國의 거인 안데르센-이영희

안데르센 동화 번역 문제-김성도

안데르센 동화 읽기의 지도-서호근

삶에 대한 희망과 용기-어린이 독서 감상문

안데르센과 쉬르레알리즘-타임지(誌)에서

동화 시인으로서의 안데르센-게오르그 브란데스

안데르센 연표

:: 작품-저자

한정동 조유로 김원기 이오덕 박송 이주훈 한상수 구진서 이윤자

:: 참고 자료

아동문학사상 4호
어머니의 사랑

사랑의 崩壞

옛 어머니들의 사랑의 像-유광열

自傳 幼女記-최정희

어머니를 노래한 詩세계-어효선

한국적 상황 속의 어머니의 사랑-이형기

佛典에 나타난 어머니의 사랑-법정

無限愛의 원리-장백일

어머니와 虛像의 사랑-김관백

어머니의 사랑의 전개와 이론-에리히 프롬

내 동화에서 形象하려고 한 어머니-권용철

:: 작품-저자

이종기 이상현 엄기원 이석현 김종관 임교순 박승일

:: 참고 자료

아동문학사상 5호

文學敎育의 건설

文學敎育

치료적인 읽기로서의 문학-홍웅선

교육학에서 본 아동문학-이상금

문학적 창조와 교육적 가치-김요섭

체험적 문학교육론-곽복록

과학시대 속의 문학의 효용-김상일

대학의 아동문학 강좌-이재철

문학교육의 단계-전규태

꿈의 궁전에서의 출발-오혜령

문학수업의 敎案作成法-샬롯S.후크/도리스영권

自傳 幼女記-최정희

:: 작품-저자

박두진 정상묵 유성윤 최일환 정중수 신지식 정주상 임신행

:: 참고 자료

아동문학사상 6호

생텍쥐페리 연구

反童話

생텍쥐페리의 생애-안응렬

생텍쥐페리의 문학세계-김붕구

꿈과 超克을 위한 동심-민희식

허무주의적 낙관-김병익

영혼의 영원한 母音-법정

찬사가 없는 현대동화의 우주-B.휼리먼

어린왕자(완역)-안응렬

:: 참고 자료

아동문학사상 7호

동요와 詩의 전망

동요 復權

동요의 아름다움-김소운

전래동화의 구조-장덕순

詩와 寓話-민희식

동시의 반성-이종기

리듬의 因數分解-이상현

순수세계의 복원-김종해

동요의 옛날과 오늘-B.휼리먼

英美詩壇에 있어서의 동시-샬롯S.후크

교실에서의 詩 수업법-도리스영권

:: 작품-저자

한정동 박화목 유경환 신현득 강태기 이영희 김영자 김구연

:: 참고 자료

아동문학사상 8호

전래동화의 세계

巨人

전래동화의 세계-장덕순

민족동화로서의 그림동화-곽복록

전래동화의 민중의식과 형식-한상수

東西 꽃 전설의 비교-조동화

전래동화 再話의 문제점-어효선

전래동화의 현대화 문제-윤병로

어머니의 목소리 속 동화의 나라-유경환

도깨비 고(考)-장덕순

전래동화의 구연법-원치호

:: 작품-저자

박경종 정중수 정호승 김진태 이상금 구진서 김은숙 김요섭

:: 참고 자료

아동문학사상 9호

그림없는 그림책 연구

동양의 마음

그림없는 그림책의 세계-김영호

달빛이 비친 시인의 상상력-곽복록

詩劇으로서의 감상-오혜령

그림없는 그림책(譯)-곽복록

:: 참고 자료

아동문학사상 10호

현대 일본 아동문학론

금라벨의 아버지

일본의 아동문학-上笙一郎

근대동화의 붕괴-古田足日

어린이에게 있어 어른이란 무엇인가-上野瞭

판타지-石井桃子

동화인가 소설인가-高山毅

:: 참고 자료

아동문학사상 11호

김요섭의 아동문학

- 요섭 선생을 그리며-어효선(글, 그림)
- 복간을 하며

  동화는 문학의 기간산업-이영희
- 〈아동문학사상〉 복간에 부쳐

  동화는 판타지여야 한다-이재철
- 눈물의 진실, 그리고 사랑의 세계

  거대한 동화나무-권용철
- 플롯 · 환상 · 문장미학, 그리고 이론개발

  김요섭과 한국의 동화문학-조대현
- 동화의 특성과 이야기 방식

  김요섭의 자유로운 상상력-김자연
- 시에 나타난 동화의 이미지, 동화에 나타난 시의 이미지

  김요섭의 환상적인 이상세계-이태동
- 판타지론에 대한 고찰

  김요섭의 판타지 세계-김현숙
- 이어령의 아동문학 생각-대담-김은숙 정리

· 김요섭과 미야자와 겐지의 동화 비교

문학적 특질의 상호 대비-김은숙

· 애니멘터리 한국 설화, 그 발전적 모색-김지문

· '빨강모자' 와 '헨젤과 그레텔' 심층분석-김요섭

· 김요섭에 대한 단상

아주 특별한 약속-이상현

· 김요섭의 환상공학-김요섭

· 김요섭의 대표동화

꽃잎을 먹는 기관차

늙은 나무의 노래

샛별과 어머니

꽃주막

· 참고 자료

· 김요섭 관련 문헌

· 김요섭 연보

:: 참고 자료

아동문학사상 12호

민족 아동문학의 창조

· 권두언-이영희

평론

· 고전문학 속의 우리 민족의 환상성(전래동화 포함)-설성경

· 전승동요의 갈래와 유산
  민요에서 동요로, 그리고 동시로-신현득

· 남북 동화문학 비교 연구
  북쪽에도 아름다운 동화가 있었네-이재철

· 한 · 일 전래동화에서 보는 제철왕과
  대장장이의 갈등에 관한 비교 연구-쓰지이 히토미

· 민족 아동문학의 꿈과 희망 만들기-김은숙

창작(동시 및 동화)

· 동시 3편(문삼석, 김원석, 윤동재)

· 동화 4편(김병규, 김자연, 임정진, 김혜재, 김요섭)

· 해외동화 2편- '꽃가마', '어버이 마음' -가와바다 야스나리

· 참고 자료

:: 참고 자료

아동문학사상 13호

세계의 동화, 동화 이야기

· 권두언-이영희

독일 동화

· 고양이 라체페츠-만프레드 키버 지음, 최문선 옮김

· 독일어권 동화의 세계 그림형제와 그 이후-장영은

러시아 동화

· 내가 작은 사람들을 붙잡은 이야기-보리스 스쩨빠노비치 쥐뜨꼬프

· 러시아 아동문학의 어제와 오늘-우승연

멕시코 동화

· 우린 너무 가난해요-후안룰포 지음, 김유경 옮김

· 멕시코 어린이 동화-김유경

미국 동화

· 아버지의 앵무새-신시아 라일런트 지음, 부희령 옮김

· 미국의 아동문학-김서정

인도 동화

· 생쥐들의 잔치-라빈드라나드 타고르

· 소원이 이루어지려면-라빈드라나드 타고르

· 할머니의 나라 인도의 아동문학-하숙희

인도네시아 동화

· 못난이 공주-포피 동고 후따 갈룽

· 인도네시아 동화의 세계-고영훈

일본 동화

· 조개가 된 아이-마츠다니 미요코

· 문화적 특성으로 본 일본 아동문학-김은숙

대만 동화

· 유리새-츤위주 지음, 선용 옮김

· 중국 동화 이야기-방철환

한국 동화

· 가슴에 꽃을 가꾸는 짐승-이영희

· 문지방 수업-이붕

· 한국 창작동화의 형성 원리와 장르적 본질-김용희

안데르센 동화

· 한 가닥의 깃털-한스 크리스티안 안데르센

김요섭의 꿈동산

· 안개와 가스등-김요섭

:: 참고 자료

아동문학사상 14호

세계의 옛이야기, 신화와 민담

· 권두언-이영희

독일편

· 아이들이 차지한 메르헨-최문선

· 금붕어 왕자와 어부의 딸

러시아편

· 바바야가와 불새가 함께 하는 환상의 기공-우승연

· 불새와 바실리사 공주

동남아(인도네시아) 편

· 수백 개의 언어로 차린 이야기 식탁-고영훈

· 상 꾸리앙

미국편

· 원주민과 개척민, 두 이야기의 상응-강부숙

· 조니 애플시드

· 비누야! 비누! 비누 사오는 걸 잊지 마!-은 바로니 옮김

아랍편

· 차랑 함께 마시는 이야기-임병필

· 『칼릴라와 딤나』 중에서

· 『수전노』 중에서

인도편

· 신의 나라, 이야기의 나라-하숙희

· 갠지스 강의 여신

· 아흔아홉의 요술

일본편

· 풍요로운 이야기 보따리-김혜재

· 잇슨보오시(一寸法師 : 엄지아이)

중국편

· 우주 생성의 꼭지점에서 출발하다-방철환

· 서문표 이야기

· 닭과 토끼와 원숭이와 코끼리

터키편

· 동서양의 다리 위에서 탄생하다-이난아

· 켈올란의 방앗간

· 영리한 켈올란

한국편

· 단군신화의 가지들-김원석

· 금강산 포수

김요섭의 꿈동산

· 해님-김요섭

:: 참고 자료

아동문학사상 15호

세계의 옛 노래, 다채로운 리듬의 잔치

· 권두언-이영희

러시아편

· 모든 이의 모든 삶을 노래로 -우승연

· 볼가강의 뱃노래 '에이 후으넴' 외

몽골편

· 모린홀에 깃든 초원의 선율-장두식

· 찌그메드와 터그메드 외

영국편

· 영시속에 피어난 운율-최희섭

· 서쪽에 지는 해님 외

이탈리아편

· 르네상스를 꽃 피운 반도의 노래-김효신

· 프란치스코 성인의 '피조물의 노래' 외

인도편

· 신에게서 받은 노래의 갈래들-하숙희

· 불의 신 '아그니의 찬가' 외

:: 참고 자료

아동문학사상 16호
이야기의 축, 관계의 모티브

권두언 이야기는 관계에서 빚어진다-이영희

기획특집-이야기의 축, 관계의 모티브

관계의 모티브, 이야기 나라의 여왕벌 -김은숙

프랑스, 독일 등

신데렐라 형 이야기의 윤회 미학-최정원

이탈리아

선함, 변신의 모티브가 빚은 이야기 엿보기-김효신

아랍

알라신의 가치에 좌우되는 아랍 이야기-임병필

중국

인륜의 거울에 비친 생생한 모티브들-방철환

러시아

사람, 자연, 환상적 존재들과의 엮어짐-장시형

한국

신화를 통해본 우리 이야기의 얼개-신헌재

:: 참고 자료

아동문학사상 17호

이제는 아동문학이다

권두언 명품 브랜드가 된 아동문학

기획특집 | 세계의 아동문학상 이제는 아동문학이다

북유럽 린드그렌과 아동문학의 노벨상 - 홍재웅

독일 아이들에게 상을 받고 싶어하는 작가들 - 문성원

프랑스 철학자가 아동문학을 연구하는 나라 - 이선희

이탈리아 색다른 상, 색다른 심사, 경계가 사라진 동화 - 음경훈

스페인 내전의 아픔을 치유해준 이야기에 상을 주다 - 김부자

미국 미국 아동문학의 쌍두마차 뉴베리 상과 칼데콧 상 - 박정희

일본 물활적 삶의 스토리텔링이 강세 - 양연자

동시

우리 집 에어컨 외 1 편 - 고광근

잉어 외 1편 - 김용희

보고 싶어 모은 거래-가재미 외 1편 - 문삼석

가을 외 1편 - 이미애

사전찾기 외 1편 - 이성자

나무공경 외 1편 - 이창건

| 편집 후기 |

○……또 하나의 책을 완성해 세상에 내놓게 된다. 하지만 이번 만큼은 다른 어느 때보다도 두렵고 떨리는 마음뿐이다. 올해 내내 '전쟁' 이라는 키워드와 전쟁을 벌였기 때문이다. 어쩌면 이 단어는 발음에조차 비인간적이고 참혹한 어떤 마력을 숨기고 있는지 모를 일이다. 독자 여러분께서 너그러운 마음으로 열심히 글을 쓴 모든 저자들과 편집진을 격려해 주시리라 믿는다. 그리고 또 한 가지, 어떤 질타도 겸허히 받아들일 준비가 되어 있다는 사실을 미리 고백해야겠다.(최)

○……어렵고 힘들다는 이야기들이 여기저기서 들려온다. 어린이책 출판계는 더욱 그렇다. 책 판매가 크게 감소했다는 소식을 들으니, 걱정이 된다. 책 읽는 어린이가 많아야 우리의 미래가 밝다고 믿기 때문이다. 책이 잘 팔리지 않는 것을 불황탓이라고 돌리기에는 어쩐지 좀 핑계라는 생각이 든다. 지금보다 훨씬 경제적으로 가난했던 때, 밥은 못먹어도 아이들 책은 사 주었던 우리 부모들이 있었기 때문이다. 어쨌거나, 이럴 때일수록 좋은 책을 기대하는 것은 너무나 당연한 일이다. 상상력과 창의력을 마구 불러일으키는 책, 깊이 있는 사고를 필요로 하는 책, 흥미로운 책, 따뜻한 인간애를 심어 주는 책 등 좋은 책들이 풍성하게 나오길 바란다. 그 책들은 아동문학사상을 한층 풍요롭게 하는 텍스트가 될 것이다. (김)

세계의 전쟁과 어린이문학

포화 속에 탄생한 이야기들

아동문학사상 18호

발행인 겸 편집인 김은숙
편집 및 기획 김원석, 김용희, 김옥애, 박상재, 박혜숙, 서향숙
임나라, 이규희, 이붕, 이희곤, 최정원, 김진
펴낸곳 화산문화
발행일 2011년 11월 25일
등록번호 제2-1880호(1994. 12. 18)

주소 서울시 종로구 통인동 5-1 효자아파트상가 201호
전화 02) 736-7411
팩스 02) 736-7413
e-mail hwasanbooks@naver.com